档案里的
金融春秋

朱纪华 ◎ 主编

学林出版社

图书在版编目(CIP)数据

档案里的金融春秋／朱纪华主编．—上海：学林出版社，2012.6
ISBN 978-7-5486-0328-3

Ⅰ.①档… Ⅱ.①朱… Ⅲ.①金融—经济史—中国—通俗读物 Ⅳ.①F832.9-49

中国版本图书馆 CIP 数据核字(2012)第 053409 号

档案里的金融春秋
主　　编——朱纪华
特约编辑——刘益民
责任编辑——吴耀根
封面设计——周剑锋

出　　版——	上海世纪出版股份有限公司 学林出版社	
	地址：上海钦州南路81号	电话/传真：64515005
发　　行——	中国图书进出口上海公司	
	地址：上海市广中路88号	电话：36357888
排　　版——	南京展望文化发展有限公司	
字　　数——	28万	
书　　号——	ISBN 978-7-5486-0328-3/Ⅰ·61	

（如发生印刷、装订质量问题，读者可向工厂调换。）

序

文化是民族的血脉，是人民的精神家园。当今世界，文化的地位和作用日益凸显，成为民族凝聚力和创造力的重要源泉、经济社会发展的重要支撑和综合国力竞争的重要因素。党的十七届六中全会作出了推动社会主义文化大发展大繁荣若干重大问题的决定，对我国的文化改革发展进行了战略部署，为档案事业的发展带来了新的机遇。档案作为社会活动的真实记录，具有天然的文化属性和不可再生的唯一性，档案管理部门理应发挥集聚与发散历史文化信息这一独特长处，坚持为社会大众、为加强文化遗产的保护传承和利用、繁荣哲学社会科学、推进社会主义核心价值体系的建设，提供优质的服务。同时，档案文化也是国家文化软实力的重要组成部分。自觉深入地认识档案的文化价值，挖掘档案的文化内涵，以人民群众喜闻乐见的形式传播档案文化，满足人民群众快速增长的精神文化需求，是档案部门不容懈怠的职责。

《档案春秋》是上海市档案馆精心打造的档案文化品牌，一直受到上级领导和广大作者、读者的关爱。她依托丰富的档案信息资源，蒐集精彩图文，致力于还原历史真相，传播档案文化。她不仅以严谨、严密以及鲜活的风格，在历史人文类杂志中独树一帜，而且满足了广大人民群众对档案信息的知情权，填补了市场空白，获得了广泛的社会认可。2010年《档案春秋》获得第四届华东地区优秀期刊奖，是上海地区唯一获此奖项的历史人文类期刊；2011年度荣膺网络传播国外公共图书馆阅读 TOP100 排名。

近三年来，我们尝试以"书"的形式，把档案文化的散在成果集中起来，进行二次传播，先后出版了《档案春秋丛书》第一辑、第二辑和《那个年头那些事》等五种书籍，收获的市场好评超过了我们原先的设想。我们理解，读者之所以在信息爆炸的今天，仍愿意阅读《档案春秋》，是因为他们不仅可从中获得丰富的历史信息，满足人类所共有的对未知世界的探求欲；而且这些档案背后的故事，或许在某一层面上与他们的个人记忆关联或相互碰撞，从而为他们认识某段历史提供了一个崭新的视角。

档案文化的核心资源是记忆，从某种意义上说，记忆即历史，是任何一个民族藉以安身立命的文化之根。挪威档案学家列威·米克伦曾经说过:"没有档案的世界,是一个没有记忆、没有文化、没有法律权利、没有历史的世界。"近年来史学界有一个共识:尊重历史,以档案说话,还历史事件和历史人物本来面貌。因为在诸多历史元素中,档案的可信度是最高的。随着中国社会政治开明度的日益提高和法制建设的完善,档案的解密与开放已纳入常态化的管理轨道,许多曾束之高阁的档案材料开始进入社会视野,比如抗日战争的正面战场问题、中共党史中的一些话题等,受到了学术界和普通民众的广泛关注。尤其是近年来新中国部分外交档案的开放,不仅价值非凡,而且具有非常重要的示范意义。

　　本书各篇目涉及近现代史上的重要事件和重要人物,具有独特的史学研究价值,并能体现档案信息集真实性、内幕性和可读性于一体的特征。这些文章的作者都是专职的档案工作者或历史学者,他们在尘封的档案中勤奋爬梳,努力打捞历史真相,并以新的视角给读者启发。叙述风格或深沉内敛,或平实朴素,但有一点是共通的,那就是以严谨的、非虚构的方式写作,用事实说话,尽可能多地向读者呈现历史细节,把读者带入历史现场。

　　档案是历史发展的记忆,是国家和民族的文化遗产,档案部门应把档案文化放在档案事业发展体系中更加突出的位置,发挥档案独特的文化功能,彰显其在国家文化软实力中的固有地位,为社会主义文化大发展大繁荣作出应有贡献。

朱纪华
(上海市档案局局长、上海市档案馆馆长
《档案春秋》杂志编委会主任)

目　录

序 / 001

上篇　暗流涌动的金融风潮

孙中山倡建的上海交易所开办始末 / 003

1921年上海交易所风潮 / 009

孤岛时期的交易所黑幕 / 013

交易所风潮后的无情兼并 / 020

近代上海股票的起源和橡皮股票风潮 / 024

旧上海股票交易"茶会时代"之前后 / 030

生死之搏——七十年前的证券大战 / 035

一张创造社出版部股票 / 039

旧上海的人寿保险业 / 042

洋布、洋布商与洋布交易 / 046

旧上海的典当与押店 / 051

震惊朝野的"纱交事件" / 055

清末民初的上海田单及其有关文据 / 061

一张解放初期的"摊贩许可证" / 063

话说老上海代价券 / 066

长沙中央银行黄金偷运去台始末 / 071

乱世商机 / 075

大陈纸钞：为了迁徙的纪念 / 087

远东最华贵的财富堡垒——上海汇丰银行大楼	/ 093
抵制美国货：100 年前的华洋冲撞	/ 101

下篇　金融春秋里的人和事

民国公子张伯驹银行蒙难记	/ 115
项氏父子和五洲惨史	/ 125
"金子大王"王伯元	/ 131
"远东保险王"史泰的经营之道	/ 137
陈果夫在上海做经纪人	/ 141
海上闻人黄楚九"创业"记	/ 143
开创中国人身保险业的吕岳泉	/ 153
实业大王刘鸿生	/ 160
旧中国银行家张嘉璈的别样人生	/ 165
中国保险业先驱胡咏骐	/ 172
上海钱业第一人秦润卿	/ 175
顾准，大上海 1949 年的经济符号	/ 180
从所谓"杜月笙故居"说起——祖父章荣初的"实业救国"之路	/ 189
肃贪，无奈的民国故事	/ 201
1941 年上海银行大血战内幕	/ 206
甘肃冒赈案：清代第一大贪污案	/ 213
尚书巷 1 号掘金谜案始末	/ 218
后记	/ 224

上 篇
暗流涌动的金融风潮

孙中山倡建的上海交易所开办始末

马长林

民国初年,各种中外企业股票及公债等证券在上海市场上的交易已很热门,一些著名商人也早有设立交易所机构的言论,于是工商总长刘揆一于民国2年在北京召集全国工商界巨头开会,讨论设立交易所之事,结果决议在通商要埠或商务繁盛地区酌情分设交易所。民国3年12月底,《证券交易所法》正式公布。民国5年,孙中山先生为了筹措革命活动的经费,采纳日本朋友的建议,决定在上海开设交易所。孙中山联络了上海商界巨头虞洽卿作为交易所的发起人,租赁了四明银行楼上几间房间作为办事处,挂起"通记"牌号,嘱戴季陶、赵林士、朱执信等人先对证券、棉花、棉纱、金银、布匹、油料、粮食等行业的沿革和现状进行调查,并商议创办交易所的有关事务,然后由朱执信起草申请设立上海交易所的呈文,于1917年11月呈请农商部准予立案。农商部对于孙中山、虞洽卿的呈文,仅批准证券交易先行备案,物品交易须等有关条例颁布后再予审核。但是正当上海交易所筹备之际,北京发生府院之争,张勋趁机闹出复辟丑剧,孙中山离沪赴粤主持护法运动,上海交易所的筹备事宜因此搁置。

1918年初,虞洽卿和纱业公会会长闻兰亭、皮毛公会会长邹静斋、花业公所董事沈润、杂粮油饼公会会长张乐君等人再度发起筹办上海交易所。原来此时在上海的日本商人,正在紧锣密鼓地进行开设一家取引所的准备工作。所谓取引所,就是买卖物资和证券的交易所。当时在上海的三井物产、三菱商事、铃木、阿部市、伊藤等洋行都是经营棉

1917年春孙中山在上海环龙路寓所留影

纱、棉花、面粉等商品的大业主，他们看到中国商人非常热衷于投机买卖，而棉纱布价的涨落又完全随日本三品取引所的市价而变化（所谓"三品"，因该取引所交易的棉纱为"三品纱"而得名），认为有这个有利条件，在上海设立取引所必然能达到操纵市场的目的。筹备工作由大阪株式取引所作为中坚力量，东京、京都各取引所及上述同中国有贸易关系的商号纷纷认股，总股份定为20万股，其中16万股由各取引所和有关系者认购，其余4万股向社会招认。这4万股每股票面为12元5角，实际价格为16元，由此获得纯收益五十多万元作开办费。一些华商得此信息，便向商界疾呼，如果日人开设取引所，必将垄断花纱布交易，倾轧华商纺织企业，华人实业权势必将完全操之于外人之手。如当时德大厚生两纱厂的经理穆藕初便是其中一人，他到处宣传国人自办交易所的必要，极力赞扬虞洽卿创办交易所的举动，呼吁各界量力认购其股份，成此伟业。

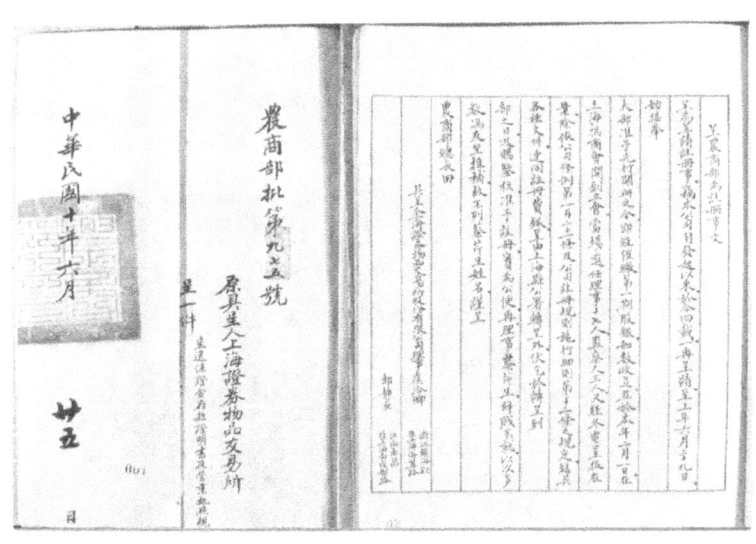

上海证券物品交易所申办文件

1918年年底，日本人开设的上海取引所在四马路（今福州路）江西路转角处正式开张，主要经营棉花、纱和日本企业股票，同时兼做几家中国公司的股票。到1920年上半年结账时净盈利一万多元，所收各种证据金67万元。日本取引所的兴旺，更加刺激了华商开办证券交易所的决心。当初孙中山筹划设立上海交易所，营业内容拟为证券与货物兼营，故交易所交易品种除各种证券外，还指定棉花、棉纱、布匹、金银、油料、杂粮六种货物。虞洽卿等人这次重新发起筹备，干脆把上海交易所改称为物品交易所，交易品种为证券、棉花、棉纱、金银四种。经多方张罗，证券物品交易所很快筹集了10万股股份，每股先缴12元5角，共计125万元，作为第一期股银。1920年2月1日，诸发起人在上海总商会召开证券物品交易所大会,选出理事17人,监察3人。2月6日,理事会一致推选虞洽卿为理事长。证券物品交易所花了20万元,买下了位于四川路爱多亚路(今延安东路)转角处原长发客栈的一幢三层楼房作为交易所大楼,按各种交易要求将它装修一新,里面除办公室、会议厅、经纪人事务所外,有3个大厅作为交易市场,设备齐全,在当时堪称一流。由所员养成所培训的第一批业务人员也已结业,进入岗位。一切均准备就绪,只待吉日了,但农商部的正式批文却迟迟不见下达。这时听说股票商业公会的会员也在积极活动,筹备开办上海华商证券交易所,并已取得农商部的同意,虞洽卿等人决定不等农商部正式批准,先行开张,以造成既成事实,迫使农商部承认。1920年7月1日上午,证券物品交易所开幕式正式举行。宽敞的交易所大厅里挤满了前来祝贺的各界人士。江苏省省长齐燮元,上海地方首脑沪海道尹王赓廷,都派出代表前来致词。第二天,交易所即开始营业。开张伊始,生意十分兴旺,各种证券及花纱买卖平均每日可收取佣金二千余元,交易所本身的股票因此成为抢手货,价格骤涨,原先发行时每股票面为12元5角,不久即高达60元以上。然而正当上海证券物品交易所营业蒸蒸日上之时,社会上却向其刮起了一股反对之风。

首先是社会名流张謇通电北京农商部表示反对。张謇为清末著名立宪派人士,同时又是辛亥革命的功勋,他很早弃官经商,开办大生纱厂、通海垦牧公司等企业,是很有声望和影响的社会知名人物。为何张謇会首先出面反对这个最初由孙中山发起的证券交易所呢?原来民国3年当张謇任北京政府农商总长时,第一个《证券交易所法》就是由他主持拟订的,因此他清楚地知道《证券交易所法》规定了一区一个交易所制,假如证券物品交易所得到北京政府的正式批准而合法开办,按照交易所法,他人就不能在同一区域再办同类交易所,而此时张謇在南通经营垦植多年,其所办的大生纱厂产销甚旺,他手中棉花、棉纱、棉布货源充足,岂容他人将这大宗商品的交易垄断了?因此张謇率先反对。由于张謇在当时声望极高,又是苏社的领袖,在他的影响下,江苏省议会开会时和苏社掀起了一股反对证券物品交易所的浪潮。

江苏省议会议员黄申锡在省议会上竭力攻击证券物品交易所是"国中极大赌场","以定期买卖为名,营买空卖空之事业,开办甫经数月,上海之商民因而自杀者有之,因而破产者有之",指责其未经农商部正式批准,竟公然开业于公开市场,是为违法,提议省议会咨请农商部将证券物品交易所撤销,停止其全部营业。经黄申锡等人活动,1920年11月初,江苏省议会

竭力反对创办上海证券物品交易所的张謇

正式决议咨请省长公署责令证券物品交易所自行取消,并通电农商部要求停发其营业执照。

面对黄申锡等人的攻击,证券物品交易所在舆论上也不甘示弱,一面以交易所名义在《申报》刊文对黄申锡的指责进行驳斥,一面由交易所副总务科长李孤帆出面致函《大公报》,对黄申锡进行反击。正在双方唇枪舌剑之际,热闹的证券物品交易所内又发生了一场虚惊。

12月8日下午3时许,证券物品交易所大厅内人声鼎沸,经纪人正在竞相报价,突然只听见有人尖叫一声:"这里有炸弹!"顿时交易大厅内人群大乱,纷纷夺门而出,仿佛一场大灾难即将来临。交易所的保镖仔细察看,只见一只洋铁罐头放在交易大厅拍板处的地板上。保镖大着胆子,小心翼翼地将这个洋铁罐头放入水桶内,以免它突然炸开,然后急速拎着水桶跑到黄浦江边将它抛入江中。事后交易所副理事长闻兰亭得知,大为不满,责令保镖到黄浦江把该炸弹捞上来,将它交给巡捕房查验。但若大的黄浦江,一只小小的洋铁罐头何处去寻?这只铁罐头里究竟装的是炸药还是别的什么东西,只能永远是个谜了。

交易所场内的虚惊虽然很快过去了,但场外的反对有增无减。在以张謇领头,黄申锡为代表的攻击来势甚猛时,原股票商业公会的核心人物范季美、孙铁卿等也在暗中大肆活动,企图拆证券物品交易所的台。

上海证券物品交易所开业情景

孙铁卿系最早的股票商号"信通公司"老板孙静山之子,他原是钱庄店员,开头只是兼营股票买卖,后来生意越做越顺,便以股票经营为专业。范季美原来是日本留学生,回国后一度担任过通易公司经理,后来担任中国银行北京总行的总司券,他到上海加入华商股票公会成为会员后,逐渐成为证券行业中的知名人物。证券物品交易所创立大会开过后不久,股票商业公会的一批会员也积极地筹备创设证券交易所,并于1920年5月在汉口路股票商业公会会所举行证券交易所股东创立大会,通过了章程,选出了理事,随即向北京农商部申请营业执照。经向财政部次长李思浩活动,很快得到农商部颁发的营业执照,匆匆忙忙地对外宣布上海华商证券交易所正式开张营业。上海华商证券交易所的出现,对证券物品交易所不啻一种威胁。此时北京农商部正在拟订《物品交易所条例》,孙铁卿等人不仅与农商部人员有联系,而且得到张謇的支持,他们企图乘《物品交易所条例》拟订之机,搞掉证券物品交易所这个竞争对手。为争得证券物品交易所的合法地位,虞洽卿只得亲自出马,奔赴北京去打通关节。

1920年11月,北京的政局经历了又一次动荡,由于争夺中央政权的奉系军阀和直系军阀双方势均力敌,便推出同张作霖、曹锟两方面均有关系的靳云鹏出任国务总理。靳云鹏本属皖系军阀,早在1917年虞洽卿支持皖系时就同靳云鹏相识,同时新上任的内阁成员农商总长王乃斌更是虞洽卿的熟人,有这几层关系,虞洽卿真是胸有成竹。虞洽卿这次北上活动的目的,是想抢在《物品交易所条例》出台之前让农商部准予注册,发给执照,使证券物品交易所完全合法,无后顾之忧。如果此点办不到,则退而求次,争取在新交易所法里写上有利于证券物品交易所的条文。

对于虞洽卿的北上,社会上一时沸沸扬扬,传说虞洽卿带了证券物品交易所5000股股票,去贿赂农商部给发执照。于是黄申锡等人又致电农商部,要求彻查示复,以释群疑。但虞洽卿毕竟是商界巨头,在北京一番活动,果然有些效果。他在给上海的理事闻兰亭等的信中说:农商总长方面,很有把握,各方攻击证券物品交易所以5000股股票活动农商部给发执照,农商总长不但不愿查办,反而向提出此说的议员要证据。当然事情也并非如虞洽卿想象的那样一帆风顺。虞洽卿虽然同农商总长熟识,但下面具体办事的部员并不买账,他在北京周旋多日,深感这些部员同证券物品交易所"感情甚恶"。而中国银行等方面,却在暗中出力,帮助上海华商证券交易所。这时在上海的闻兰亭等从内部得到消息,修订的《交易所条例》即将送法制局审议,其内容颇不利于证券物品交易所。此时已是12月初,虞洽卿为参加上海劝业银行的开幕式,急于返回上海。为此,证券物品交易所又派出理事、总务科长洪承祁赶往北京。

洪承祁到了北京,除承接虞洽卿介绍的各种关系外,又靠着闻兰亭的关系,四处奔走。几天下来,洪承祁也感到此事非一、两个月不能见分晓,而政局是否在这一、两个月内不发生变化,实难预测。于是洪承祁主动同农商部部员应酬,联络感情,以期望万一政局发生变化,阁员可能变动,部员则仍是老人马,可以寄予希望,同时洪承祁又在法制局物色了人,以防万一。

虞洽卿、洪承祁在北京期间活动，请那些关键人物帮忙，当然不是空头的。例如为了对财政次长潘复的帮忙有所表示，洪承祁在给上海的密函中建议，在劝业银行开幕时，证券物品交易所"当多给予面子"。正是靠着这种物质的作用，虞洽卿、洪承祁在北京的奔波才没有白费功夫。1921年3月，新的《物品交易所条例》正式颁布，该条例一方面在正文中明确规定："物品交易所只准经营一种货物之交易"，"每区设一所"，同时又在《附则》中言明："本条例施行前确经成立之物品交易所"，"查与地方各业无窒碍者，得予核准分别继续营业"。这就是说，现有的兼营各种物品和证券的证券物品交易所，虽不符合《物品交易所条例》正文的规定，但只要"查与地方各业无窒碍"，也视为合法。很显然，这是特地为证券物品交易所网开一面。经过半年多曲折的争斗，上海证券物品交易所终于在一片攻击声中争得了其合法经营的地位。

1921年上海交易所风潮

马长林

上海证券物品交易所1920年7月开张后,营业状况甚佳,据1920年8月29日证券物品交易所召开的第一次股东大会报告,在开业后46天的交易中,共收取经手费82000千元,平均每天的佣金收入为1700余元。从7月到9月,该交易所3个月即获纯利36万元。因此每一股证券物品交易所股份可分红利2元5角,平均年利润达百分之四十八,这使一般的投机商人,包括原来集中在日商取引所搞买卖的人,绝大部分被吸引到了证券物品交易所中来了。证券物品交易所的各理事无不眉飞色舞。就是各级职员,年底也都拿到数十元、数百元,甚至千元以上的酬金。

由于经营交易所获利甚多,继华商证券交易所之后,上海杂粮油豆饼交易所、上海面粉交易所、上海华商棉业交易所等也于1921年春相继开业。

当时正值第一次世界大战结束后不久,国内民族工业在一次大战期间迅猛发展,积聚的资本达3亿元,而西方各国在欧战结束后即爆发经济危机,严格限制中国商品的输入,

上海证券物品交易所在报纸上刊登的广告

例如英国就借口我国荣氏集团福新厂生产的面粉有皮屑杂质而严禁进入英国市场。国内外市场的萎缩造成国内工商业危机,上海不少工厂闭炉停机,甚至倒闭,工业处于消沉状态,投资者因而观望不前,大量游资徘徊于市场,而交易所行业的奇高利润成为投机获利的强大诱因。20年代初的上海,许多商人因在欧战期间靠囤积居奇发了财,常具有一种投机冲动。自交易所成立后,一般商人做

投机之风气盛行，工业界在这方面也不甘落后。而在金融界，投机则更为普遍。各银行不仅热衷于有价证券的买卖，而且大做"套头"，即当投机家急需现款来银行转卖其有价证券时，银行即与它们订定合同，规定以两个月为期，该投机家必须以高于卖价的某个买价从银行再买走所卖掉的有价证券，银行于此一进一出之间，套取大量利润。同样，各汇划钱庄，也大半套做股票买卖，以获取高利。这种投机之风，造成了"股票到手，就是钱财到手"的社会投机心理，诱使成千上万工薪阶层，甚至农民也盲目从事于投机，将千辛万苦积攒起来的一点点积蓄投入交易所买卖之中。

民间游资的充斥，社会上升腾的股票热，加上已开办的诸交易所营业的高利润，这一切综合起来，引发了一场开办交易所的狂热浪潮。1921年夏秋之间，各行各业如发狂似地开办起各种交易所，社会上人心若狂，一听说办交易所，就千方百计想预购股票，由是每个月都有几十家交易所开设，在最旺盛的几天，天天可以从报纸上看到新成立的交易所有十家八家。除证券、面粉、棉纱、棉布、金业交易所外，糖业、煤业、丝业、纸业、烟酒、五金、建筑材料、茶叶、西药，各种门类无所不有。交易所除了设在繁华的闹市外，有的则设在弄堂里，甚至会馆公所中，有的还别出心裁地打出日夜交易所的招牌，以招揽顾客。像开药房起家的著名商人黄楚九，见交易所盈利可观，也赶上这股潮流，在他所办的大世界游乐场底层共和厅中开设了日夜交易所，使游客在游玩娱乐之中，可以到此满足投机心理。各种交易所纷纷挂牌，其注册也各显神通，有的是正宗的经向农商部注册获得营业执照，有不少则向法租界当局法国领事署、意大利驻沪领事署和美国政府注册，也有呈奉淞沪护军使署批准立案，可谓五花八门。当然，有相当一部分交易所则根本没有办过注册登记手续。据统计，到1921年年底，全上海总共有各种交易所达120家之多。这近120家交易所开办后，实际上并没有多少正常的交易，主要是经营其他交易所的股票，甚至有相当数量的交易所将本所股票在本交易所内进行买卖。投机者则施展各种手腕，哄抬股价，从中渔利。有的交易所发起人在成立交易所时自己并未拿出分文资本，只是空认巨额股份，然后设法把已售出的股票价格提高，再抛出自己认购的那部分股票，转手之间，便获巨利。同时又使原先空认的股份变成了实有的股票。

在各种交易所纷起的同时，有十余家新的信托公司也冒了出来。信托公司本来应该是商品经济发展和金融事业兴旺发达条件下的产物。可是这些信托公司的陆续出现，主要是有些人在办不成交易所后转办信托公司。它们多数并不能发挥金融机构的作用，而是像交易所一样从事本公司的股票买卖，谋取暴利。而投机者往往是一面以信托公司的股票作为在交易所投机的筹码，一面又以交易所的股票向信托公司押借款项，如此相互利用，兴风作浪。

各种交易所和信托公司集资开办，其资本总额大约在3亿元以上，远远超过了当时上海全部华资银行和钱庄的资本，社会对现金的需求急剧膨胀，使市面上银根吃紧。金融界对市面上银根吃紧反应最快，见势不妙，赶紧收缩。各银行对于商业放款变得异常谨慎，一些外商银行则开始限制做押款业务，各钱庄对出庄票和用款也十分慎重，由于市场上现金难以筹措，加之谣传纷起，各种交易所营业即趋清淡，无论是证券买卖，还是纱布交易，都十分疲软。营业既衰，佣金收入自然减少，于是各交易所逐渐入不敷出，捉襟见肘。这时，各色投机家借贷无门，资金缺乏，到期款项无法支付，纷纷宣告破产或逃匿。于是各种股票市面，莫不受沉重打击。从1921年11月中旬开始，一些交易所被迫停止业务。到12月1日，首先是中外证券交易所宣告破产。这家开设在法租界天主堂街48号的交易所，董事长为林嵩寿，总经理为汪幼安，经营品种有证券、棉花、棉纱、金银、糖类、面粉，号称有经纪人77户，实际上资本额是个空头，完全在买空卖空，它开办于1921年10月24日，从开办到倒闭，仅仅只有36天。从此，各交易所破产之风一发而不可收。1922年2月初，法国驻沪领事署又颁布了《交易所取缔规则》二十一条，规定在法租界内开设交易所，非经核准不得营业。核准后，要将交易所章程送至法租界会审公堂检察处注册，领取特别营业执照。同时还规定，凡开办交易所要缴纳资本总额五分之一的保证金，保证金缴纳手续不全者，不得发给营业执照。交易所股票在未营业前不得过户转让，不得在本交易所买卖本所股票，不得在本所内买卖期货。交易所及经纪人所得佣金，须向法租界当局缴付百分之六的征费，等等。这些规则，对交易所的限制极其严格，这使那些设在法租界内的交易所负责人大为恐慌，因为这个规则一执行，那些交易所发起人想以本所股票做投机获利，是绝对不可能的事，唯一的出路，

上海证券物品交易所股票

只有停拍解散。不光是法租界内的交易所，就是法租界外的交易所，也纷纷歇业。真是来得快，去得也快，到这一年3月间，整个上海只剩下12家交易所还在营业，到最后，只剩下上海证券物品交易所等6家，其他一百多家交易所，消失得无影无踪。

　　上海的交易所经过一阵奇异的升腾之后，终于回复到它应有的阶段，但这一阵狂潮，对社会经济影响十分严重，犹如一个本来虚弱之人，发了一阵高热之后，机体元气大伤。交易所风潮影响所及，银行首当其冲，因为原先各华商银行买卖有价证券，抵押放款，做"套头"的为数不少，它们同交易所和信托公司的联系十分密切。早在1921年12月上旬信交企业大量破产之前，就已经出现银行搁浅事件。如沪海实业银行因投机负债，于12月3日正式拒付，7日债权人向法院提出起诉。经会审公堂查验，该银行累计亏欠60余万两，而且账目多有涂改。8日该银行负责人陆冲鹏交出保释金后被释放，即遁走他乡，银行也随之倒闭。在交易所风潮中，先后倒闭的华商银行有沪海、中外、民新、惠工、丰大、华孚等6家，约占当时华资银行的六分之一。不少曾经热衷于投机的商人，于此惊涛骇浪之中，也惨遭覆舟之祸。像大同广告社执事王佑之，因买卖交易所股票失败，亏耗五六万金，人即避匿无踪。更可悲的是那些一心指望通过投机发财，将自己一生的积蓄投入的人，当交易所风潮骤起之时，便是他们的希望彻底破灭之日。当时报载，昆山人某，亏负七八千金，无法缴纳保证金，晚间潜服生烟土希图自尽；上海县知事公署会计主任严石农在交易所投机失败，亏十万余金，多系公款，无法偿还，吞白药团以求自尽。在这段时间，来往于上海、天津、宁波等处的轮船，每届由吴淞口出海时，往往有人投海觅死，而这些投海自杀者，皆因在交易所投机中失败亏负所致。至于那些因受风潮影响，工厂、商号、信交企业和银行倒闭，或缩减经营规模而遭解雇成为失业者的，则更是不计其数了。

孤岛时期的交易所黑幕

马长林

1937年八一三事变发生后，上海一片战火，人心惶惶，各个交易所先后停业。不久，国民党军队全部西撤，除了苏州河南岸的公共租界和法租界，整个上海被日军占领。沦陷区内，原来寓居的国民党官僚和一些绅商虽然随国民党军队的西撤而进入内地，但又有一批外省市的大地主、大富商、下台的老军阀和官僚来到上海租界避难，一些亲日的汉奸也到上海享受十里洋场的吃喝玩乐，再加上留沪未走的富商巨贾，所以做交易所投机买卖的仍然大有人在。当战火稍有平息，各种交易又纷纷改头换面地出现。

各方经济势力云集"孤岛"

首先是证券交易又趋活跃。上海沦陷后，租界成为一块"孤岛"，日军势力暂时没有进入，各种经济活动依然照旧进行。原先华商证券交易所的一部分经纪人及一些新开设的银号业主，在华商证券交易所大楼七楼走廊上组织了一个进行现货交易的小规模市场。开头主要买卖国民政府发行的各种公债，后来随着国民党军队在正面战场节节败退，这些政府公债逐渐退出交易。而此时上海因物资匮乏，物价飞涨，工厂多获盈利，社会上对企业股票发生兴趣，企业股票成为主要交易品种，股票公司一下子由五、六家猛增到七十余家，股票市价也每天在报纸上刊载，股票交易规模逐渐扩大。

另一个规模较大的交易所，是以潘三省为理事长的上海中国纱布交易股份有限公司。日军侵占上海之前，上海华商纱布交易所营业兴旺，棉纱棉布交易一直是市场交易之大头。上海沦陷后，原先华商纱布交易所的不少经纪人又集中起来。因潘三省同日军沪西宪兵队长藤野和工部局巡捕房里的日籍捕头中村颇有交情，故堂而皇之地建立棉业交易所，自己担任理事长，有经纪人70个。潘三省自恃有日本人支持，胃口很大，又联络二十余家金号、银号、钱庄业主及经纪人，于1940年

10月发起成立了上海中国金业交易股票有限公司,做起标金买卖。

此外,在宁波路有一个上海纱业联合办事处,也经营棉纱交易。上海沦陷后,各纺织厂先后恢复生产,急需原材料,该纱业联合办事处便买卖华商厂纱和日商厂纱,开设华纱、日纱两个交易市场,进行现货交易。在证券交易方面,又有一个证券联谊社。该联谊社对日伪政府自称是"假座斗室,为属会同人联络情谊、休憩谈话之场所,同业互做交易纯为自由买卖,并不收取佣金",故其性质等于联谊之社团,而与标金、棉纱等交易所完全有别,实质上是蒙骗日伪政府的一种托词。

1940年3月建立的汪伪政权,本来是靠日本主子的贷款来维持生存,因此对于各种交易所的活动不免异常恐惧,生怕搞乱其十分脆弱的经济。汪伪工商部曾几次对上海特别市政府下达指令,要设法取缔各种交易所,即使是由汉奸潘三省领衔筹办的中国纱布交易股份有限公司和中国金业交易股份有限公司,也不予通融。特别是棉纱棉布,属于日军统制的重要物资,如果听任交易,弄得不好得罪日本主子,后果严重。为此,尽管潘三省一再向汪伪工商部提出申请,要求给予开办中国纱布交易股份有限公司的正式批准,然均遭到拒绝。

实际上,沦陷后的上海,各种势力乘虚而入,特别是日本军方和经济界的各种势力,都想插足上海,控制市场,而汪伪政府从自身利益考虑,也想把上海的交易市场纳入自己管辖的范围,于是围绕着争夺控制交易市场,汪伪政府又在暗中同日方勾心斗角。

1941年12月8日,日军进入公共租界后即查封英美企业

日、伪争控交易市场

1942年3月,汪伪上海社会局向市长陈公博和实业部密报,说宁波路同和里纱业联合办事处的现纱市场和江西路上的现布市场,正在同日本方面的棉业交易所相勾结,企图联合组织纱业和布业公会,眼下正准备向日本驻沪领事馆和兴亚院活动,以求取得日本官方的支持。与此同时,日本方面的中支那军用物资配给组合,也在拉拢华商各同业组织,以组织各种联合营业所,企图将全市的各项物资全部纳入兴亚院管辖范围。汪伪政府获悉这些动态,十分紧张,生怕这些交易所或同业组织一旦同日方相结合,便无自身插足之地,于是由汪伪实业部出面,一面密令

上海社会局,指示对纱业公会、布业公会及纱布业联合会等申请备案的要求一概予以驳回,对中支那军用物资配给组合拉拢的华商组织要详密查明,克日具报,一面备文给上海特别市政府,表示对华商各业准备组织联营团体及纱布业商的活动,将派员同日本方面洽商,以期纠正,要求上海特别市政府同当地日本主管机关进行交涉,予以制止。因汪伪政府如此防范,日本方面勾结华商组织交易集团的局面没有形成。

同样,日本方面对于汪伪政府企图控制股票交易也多方进行阻挠。

1942年7月,有俞明时等人申请组织上海特别市华商股票业同业公会,得到汪伪政府的批准。8月初,张德钦等人也提出组织上海特别市证券业同业公会的申请,对此汪伪社会局经联席会议讨论,认为两个组织经营业务相

1943年7月,汪伪政权为"收回"租界举行庆祝活动

同,只能成立一个,便训令双方合并,并指定俞明时为筹备会召集人。9月,这个经汪伪政府批准的华商股票业同业公会筹备完毕,准备在新都饭店召开成立大会。在开成立大会前一天,该公会负责人专门拜访了日本上海兴亚院的财务官和书记官,邀请日本派代表出席,不料碰了一鼻子灰。兴亚院的官员板着脸回答说,日本当局当前正竭力取缔投机活动,而此类组织足以掀起投机之风,兴亚院不能同意成立,并将由日本大使馆向汪伪实业部进行交涉。真可谓针锋相对。

然而,不管汪伪政府同日方如何勾心斗角,孤岛时期上海的证券交易由于客观环境的特殊,出现了前所未有的发展,在最高峰时,专营股票买卖的商号有267家,市场上流通交易的华商股票达263种之多,创证券交易史上华商股票上市种类最多之记录。

昙花一现的外商股票

孤岛时期股票交易的兴盛最初始于外商股票。日军入侵上海之后,许多游资又陆续流向上海,这时在上海新开设和恢复的企业很多,加上江南沦陷区大量人口流入上海租界,日用消费品的需要量因此激增,故不论是华商企业还是外商企业,产量无不上升,利润可观。在通货不断膨胀之时,人们为了保持币值,纷纷购买外

商企业股票,于是外商企业股票交易十分热门,西商众业公所上市的各种证券多达一百五六十种。1939年第二次世界大战爆发后,原来已经流向香港、新加坡等地的资金又重新流向上海,投资于外股,同时因外汇汇率剧变,昔日专做外汇投机者多转向外股,引起外股价格飞涨。如会德丰股票,面值只有10元,而市价最高时达到272元,可谓登峰造极。交易兴旺时,每周成交数量总在三四百万股,每日成交数最多时高达132万多股,此时是西商众业公所股票交易的黄金时代。直到1941年12月太平洋战争爆发,日军开进租界,将英美企业统统作为敌产,冻结的冻结,接管的接管,外商企业股票被禁止交易,西商众业公所也被迫停业。

西商众业公所停闭后,原先十分活跃的股票市场一下子冷落下来,这时做惯股票投机的中日商人,甚至政界一些官僚,四处活动,企望证券交易能尽快恢复。伪满洲国及日本长崎交易所的一些主持人,也来到上海向有关方面请客吃饭,游说鼓动,企图促成证券交易再次开拍,但直至抗战结束,西商众业公所始终没能恢复。

翻手云,覆手雨

外商企业股票买卖遭禁止后,加上外汇冻结,外币、黄金也在禁止买卖之列,游资便向华商股票集中,此时新的厂商、企业乃至"滑头公司"纷起,趁机发行股票。当时发行股票既无法令约束,亦无管理机关,所有股票交易都由各股票公司或股票商号自由买卖。股票交易多,股票公司也大批成立,仅1942年一年,开设的股票公司就有127家。这些公司或哄抬股价,或操纵垄断,整个证券市场一片混乱,于是

当时在市场上被买卖的新新公司股票

在1942年8月,汪伪行政院批准了由实业部制定的《取缔上海股票业买卖华商公司股票暂行规则》。这个规则规定,凡在上海的股票商,必须向汪伪上海社会局申请注册,经核准后领取营业执照,缴纳资本总额百分之十的保证金后才能营业,同时,股票商每个月须将股票买卖数分门别类列表呈报社会局查核,未经注册登记者一概予以取缔。到次年6月,267家股票公司和商号提出注册申请,社会局只批准了35家。

但是时过不久,汪伪政府的政策又来了个大转变。原来《取缔上海股票业买卖华商公司股票暂行规则》的颁布,限制了大多数从事股票买卖商号的经营,而证券交易本身在当时客观上需要一个广泛的市场。这时正好有一日本经济要员到上海考察,认为资金无正当出路、囤集之风弥漫的经济病态,只有建立广泛的证券市场,疏导游资,才能得到改善。主子一表态,汪伪政府只得有所响应,于是汪伪实业部一面宣布废止不久前颁布的"取缔规则",一面会同财政部饬令上海华商证券交易所筹备复业。7月24日下午,由原华商证券交易所理事长张慰如和沈长赓出面主持,在香港路银行俱乐部召开了临时股东会,商讨重新修改章程,增加资本,补选理事及其他有关复业之事,并定于9月29日开幕,11月8日正式营业。复业的华商证券交易所以日本人大友为顾问,专营华商股票,经纪人名额为200人,第一批核准上市的股票即有108种,其中十分之六为新开办的纺织印染业公司。

然而还没有待新复业的华商证券交易所正式开张,汪伪政府即遇到了头痛之事。获悉华商证券交易所将复业,以中央信托股份有限公司华商股票号领头,31家股票商号联名呈文汪伪上海特别市政府,说他们从事股票经营历时已久,经过惨淡经营,才有今天这种局面,而华商证券交易所复出,则这些股票商号过去努力获得的成就将被剥夺,因此表示既然准予这些商号营业,就不该让华商证券交易所复业,要求汪伪财政部和实业部明令华商证券交易所复业后不得兼营股票,以免无谓之纠纷,使社会国家之金融不致有紊乱之虞。这些股票商号还表示,如果华商证券交易所愿意合作,他们也愿意投资于该交易所,共同参加交易所业务。言外之意,如不愿合作,颇有将对着干的味道。汪伪上海特别市政府对这31家股票商号的呈文并不予以重视,以为不过是他们心态不平衡的一种表示。然当华商证券交易所开始营业之后,确实感到有一股强大的势力在同其竞争,营业很不

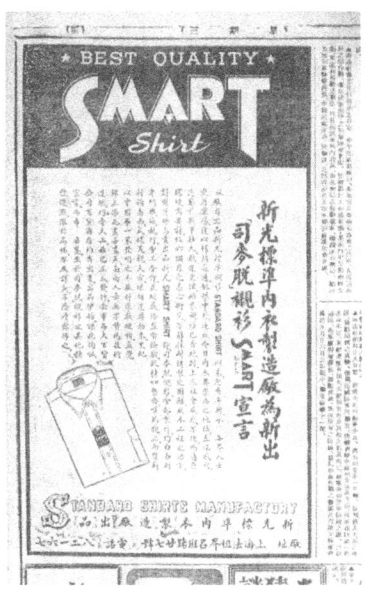

生产司麦脱衬衫的上海新光内衣厂也发行了股票

景气，为此又呈请汪伪实业部转咨上海经济局，将原先颁发的 31 家华商股票号营业执照全部撤销。哪知汪伪上海经济局工作不力，结果证券交易所场内交易只占四分之一，其余四分之三股票买卖全在场外进行，这不但影响了该交易所的交易额，而且关系到汪伪政府每月一千多万元的交易税收入，于是华商证券交易所再次呈文汪伪财政部和实业部，要求迅速禁止场外交易。从 1944 年 3 月开始，汪伪上海经济局陆续将 30 多家股票商号的营业执照全部撤销，终于使证券交易完全置于华商证券交易所一家控制之下。

黑幕重重的场内交易

场外交易虽然被禁止了，但场内交易却十分混乱。在各华商股票商号同华商证券交易所争夺交易权到各股票商号被撤销营业执照的过程中，华商股票的价格直线上升，新开设的各种公司、企业如雨后春笋般冒出来，纷纷发行小面额的股票，吸收市场资金。实际上这些新开设的公司和企业，多数是以招股为幌子，所谓兴办何种企业实属子虚乌有。而一般普通百姓不察虚实，为股票价格有涨无跌所蒙蔽，而且新发行的股票多是小面额，认购容易，因此不少人趋之若鹜，将它看作增加收入的捷径。不料 1944 年 3 月以后，因股票发行量超过饱和点，同时市场银根紧缩，股票价格突然下跌，大多数股票市价比最高价下跌三分之二，有的甚至跌到面值的三五成，至此购买者方知上当，但已经亏损累累。最苦的是那些靠薪水过日子的阶层，平时节衣缩食，甚至典衣质物，省下一点钱去购买股票，原指望据此可以增加点收益，岂料经此一折腾，损失惨重。

再说华商证券交易所本身，因无竞争对手，又有官方做后台，故投机成风。按一般交易所规定，交易所理事本身不能进行股票交易，但这个交易所理事大部分兼任上市各种股票所属公司的董事，像张慰如、沈长赓等主要理事，甚至兼任上市股票所属公司的董事达二十几家之多，有的理事本身还担任经纪人。这些人都以与自己有关的经营为利害关系，在交易所中利用地位，假借名义，上下其手，搞得交易所股票交易一片混乱。1944 年头三个月，股票行情节节上涨，3 月以后，股票价格连续下跌。到了 7 月，又转跌为涨，并且不断出现价格高峰。那些理事眼看股价过分上涨将损害其利益，便借口收解手续繁忙宣布停拍，同时又规定股票买卖价格涨跌的限度，即规定股票市价在 10 至 20 元，涨跌幅度以前一天收盘价的 30％ 为限，市价在 20 至 100 元，涨跌幅度以 25％ 为限，市价在 100 元以上，涨跌以 20％ 为限。这些规定，尤其是宣布停拍，一度引起市面震荡，几乎酿成经济风波。

对于证券交易所交易之混乱，社会上指责之声不绝于耳。当时的《经济导报》社代表即呈文汪伪上海市长陈公博，指责华商证券交易所有助长投机、串通抛空之情况,吁请政府派员彻查,以断然手段将原有理事概行撤换。但指责归指责,华商证券交易所毕竟由日本人当顾问,又定期向汪伪政府缴纳数目可观的交易所税,当然无需担忧会受到什么调查和处罚。

1944年下半年,日本在太平洋战场上的失势已显露兆头,靠日本军国主义输血过日子的汪伪政权内部也充满矛盾。汪精卫死后,汪伪内部各派势力更为争权夺利而勾心斗角,根本无暇顾及整顿证券交易市场。到了1945年初,华商证券交易所真正开做的股票,只有永安纱厂等14种,曾经达到高峰的华商股票交易,随着日本和汪伪政权政治经济危机的加深而跌入低谷。在日本正式宣布投降后第二天的8月17日,华商证券交易所199种上市的股票中,成交的只有两种。这一天,也是该交易所的最后一场交易,复业了两年不到的汪伪上海华商证券交易所,终于同支持其生存的汪伪政权一样,寿终正寝了。

交易所风潮后的无情兼并

马长林

1921年上海交易所经历了一场大起大落的风潮之后,原来骤然风起的一百多家交易所,一个个销声匿迹,最后只剩下上海证券物品交易所、上海华商证券交易所、上海华商纱布交易所、上海金业交易所、中国机制面粉上海交易所和上海杂粮油饼交易所6家。这6家交易所终于能够经受住信交风潮的冲击而没有被淘汰决非偶然,实同它们雄厚的实力及丰富的经验密切相关。

上海华商纱布交易所系由纺织业巨头刘柏森、荣宗敬、穆藕初等人所发起,于1921年7月1日正式开业。这个交易所由华商纱厂联合会作后盾,其理事不是上海滩上大棉纺厂的老板,就是长期做棉纱交易的老手,创办时资本总额定为300万元,第一次集资150万元很快到位。其经营物品为棉花、棉纱和棉布。经纪人额定为棉花、棉纱各80人,棉布20人。由于当时华商所办纺织厂所需棉花、棉纱及生产的棉布大部分由该交易所买卖,故营业尚佳。据1926年上半年该交易所营业报告,其主要收入各种经手费达四十余万元,扣除一切开销,纯收益近二十万元。

上海金业交易所系上海金业公所改组而来,由施善畦、徐补荪等人发起,在原来上海金业公所的基础上改组而成。1922年11月13日正式开张,当时实收资本150万元,经纪人定额为138人。交易的物品包括国内矿金、各国金块及金币、标金和赤金四种,但实际上进行交易的只有标金一种。所谓标金,即是上海市面上通行的九七八成色的

上海金业交易所

金条,交易时以"平"为买卖单位,每"平"即标金七条,计重漕平七十两。一般多是定期交易,以两个月为限。因该交易所标金交易数量不少,故佣金收入也多。1926年上半年,上海金业交易所佣金收入达 514000 余元,纯收益为 31 万元。

中国机制面粉上海交易所由上海机器面粉公会的贸易所发展而来,创办人系面粉行业业主,交易品种为机制面粉,分现货、期货两种。现货交易,一般是由客商向厂家买进。当时议定价格,由卖出厂家发出本厂栈单,客商凭栈单取货。期货交易,是由客商向生产厂家订定期限,双方议定价格,由买进人先付定银,卖出厂家则填给栈票,双方签署合同,各执一份,凭此合同到期客商再付清货价,换取厂方栈单,然后凭栈单取货。该交易所开张后,常年成交额总在一亿包面粉(每包标准重49 磅)上下。1930 年至 1931 年之际,大批洋麦输入我国,市场上面粉价格低廉,各客帮趁机大肆购进,交易因而十分兴旺,全年成交额竟高达二亿九千万包。

上海杂粮油饼交易所,由陈子彝、蔡裕焜等人发起,于 1921 年 2 月开始营业,资本总额为 200 万元,经纪人定额为 100 名,其交易物品,属于杂粮种类的豆麦、油饼、芝麻、菜籽等均包括在内。1924 年 7 月修订买卖规则后,交易品种为大连黄豆、大连红粱、小麦、豆油、豆饼五种,黄豆、红粱,买卖都以一车为单位,小麦以 500 担为一个买卖单位,豆油以 50 篓,豆饼则 1000 斤为一个买卖单位。因同类杂粮交易所甚少,所以该交易所得以在交易所风潮中渡过难关。

上海华商证券交易所于 1921 年 1 月正式开业后,因它继承了原来股票商业公会的业务,驾轻就熟,营业极为旺盛,虽然在 1921 年交易所风潮中也受到挫折,但很快恢复过来,在以前购置的汉口路九江路之间的基地上,建起三层楼房,定名为"证券里",前面为办公室,中间是交易市场,后面和东边的石库门房子租与各经纪人,业务的扩大和设施的更新,使华商证券交易所面貌焕然一新。

在这 6 家交易所中,上海证券物品交易所可算是资格最老的一家,但因 1922 年"多头公司"做本所股使证券物品交易所信誉下降,故元气大伤,同其余 5 家交易所相比,实际上已开始走下坡路,营业状况每况愈下。例如 1926 年初至 1927 年 5 月底,上海证券物品交易所经手费收入只有 175000 余元,与华商纱布交易所等相比,收入不及人家的一半,而且证券物品交易所规模庞大,各项开支颇多,结果亏损 13000 余元。由于连年亏损,从 1928 年起,上海证券物品交易所便收缩经营种类,仅开标金和花纱两种交易。1929 年年初,上海证券物品交易所亏空严重,日子很不好过,原先向德和洋行前后举借的 60 万两银子到期无法归还,而德和洋行催讨甚急,无奈之中,只得于 1929 年 6 月再同中国振兴银团订立抵押借款契约,维持开销。但这一借款条件颇为苛刻,就是由中国振兴银团推选一人担任证券物品交易所的顾问,任期 5 年,而此顾问有参与一切业务,检查账簿、财产之权利,凡交易所向银行、钱庄的提款单据,需由顾问与交易所常务理事共同签字,交易所理事会的提案,事先需顾问同意,等等。很显然,上海证券物品交易所为举借这笔款子,把交易所的主权大半抵押出去了。这一年6月,上海证券物品交易所又停拍花纱,改开证券交易。对于上海证券物品交易所来说,更棘手的是1929年10月新的《交易所法》的公布。该《交易所法》明确规定,一种种类的交易所,每一地区只准开设一所,凡同一地区同种营业的交易所,须在《交易所法》施行之日起3年内合并,违者将依法解散。面对新颁布的《交易所法》,何去何从,交易所众理事不禁想起当年为取得合法地位而进行的一番争斗。九年前虞洽卿凭着自己同北京政府中实力人物的关系,总算使证券物品交易所在各种反对声中渡过难关,合法生存下来,如今面对实力和经营状况都比自己强的华商证券交易所和金业等交易所,虞洽卿不免忧心忡忡。

1933年5月,离国民政府颁布的《交易所法》宣布正式施行的1930年6月,已快整整三年,眼看5月一过,证券物品交易所将面临被依法解散的命运,虞洽卿等不得不忍痛将证券部同上海华商证券交易所合并。也算是给虞洽卿这个商界老前辈一点面子,合并名义上为对等合并,即由华商证券交易所拿出20万元作为付给证券物品交易所转让证券营业权的代价,证券物品交易所则再贴入现金若干,购买华商证券交易所的半数股份。如此,虽然证券物品交易所的证券部从此不复存在,合并后的华商证券交易所亦非虞洽卿主持,但好歹证券物品交易所掌握了华商证券交易所的一半股份。

转眼5月已过,上海证券物品交易所的标金部仍在营业,堂堂国民政府的法规竟然得不到实施,实在是件难堪的事。而待处理的对象又不是别人,是上海滩上闻人虞洽卿,这对主管此事的国民政府实业部来说,真是一件令人头痛的事。但是国民政府毕竟不是昔日的北洋政府,虞洽卿尽管是商界巨头,但到底已属老之将至,无论如何,法规还是要实行的。于是实业部又是催促,又是旁敲侧击,逼迫证券物品交易所予以解决。这一年6月,上海证券物品交易所一面会同金业交易所联合呈文实业部,请求在时间上给予宽限,一面请了上海滩上著名人物张啸林、杜月笙担任总监,开始对等合并和筹议新的交易所的谈判。此时证券物品交易所负债累累,对于同金业交易所合并各出资金100万元实无能力,便呈文请求财政部从整理交易所债权款中划出30万元作为筹设新交易所的保证金,但财政部批复,借款须由证券物品交易所和金业交易所共同负责,于是对等合并的谈判又搁置下来。从金业交易所来说,对等合并实难以接受,因为按照公司法,合并前公司的权利和义务由合并后的公司承受,而证券物品交易所负债远远超过金业交易所,若对等合并,证券物品交易所所欠债务将由合并后新的交易所负责偿还,对此金业交易所将吃明亏。双方就此僵持不下。如此合并期限又超过一年,眼看政府的解散令即将下达,在万难之中,虞洽卿给当时国民政府实业部长陈公博写了一封信,可视作最后的表态。虞洽卿在信中毫不客气地指责金业交易所是"恃其虚娇发皇之气焰,实行兼吞"。他说自己"于民国八年间与先总理组织此所,苦心经营,诚不敢谓革命中兴之业肇基于此而本党同志赖以将护者何可胜计。自交易所法颁布后,敝所受法令之束缚,谨恪遵守,不敢逾越,今乃以环境所迫,各种类中有放弃者,有结束者,独金业一项,同人所藉以维持生活,亦将剥夺无余"。自己"奔走革命者三十年,疲敝于商业者垂五十年,革命已经成功,商业希望不过如此。七十衰翁爱何所冀?惟此十余年劳苦相共之数百同人一旦失业,则(洽卿)一息尚存,誓死必为之保全,任何牺牲,所不计也"。"(洽卿)万有清者,合并期限已过届,大部前令两所如两月内不能实行合并,定即依法解散云云。敝所奉令之余,不胜悚惶。此两月中同人多方请托,凡可与金业协商者,无不委屈迁就,即(洽卿)忝为商界前辈,亦处处下心低首,今则让无可让,退无可退,惟一念及前此部令,又绝不敢胡为抗违"。最后虞洽卿声明"自九月一日起,敝所只做了结,新买卖一概停止,以为自动解散之准备,而藉以维持大部之威信,如金业不知轻重成竟弁髦法令,照旧营业,则国法昭然,度大部必有以处置之也"。

也许是虞洽卿此信写得真切,也许是信中所言"任何牺牲,所不计也"镇住了实业部官员,终于经过一番幕后活动,由谈判合并事宜的总监张啸林、杜月笙提出一个变通办法。1934年8月29日,证券物品交易所和金业交易所缔结了合并契约。该合并契约规定,证券物品交易所金银

上海闻人虞洽卿

部的营业权归并与金业交易所,而金业交易所则依照上一年证券物品交易所同华商证券交易所合并之例,付给证券物品交易所营业权代价375000元。金业交易所资本额由150万元改为180万元,增加的30万元由证券物品交易所投资,这投资的30万元则从上述营业权代价中扣除,但这30万元的股份在8年内不得分化转让,换立户名。金业交易所继续营业,证券物品交易所则于9月底终止营业。该契约还明确,此份契约以转移营业权及一部分债权为目的不存在对等合并之意。就这样,因《交易所法》颁布而引起的交易所合并的难题总算得到解决,而虞洽卿创办的这家华商最早开办的综合性交易所,终于在激烈的竞争中被无情地兼并,退出了历史舞台。

近代上海股票的起源和橡皮股票风潮

马长林

19世纪70年代的上海,租界已经开辟了近二十年,在上海城北黄浦江畔的外滩一带,外商洋行林立,南北干道初具规模,南京路上已经安装起最新式的煤气路灯,一个近代化的城市正在形成。此时最早来到上海的一批外商洋行进行的鸦片贸易,由于中国境内鸦片生产的扩大而日益不景气,利润逐年下降,精明的洋行大班开始把资金投向新的生财业务,一些适应通商口岸发展需要的金融、交通等新式企业陆续创办起来。这些企业多按照西方的模式,以股份公司的形式筹集大批资金。于是,一种新东西——外商企业股票开始在上海市场上露面。如同在西方市场上一样,这些外商企业股票的价格,随着企业经营的盛衰及投资者的好恶而上下涨落。如1864年,利华银行面值10镑的股票,在上海的市价为25镑。有利银行面额25镑的股票,最高行市达到70镑。1867年至1872年,当时中国资本额最大的股份公司旗昌轮船公司,因经营有方,股票价格不断上涨,1870年11月初面额100两的股票,市价为109两,次年1月升到122两,2月初为128两,2月中旬则为134两,股票持有者受益匪浅,该公司的股票因此成为热门货。据称当时上海市场上外商企业股票交易额日以百万计,交易有时延长到深夜。在股票投机买卖中,有的甚至从欧美等地汇来巨款购买股票。当然主要的购买者还是在沪外商洋行的大班,后来逐渐扩展到买办、商人和官僚。

股票交易既然那么热门,专门从事股票买卖的专业户便应运而生。1869年,在四川路二洋泾桥北堍,出现了第一家专营股票买卖的商号——英商长利公司。不久,又有英商柯希奈·司密斯公司,苏利文·勃咨公司和格来享·安得生公司相继开办。这些商号名曰公司,实际上不妨称之为股票掮客。因为这些公司至多只有一两个办事人员,有的甚至是老板、经纪人兼而任之。而且当时市场上虽然有的股票很热门,但从总体上讲,外商股份制企业尚不发达,不少企业股东总部设在远离上海的欧洲伦敦等地,欧亚之间海底电缆尚未铺设,信函往来要4个月,信息传递迟缓,故股票交易量不多,经手费的收取也无一定标准,往往是临时随便酌收而已。

  19世纪八九十年代,在上海的外商企业比以前稍有发展,像上海自来水公司等企业因业务发展,公司总部从伦敦等地迁到上海,市面上股票种类逐渐增多,投资者购买热情很高。据1881年英商上海自来水公司第一届股东大会报告,要求入股者远远超过股票份额,很多要求入股的人是上海的银行家与商人。在这种"股份风气大开,每一新公司发股票,千百人争购之,以得股为幸"的形势下,1891年在上海的西商股票掮客联合组织了一个证券掮客公会,名曰"上海股份公所"。该公会章程规定每个会员须交入会费25元。另外再交常年经费10元。这些会费和经费,专门用于印刷有关的文件及公会租赁房屋。

  1896年至1897年之际,在上海市场上发行股票的二十多家外国公司,一半以上公司的股票面值升高,像上海兰开烟草公司股票,一年之中升值四五十两,上海自来水公司、鸿原纱厂因盈利丰厚,股票升值幅度也大,股票买卖因此颇为兴旺。1898年,上海股份公所重行修订章程,规定会员常年费每个会员增加为30元,入会费增至300元,公所特地设置一个专职书记,由路透公司经纪人施考德担任。

  1900年开平煤矿权的转移,给证券市场带来了新的刺激。原来1892年开平煤矿总办唐廷枢病故后,由不懂企业经营的张翼继任,张上任后改变了历来采用的招股集资办法,将矿局财产向外国银行作抵押,借款195万两,以银行贷款作股本,结果使产权为英商所有。由于产权转移,原先持有该矿股票的华人纷纷将股票出售或转让,上海股份公所的那些西商掮客则十分忙碌地经售华人抛出的股票,其行情顿时看涨,这种开平煤矿股票经过五六次转售,价格竟从22两5钱涨至125两。

  就在这一年,上海股份公所的多数会员决议在英商总会内开辟几间房子作为所址。从此上海股份公所算是有了固定的场内交易所,改变了以前在英商总会大厅内或者在汇丰银行的阶梯上胡乱站着进行交易的状态。过了两年,因为英商总会的房间光线太暗,蚊子又多,在那里进行股票买卖实在不是一件愉快的事,于是公所又迁到亚当姆逊拜耳行。这时上海股份公所已统一规定掮客收取的佣金为交易额的百分之一,由出售股票的卖主支付。

  1903年,上海股份公所有成员提出将公所改组为上海证券交易所,经过酝酿,获多数成员同意。1904年公所按照香港《股份有限公司条例》,在香港注册,定名为The Shanghai Stock Exchange,华文名称为"上海众业公所"。上海众业公所刚成立时有会员50人,入会费规定旧会员每人100两,新会员除了要有财产达1000两以上的三人作保外,还必须在公所的书记处存银5000两或价值5000两的有价证券。入会条件很是严格。1909年该公所迁到黄浦滩(今中山东一路)1号,规模非同昔日。

众业公所曾设在早期英商总会中

上海众业公所开张后股票交易门类增多,其经营证券的种类为:中国及远东各地的外商企业股票和债券,南洋各地的橡皮股票,中国政府的金币公债,租界当局发行的公债等。其中以外商企业股票和橡皮股票交易为大头。上海众业公所的那些西人掮客做梦也没有想到,使他们获利甚厚的橡皮股票竟然会引发一场震惊上海金融市场的橡皮股票风潮,使众业公所几乎葬身于斯。

事情还得从头说起。

20 世纪初,由于交通工具的改革,特别是汽车工业迅速发展,使橡胶的销售量在国际市场上急骤增大,但橡胶的生产和供应由于自然条件和生产技术的限制,短时间内不可能迅速增长,因此国际市场上橡胶价格因供不应求,处于频频上涨的趋势。1903 年有一个叫麦边的英国人在上海办起了一家兰格志拓殖公司,兰格志是一个橡胶产地的名称,麦边大肆吹嘘兰格志拓殖公司的经营范围包括开辟橡胶园,开挖石油、煤炭,采伐木材,该公司发行的的股票可以在外商银行照票面押借现款等。实际上兰格志公司根本没有资金来源,当然也谈不上种植橡胶和开采石油。1909 年,发生世界性橡胶涨价,上海股票市场上橡胶股票的市价亦同步上升,外国开发橡胶园的老板和投资者因而获得丰厚的利润。麦边及其他一些橡胶公司老板看到这是一次机会,便施展了投机的伎俩。麦边之流趁橡胶股票十分热门之机,大肆宣传,声称在澳大利亚种有大量橡胶树,为开设橡皮公司而大量招股,其股票每年所分红利可达百分之四十五。一些外商银行如麦加利银行、汇丰银行、花旗银行等,也纷纷承做橡皮股票的押款业务。人们见橡皮股票利润如此之高,那些外国银行也予以押款,信用当然坚实,于是便争相购买,橡皮股票价格因而直线上升。如当时面值仅为10先令的橡皮股票,还未及标价,已有人愿以70两银子之价承购,其价格超出原票面价格往往达6倍至7倍以上。为防止承购者生疑,兰格志公司还想出一个诡计,装模作样地每3个月发放股息一次。在这种情况下,争购橡皮股票者更是有增无减。当时在上海的其他外商洋行见有利可图,也竞相在上海开设橡皮股票公司。每有一个经营橡胶的公司开办,其股票必定十分抢手,要不了三四天,公司股本便源源而来。到1910年,在上海开设的橡胶公司增加到40家之多。而争购橡皮股票者简直到了如痴如狂的地步。一些公馆里的太太小姐,换首饰、卖钻戒,为抢购橡皮股票。抢购者不但有平民百姓,还有山西票号、上海钱庄等富商;不但有商贾,也有一些官吏,甚至有多年在上海略有积蓄的外国人。有些外国人拿着支票簿,向人求购,只要对方肯出卖,马上签出支票。

众业公所在《申报》上刊登的股票行情

在这股狂热的橡皮股票投机活动中,上海的许多钱庄都参与了进去。这些钱庄不仅以大量短期贷款放给股票投机商人,而且自身也积极收购和囤积橡皮股票。像正元钱庄,用于积购橡皮股票的资金达三四百万两。有人估计,华商在这次橡皮股票交易中,投入上海市场的金额约为2600万两至3000万两,投入伦敦市场的约为1400万两。因此,投入资金的总额约在4000万至4500万两左右。这样,上海钱庄可以调动的资金几乎全被橡皮股票公司所吸引。那些幕后策划者获利已饱，便暗中将股票卖出，携了巨款，逃出国外。

橡皮股票风潮中钱庄曾买了大量股票

1910年4月初，在沪外商银行毕竟是金融界老手，见情况不妙，首先停止贷款给钱庄，同时宣布不再承做此类橡皮股票的押款业务。6月，国际市场上橡胶行情开始出现下跌倾向。当这一消息传到上海，那些曾经极端迷信橡皮股票的抢购者，纷纷赶紧将股票抛出。一时如狂飙骤起，市场上橡皮股票价格一泻千里，从每股九十几两，急剧跌落，一直跌到二三两。当初争购如狂者，至此才知道是个大骗局，但悔之晚矣。不独普通百姓倾家荡产者有之，即是官吏洋人，吃亏者也不少，如当时享有名望的公共租界会审公堂会审官关炯之，当初好不容易托人购买了一批橡皮股票，结果做会审官多年下来所有积蓄尽丧于此。

受此风潮冲击，上海的正元、谦余、兆康三家钱庄首先倒闭，跟着倒台的钱庄不计其数。正元、谦余、兆康三家钱庄的老板陈逸卿、戴嘉宝、陆达生等人当初都是橡皮股票最热心的购买者，所以风潮一起他们首当其冲，所持股票如同废纸，全部资财犹如抛在水里，唯有倒闭了事。但是钱庄虽然倒闭了，这三家钱庄开出的庄票有不少散在外面，其中特别是359张远期庄票，掌握在外国银行手里，总金额达150万两银子。在外国人如太上皇的清末之际，外国银行当然不会明吃这个亏，他们气势汹汹地上门讨债，威胁若不解决将诉诸法律。更为严重的是当时有数十家工厂，有工人 30 万，这些工厂每日发放工资都是向钱庄进行抵押贷款，各厂再持钱庄开出的庄票向外国银行领取现银发放工资。现在外国银行拒不接受钱庄开出的庄票，各工厂工资没有着落，使橡皮股票风潮引起的危机更加尖锐了。面对这种形势，上海道台蔡乃煌想，此事若处理不当，恐怕会闹成大事，到时候自己也难免其咎。于是他火速乘专车到南京见两江总督张人骏，谎称钱庄欠外国银行的钱是上海商家向洋行订货的贷款，若官府不协助清理，将触犯洋行老板，影响国际贸易，造成外交事件。两江总督照此向朝廷禀报，清皇帝下旨照准，结果由上海道台会同上海商会出面，向汇丰、麦加利、德华、道胜等九家外国银行借款 350 万两，扣除 150 万两作为抵合三家倒闭钱庄的庄票，此事才算了结。同时上海道台又在江海关的庚子赔款存款内挪借了 300 余万两，借给几家主要的钱庄和银号，以周转市面，橡皮股票风潮引起的危机才逐渐得到缓解。

这次橡皮股票风潮，使上海众业公所也受到沉重打击。风潮骤起的 6 月里某一天，上海众业公所例应同客户结账，但面对突如其来的橡皮股票价格暴跌，所中职员一时束手无策，无从清理，后来多数所员只能将自身所有财产拿出来抵挡，以保全公所的声誉，但终因亏空太多，无力弥补，不得不宣告破产。原来上海众业公所也收进了不少钱庄开出的庄票，其中包括已经倒闭的正元、谦余、兆康三家钱庄开出的。外国银行后台强硬，可凭借外交势力不吃一分亏，而上海众业公所毕竟只是西人掮客的一个松散团体，掮客同有官方作后盾的银行家当然不能相比，上海众业公所只能自认晦气，暂时偃旗息鼓了。

旧上海股票交易"茶会时代"之前后

马长林

19世纪70年代至80年代初,外商在上海开办的洋行日益增多,1870年,上海的外商洋行有二百多家,通常每家洋行雇用一个买办,因此买办数量也与日俱增。在为洋行服务过程中,买办积累了大量的财富,据统计,大买办每人都拥有近10万两的资产。在外商洋行纷纷开办近代企业的刺激下,不少买办,包括一些富商和官僚,也投资创办新式企业,采用西方股份制形式,通过发行股票,向社会集资,像轮船招商局、上海机器织布局、中国电报局、上海机器造纸总局、裕泰恒火轮面局(即机制面粉厂)等企业的股票已在市场上纷纷出售。于是,一家由华商经营股票买办的公司于1882年9月宣告成立。这家称为"上海平准股票公司"的股票经营商号,在1882年9月27日的《申报》上登出大版广告,向人们宣传股票公司开办的意义和作用。开办广告说:"即如公司一端,人见轮船招商与开平矿务获利无算,于是风气大开,群情若鹜,期年之内效法者十数起。每一新公司发行股票,千百人争购之,以得票为幸"。"今特设一平准股票公司,对几方面有利:一为平准公司可以确访那些新办公司的底蕴,广采舆评,持平股票定价,使之能跌涨在宜,有利于各公司。二为初来沪者人生地疏,欲买股票苦无门路,平准公司则每天将股票牌价挂出,购者可一见而知,利于购票者。三为市场上传说的涨跌行情往往使股票持有者心慌神乱,而有了平准公司,市场上流传的讹言可以不信,利于股票收藏者。四为平准公司可以办理股票抵押业务,使那些急需现钱的股票持有者既可以渡过经济难关,不致受人挟制,以能保持股票原价而不受损失。五为各种公司创办旷日持久,难以快速见效,即使囤积货物,也有难以脱手之虞。而创办平准公司则轻而易举,不需仓栈,开销省而收效大,利于本公司。"这一宣传,倒也清楚地表明了早期华商股票商号的宗旨和经营特点。

这家上海平准股票公司,设置董事数人,正副执事二人,专门负责处理公司的一切事务,此外还聘请账房二人,跑街二人,翻译一人,书记一人,庶务一人,学生二人,在当时的上海,也算是颇有规模。平准股票公司对于各种股票市价,每日公决

最早筹措发行股票的公司之一旗昌洋行

后,即写出挂水牌,告之于众。凡在该公司买卖股票,由该公司给予发票,三个月后,凭发票至公司扣还回佣百分之二十。平准公司开办后,每隔几天即在《申报》上刊登各种股票的价格,其买卖的股票有轮船招商局、开平煤矿、机器织布局、仁和保险公司等二十来种。一时人们购买颇为踊跃,股票行情也看涨。像轮船招商局、开

招商局发行的股票一度受到市场追捧

平煤矿的股票,每股(100两)升水在二倍到二倍半,湖北长乐、鹤峰、热何平泉等铜矿的股票也无例外地升水在一倍半左右。有一个曾经在中国呆过,1882年11月间回到上海的外国侨民叙述他对上海的印象时说,在他一抵达上海后,便为当地居民所谈的无一不是有关股票的行情而惊讶不已。可见当时股票买卖之热。

但是,由于当时华资以招股形式创办企业,在国内还属首创,除轮船招商局等几个大企业经营效益较好外,不少是地方各省兴办的中小企业,尚处于筹备阶段,技术是否有把握,利润是否有保障,均尚难预料。许多购买股票者的钱,并非是自己的余资,不少是闻购股票有利可图,临时向钱庄等处借来。1883年年中,上海金融市场出现颠簸不定的征兆,市面上银根紧俏,企业股票市价受金融影响,连续下跌。该年7月,曾经以每股216两市价被争购的开平煤矿股票,这时只能卖到120两。到了10月,每股又跌到70两。原先市价曾到265两的轮船招商局股票,此时也只值90两。至于各省办的矿业公司股票,简直分文不值。此时又恰逢中法战争升级,动荡的时局加剧了金融的波动。10月上旬,上海北市两家大钱庄首先倒闭。接着经营地产公司的徐润和大丝商胡光庸相继破产,到这年冬天,一场金融危机终于以前所未有的规模席卷整个上海市场,南北市大钱庄从年初的78家到年终只剩下10家,南北市行号栈铺受拖累而闭歇的不下三四百家,各种金融和贸易活动几乎全部陷于停顿。在这种情况下,方兴未艾的中国民族资本主义近代企业受到严重打击。在金融风潮中股票持有者遭到惨重损失,这使此后企业的筹集资金活动难以继续开展。曾经是漠河金矿矿主的李金镛在风潮过后感慨万分地说:"中国自仿效泰西集股以来,就上海一隅而论,设公司者数十家,鲜克有终,而矿为尤甚,承办者往往倾家荡产,犹有余累。'公司'两字久为人厌闻。"开场很好的上海平准股票公司,也在这场席卷整个上海的金融风潮中夭折。当初不惜工本购买股票而遭惨重损失的经历,使人们始终心有余悸,所以直到十年之后,一般商人一听到"纠股集资"四字,仍然"无不掩耳而走"。华商企业股票买卖受此打击,几乎一蹶不振,大约二十年后,才缓慢地恢复过来。

清朝末年,日趋严重的民族矛盾和阶级矛盾给民族工矿企业的兴建提供了十分有利的物质和思想基础。当时"设厂自救"和"抵制外贷"的呼声迫使清政府放宽了对民间自办企业的限制,民族资本企业因而有了一个短暂的发展时机。在这个建厂高潮中,一些民族资本企业经营颇有起色,如上海商务印书馆、南通大生纱厂规模扩大,其集资股票在社会上流通甚广。同时国人自办铁路热潮兴起,商办的浙江铁路公司,江苏铁路公司,粤汉及川汉铁路公司先后成立,向社会发行股票,人们又开始踊跃地购买股票,这吸引了一些华商掮客从别的行业开始转向股票交易。有一个原先经营线袜业的掮客,平时靠本业收入甚微,常常入不敷出,某次有人要出售铁路公司股票10股,此人介绍成功,获佣金38元,费力不多而收入可观,顿时使他感到股票买卖开辟了他新的前途。光绪末年,由上海绅商王一亭、郁屏翰率先在南市关桥创办"公平易"股票商号,此后又有孙静山在九江路开办"信通公司",成为经营股票买卖的专业户。同时,那些兼营股票买卖的掮客,常常每天上午在四马路(今福州路)大新街(今湖北路)转角处的惠芳茶楼聚会,名曰"茶会",实际上一面互通消息,一面在品茗之际口头拍板成交。来茶楼求购股票者,多是些拥有游资的茶商、丝商、洋行买办等。下午,这些兼营股票交易的掮客则各奔东西,或为各客帮(如京津帮、山东帮、广东帮、本帮)、票号、钱庄兜揽生意,或回自己的商号经营本业。后来,股票交易数量日多,茶会的形式有诸多不便,一些掮客干脆在旅馆租上一个房间,或在某个商号内挂出一块招牌,上写:"某某股票公司——代客买卖各种股票——公债铁路证券。"随着股票营业日见发达,一些兼营股票的掮客便完全脱离本业,集中在福建路(俗称石路,1946年改名福建中路)一带,专营股票买卖了。

　　茶会时代的股票买卖方式,尚处于原始状态,一切交易,都是现货买卖,没有约期买卖和定期买卖。一些零星交易,往往是先由掮客收买,等到集成一笔整数,再转售他人,如碰到数额较大的股票出售,掮客财力不足,便由出售人委托掮客,代觅买主,待买主找到,掮客便收取一定的佣金。股票买卖价格,多半由掮客定出,求售之人,只望早日脱售,故对股票价格并不斤斤计较,佣金的收取,也无限制,所以股票掮客获利不少。

　　民国元年政府发行六厘公债,同时苏浙铁路收归国有,市场上股票买卖越来越多,从事股票交易的掮客也不断增加,于是这些掮客在民国3年7月,备文呈请农商部同意,仿照西商上海众业公所形式,成立了上海股票商业公会,会所设在九江路渭水坊,同时附设一个股票买卖市场。

　　上海股票商业公会建立后,股票交易方式比茶会时代有所发展,公会除专设一股票买卖市场外,对一些事项作了具体规定:(1)各会员每天集会时间固定在上午9时至11时。(2)收取佣金的标准统一;记名股票,因转让买卖手续繁复,交易时又容易发生纠纷,故其佣金按票面值每百元收取一元或五角,即百分之一或百分之零点五;不记名的公债票,因交易手续简便,收取佣金为百分之零点二五。(3)每日会员集会结束后,仿照西商众业公所做法,由公会根据当日成交价,编制行情单,分送给各会员。(4)规

当时报纸刊登的上海平准股票公司业务介绍

定营业范围为现货买卖和委托买卖,后者数额较大,由出售者规定最高或最低限价,委托会员在市场上买进或卖出,这种买卖都在商定后当天下午交货,又称代客买卖。

当时上海股票商业公会经营的股票,一种为公债票,计有爱国公债,民国元年、3年、4年、5年发行的各种公债;一种是铁路证券;一种为公司股票,当时市面上流通的公司股票不下二三十种;再一种为杂牌证券,如储蓄票、印花税票等,可谓门类繁多。

民国5、6年间,正值第一次世界大战打得难分难解之时,国内华商企业乘隙蓬勃发展,各种公司股票行情看涨,而政府的内债信用也甚巩固,所以政府发行的各种公债,民间争相购买,各种股票交易十分兴旺。但是好景不长,段祺瑞政府在日本帝国主义鼓动下,积极策划参战,将民国元年六厘公债未发行部分拨充军费,结果政府信用丧尽,公债市价暴跌。另外,同样是民国元年六厘公债,因债票号码、发息地点不同,价格相差甚大,如北京票、南京票、湖北票、上海票等,名目繁多,价格不一,投资购买者稍不谨慎,即受意外损失,由是公债的信用一落千丈,零星的公债交易因此绝迹。

正当零星的公债交易因政府参战引起信用危机而绝迹时,股票的期货买卖却出现了转机。原来民国5年,袁世凯逆历史潮流,恢复帝制,引起各方强烈不满,同时因北洋政府滥发钞票信用不稳,发生北京中国银行和交通银行挤兑风潮,中国银行和交通银行为此宣布停兑钞票,止付储户存款,而在上海的中国银行分行则对停兑命令进行抵制,声誉因此大振,对此上海股票商业公会会员,竞相争做中国银行和交通银行京钞的定期买卖,有1月期、2月期、3月期等名目,虽然一时成交数额并不太大,但在证券交易史上,可谓开了期货买卖之先河。

上海股票商业公会成立之初,参加公会的会员仅有13家,随着股票交易的发展,会员逐渐增多,到了民国9年,有会员五十余家。当时在福建路、九江路和汉口路一带,股票公司林立,形成了颇为热闹的华商股票市场。但是股票商业公会会员的资金毕竟微薄,既没有银行的支持,新闻界也给予冷遇,公会所做股票和公债的行市无法在《申报》和《新闻报》上刊登。相反,上海西商众业公所则利用其在华特权和雄厚的经济实力,拉拢掮客,广揽业务,使华商股票商业公会面临激烈的竞争,公会会员为此多方周旋,苦心经营,总算没有被西商众业公所挤垮,使业务有所发展,并逐渐积累了经验,总结出一套交易方法和规章制度,为20年代初正规化证券交易所的建立打下了基础。

生死之搏
——七十年前的证券大战

马长林

"多头"、"空头",是证券和商品交易中的专门术语。凡预先估计某种商品或证券大有前途,先大量买进,等其价格上涨时抛出,以获取差价而谋利,这种买进称为"做多头";反之,预先卖出某种商品或证券,待其价格跌落后再如数"买回"或"补进"以获利,这种卖出称为"做空头"。在交易市场中,"多头"、"空头"犹如敌手,常常拼得你死我活。1921年至1922年初上海证券物品交易所中出现的"多头"与"空头"之战,可谓惊心动魄的一场生死之战。

原来上海证券物品交易所自开张后因营业情况颇佳,该交易所本身的股票(又称本所股)价格不断上涨,当时《申报》几乎每隔几天,即有该交易所营业发达,股票涨价的消息刊登。如1920年7月25日,《申报》载:"上海证券物品交易所成立以来,已将一月,其内部棉纱、棉花、证券等部营业,甚为发达……现该所每日所得佣金有一千三百元以上,由是交易所股票,价格益高,京津之名流政客,购买者甚多,现闻有归国退隐之名人,连日托人收买一万股,因而市价顿俏。"8月11日《申报》又载:"上海证券物品交易所股票价,连日逐步增涨,昨日每股已涨至六十一元三角。"证券物品交易所的理事们见本所股如此热门,有利可图,便要弄手段使本所股票价格有起有落,以进一步造成交易所证券交易生意多,收益多的现象,从中谋取暴利。于是一场"多头"与"空头"之战拉开了序幕。

这场"多头"与"空头"之战,最先是由蒋介石的表兄弟孙天孙开其端。孙天孙以每股20元的价钱,在证券物品交易所将票面为12元5角的本所股陆续收进,等到每股涨到四十多元时,全部抛出,着实赚了一票。孙天孙做多头轻而易举地发了一笔小财,使一些熟知内情的人十分眼红。证券物品交易所的理事之一赵林士也紧步孙天孙后尘,连做两次多头,都赚了一笔。此时本所股的价格已经涨到每股100元,赵林士等见钱心动,胃口越来越大,一个更大规模做多头的"多头公司"开始形成。这个"多头公司"以赵林士、张澹如等证券物品交易所的常务理事为后台,由洪善强直接出面当做手,在南京路大庆里挂起"大庆银公司"的招牌,在交易所内大做多头。洪善强原名宝斋,在当时商界算得上一支大手笔,他是宁波旅沪同乡会前身四明同乡会的发起人。证券物品交易所成立后,他是第25号经纪人。他自恃几乎所有证券物品交易所的常务理事都加入了"多头公司",便放开手脚大干起来。

然而交易所犹如风浪莫测的大海,投机者好比八仙过海,各显神通。有做多头的,必有做空头的。当时做空头的一个大户是上海有名的富商张静江。张静江资产十分雄厚,"多头公司"考虑如果两家大户对峙,势必两败俱伤。赵林士、洪善强反复商量,觉得必须把张静江拉到同一阵营中来,"多头公司"才能没有敌手,想来想去,想到了戴季陶。戴季陶早年留学日本,素有文采,是张静江家中的常客。张静江视戴季陶为左右手,对其可说是言听计从。赵林士、洪善强知道戴季陶有一个特性——好色,于是巧施"美人计"。一天他们请戴季陶吃饭,席间把赵林士一个漂亮的小妾找来陪酒,乘着酒兴,赵林士将这个小妾送给了戴季陶。然后要戴去劝说张静江停止做空头。戴季陶为了对赵林士表示感谢,便向张进言。张静江听了戴季陶的话,果然把所有空头全部了结,投入了"多头公司"的阵营,也做起多头来。张静江这个大户的这一翻转,顿使本所股价格扶摇直上。

1923年,张静江与家人合影

"多头公司"为了操纵局面,另一个手段是有意拉开近期和远期本所股股票的价格,引诱一些散户做套利。所谓"套利",是指通过买卖两个不同月份的股票来获取利润。比如当时本月期本所股价格每股为240多元,下月期价格为260多元,通过买卖上下两个月的本所股,获利率为百分之十,相比之下,当时银行的利率不过为百分之六至百分之七。有这样高的利率,自然吸引了一批客户乃至银行钱庄等都来做本所股的套利,纷纷买进本月期,卖出下月期。这种情况的出现,更有利于做多头。因为外界大量客户买进卖出,能够维持本所股价格的上涨势头。但是,在众多为套利而出现的买卖中,又隐藏着一种危机。即每到下月期交割时,大量本所股抛出,必须及时将其吃进,否则市价即会下跌。

1922年年初,市面上银根趋紧,各交易所股票价格先后回跌,证券物品交易所的本所股也开始下跌。但此时"多头公司"手中已买进大量本所股,再要继续收进,财力感到不足。这个时候,本所股套利利率虽然被抬得很高,但对客户已失去吸引力,交易所内进 2 月期货出 3 月期货的套利已无人做,原来做套利的客户纷纷卖出,几乎没有买进。眼看危机将临,唯一的办法只有再找实力雄厚的大户来加强"多头公司"的阵容。这个大户终于被"多头公司"的台面人物洪善强找到了。

新的大户为林茂如,他本人开设一个全球交易所,此时野心勃勃,正想插足证券物品交易所,一直苦无机会,"多头公司"的洪善强本来同他熟识,此时洪找上门来,林茂如自然一口答应下个月本所股由他买进。"多头公司"找到新的合作伙伴,总算放下心来。不料到了1922年2月下旬交割期,林茂如却毁约不干了,这个突然的变化顿时使"多头公司"阵脚大乱。因为按照交易所规定,交割期一到,买卖双方必须将应交割的股票和现款送交易所履行交割手续,但"多头公司"此时面对 6 万余股到期的期货要交割,应付价款在 700 万元以上,对如此巨额价款,"多头公司"只能违约拒付。证券物品交易所因"多头公司"违约而停拍。这时本来在做空头的一批经纪人,以最大的空头户广东籍人陈受之为一方,趁机布置反攻。许多已经出售本所股的散户,因为交易所停拍而拿不到价款,当然不答应,纷纷催促证券物品交易所办理交割手续。个别客户甚至抬了棺材来到交易所,扬言若交易所不代为料理善后,唯有"当场殉难",一时空气十分紧张。"多头公司"的阵营终于全线崩溃。

证券交易所内部忙乱的场面

在各方压力下,"多头公司"只能央求证券物品交易所的经纪人公会出面进行调解,解决这场危机。于是在 1922 年 2 月 28 日晚上 7 时,上海证券物品交易所经纪人公会召集了经纪人公会证券部会员开紧急会议,商量解决办法。会上经纪人公会主席顾文耀表示:这次本所股买卖,买进一方违约,但是为了保全市面之金融，本会拟设法和解，劝卖出一方认亏，以资了结。了结办法拟由买方交出现金 50 万元，代用品 150 万元，再加上证券物品交易所拿出盐余公债 100 万元抵作现金 50 万元，作为给卖方的损失赔偿费，卖方则不交出所出卖的股票。但会上一些经纪人提出，并不是经纪人不愿意和解，而是那些委托人不肯放过门。会议一度僵持不下。后来又接连开了几次会议，均没有结果。最后，经纪人公会会长顾文耀只得一面苦苦哀求各经纪人，说自己也是做空头的一分子，若和解的话自己同样受到损失，只因处于会长地位，不得不作出牺牲，冀达和平之目的，万望大家体谅苦衷。同时，他又威胁道，如果大家坚持不予和解，一旦彻底决裂，则按照规定，只能赔偿百分之五的费用，这样的话，对委托人来说，损失将更大。那些精明的经纪人一核计，百分之五的赔偿费，等于把钱全扔进水里，而原先经纪人公会提出的赔偿费，分摊下来，多少还能有点弥补，于是所有经纪人终于接受和解，按照商定的和解办法，将赔偿金作如下分配：现金 50 万元，每股摊派到 8 元 1 角 9 分，100 万元盐余公债票抵作 50 万元现金，每股摊派到 8 元 2 角，其余 150 万元代用品，等到出售后视得现金多少再照每股摊派。这样摊下来，卖方每股得到赔偿费约 20 多元，这对于高峰时本所股的价格，几乎是个零头，但事到如今，空头方面也只能忍痛吃进了。

　　这场"多头"与"空头"之战，使"多头公司"遭到沉重打击。"多头公司"成员之一，证券物品交易所的常务理事盛丕华，原先拥有百万资财，经此失败，家产几乎荡然无存，他原有自备汽车两辆，此时只能变卖应付，出门改乘电车。最倒霉的莫过于"多头公司"的出面人物洪善强。当危机来临之时，本所股交割期已到，要求付款声如潮水般涌来，此时赵林士和张静江都一齐责怪洪善强看错了林茂如，洪善强自己则是哑巴吃黄连，有苦说不出，想当初他凭自己多年来在交易场中的经验，认为做"多头"可以稳发大财，故而曾在赵林士等人面前夸下海口，想不到会如此惨败，洪善强感到自己再也无脸见人，只好一死了之，成为交易所中这场搏斗的牺牲品。另一个被殃及的人为洪承祁，也在这场风波中遭厄运。洪承祁本是证券物品交易所最早的发起人之一，当初证券物品交易所筹办时，不少投资者都由他联络而来。后来为争得证券物品交易所合法地位，他不辞劳苦在北京奔走，上下活动，为证券物品交易所取得营业执照立下过汗马功劳，为此证券物品交易所的一些理事资助他办起一家中易信托公司。可是洪承祁受"多头公司"影响，另辟蹊径，将公司的 200 万资金在面粉交易所也大做多头，不料昙花一现，竟同"多头公司"一样遭到惨败。洪承祁本来身体衰弱，受此打击，精神失常，不久即忧郁而死，离洪善强自杀不过才几天。

　　当然，损失最大的还是许许多多做本所股交易的散户，包括那些因贪图厚利做本所股套利的银行、钱庄和信托公司。当初本所股价格如奔腾之马上涨时，这些散户购进不少，指望在再涨时抛出，想不到碰上这个危机，原先价格高达几百元的本所股变得几乎一文不值，因此亏损不少，有的只好倒闭或歇业，甚至倾家荡产。

一张创造社出版部股票

薛理勇

我曾经在《文汇报》的"都市旧闻"专栏发表过一篇题为《一张创造社出版部股票》的短文,由于版面有限,文章写得较简,也没能登载这份股票的图影。想不到该文发表后,前后收到十几位读者的来电来信,其中不乏股票证券收藏的行家里手,因为他们不知"创造社"有股票存世,希望知道这份股票的来历,看一看这份股票的实样。

上海历史博物馆的库房登记注明这份股票来源为"旧藏",这是我们业内的记录,意思即原上海历史与建设博物馆(简称"史建馆")珍藏的,而"史建馆"收藏的相当一部分文物又是20世纪30年代柳亚子为馆长的上海市通志馆藏品,所以可以基本确定为当时通志馆的藏品。

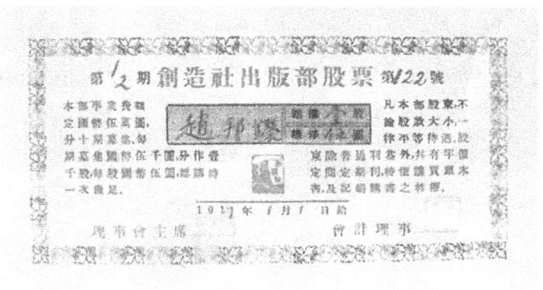

创造社出版部股票

"创造社"是解放前重要的进步文学团体,由郭沫若、郁达夫、田汉等人组织成立于1921年。1922年后,该社在上海出版的主要刊物有《创造社季刊》、《创造周刊》、《创造月刊》、《创造日》、《文化批判》、《思想》、《洪水》等。1925年后,在马克思主义的文学主张影响下,提出了"革命文学"的口号,1929年2月被国民党政府查封。除了出版的刊物外,"创造社"留下的其他东西不多,而这份创造社出版部股票就尤显珍贵了。

1926年,"创造社"为了提高出版能力,由周全平、叶灵凤、潘汉年、洪为法、严良才等人筹备成立创造社出版部。已故台湾著名藏书家、作家叶灵凤就是当年参加筹建创造社出版部的人员之一,他在《记〈洪水〉和出版部的诞生》中写道:

创造社出版部在上海开始筹备，是一九二六年的事。招股筹备期间的办事处，设在南市阜民路（今光启南路）周全平的家里。那是一座两下两上上海弄堂式的房屋，不过却没有弄堂而是临街的。全平的家人住在楼下的统厢房，另外租了楼上的亭子间。那里就是出版部的筹备处。同时也是《洪水》半月刊的编辑部。

通过向社会发行股票来创办企业是近代以后从西方资本主义国家传入中国的方法。股份、股票的英文为 stock，不过，stock 的最初意义是树干、根株，就如自然界的植物是由无数的细根拱托出树干一样，stock 也是通过汇集社会的游资来创办企业，扩大再生产。清人平步青（1832—1896，字景孙）在《霞外攟屑》中是这样理解"股票"一词的："越人呼事之分者，曰一股一股，下至丝辫，亦有此名。今沪上无赖，以开矿为名，曰'股分票'。按《汉书·沟洫志》：诸渠皆往往股引取之。注：如淳曰：股，支别也。则俗语非无自。"西方的拓股创业在近代以后即传入中国，而清廷在 19 世纪 70 年代为开办煤矿而创办的开平矿务局，在上海发行股票是中国最早的完全意义上的股票，包括平步青在内的中国人并不理解发行股票的意义，仍认为这是一种骗局。继开平矿务局发行股票后，中国通过发行股票向社会集资的事实越来越多。当时的股票主要分两种：一种相当于今日的"上市股"，这种股票的发行须经政府的主管部门认可，批发相应的文件后委托专门的证券机构——信托公司发行，股东及管理机构有权对企业的财务、经营实行监管，股票可以上市自由买卖。另一种即企业的法人利用自己的社会关系，以集股的形式征募资金，持股人有权根据股份分得红利，但股票不能上市自由买卖。

创造社出版部的股票显然属后一种，叶灵凤在回忆中也作了记述：

当时创造社部公开招股，每股五元，那些热心来认股的赞助者，多数是爱好新文艺的青年，节省了平日的其他费用来加入一股，因此拆开了那些挂号信以后，里面所附的总是一张五元邮政汇款。

招股的反应非常好。我们每晚就这么拆信、登记、填发临时收据。隔几天一次，就到邮政总局去收款。这些对外的事务，都由全平一人负责。

我已经记不起出版部预定的资本额是多少，总之是来认股的情形非常踊跃，好像不久就足额，或是已经到了可以成立的阶段了，全平就忙着在外面找房子，准备正式成立出版部。后来地点找到了，不在南市，也不在租界上，而是在闸北宝山路上，那就是后来有名的三德里Ａ十一号了。在这同一条弄堂里，有世界语学会，有中国农学会，还有中国济难会。这些都是当时的革命外围团体。

"创造社"是一个进步文学团体，而在闸北三德里的一条小小的里弄里又集中了许多革命外围组织。三德里在1932年的一·二八淞沪战争中被日军炸毁,旧址即今宝山路鸿兴路转角。几年前,中央电视台要摄制一部《毛泽东在上海》的纪录片,他们因找不到"闸北三德里"而来找我帮忙,据该片的编导讲,有资料证明毛泽东、瞿秋白、成仿吾、楼适夷、李石岑等人曾在这里居住过,郭沫若、恽代英、张闻天、郁达夫等经常在这里进出或暂住,可以想象得出,三德里肯定是特务们重点监视对象,而事实也是如此,就在1926年创造社出版部迁入闸北三德里的这一年,三德里的那些进步团体"一个一个遭搜查和封闭,最后也轮到我们头上,出版部也第一次受到搜查,接着就来封闭,并且拘捕了包括我在内的几个小伙计"(叶灵凤语)。

创造社出版部从筹建、正式成立至封闭均发生在1926年的一年之中,寿命太短了,而出版部股票实发数根本无法确定,部分流失出去的股票分散在青年文学爱好者手中,估计存世者极少,也许,上海历史博物馆珍藏的是唯一存世的创造社出版部股票,其珍贵程度是显而易见的。

旧上海的人寿保险业

石 磊

人寿保险是一种舶来品。上海开埠后,保险业务随着一些外商洋行的到来而出现。据记载,最早在上海推出人寿保险业务的是一家名为 The Colonial Life Assurance Co. 的外商公司(译意为殖民领地人寿保险公司)。该公司在 1850 年 8 月 3 日出版的《北华捷报》创刊号上登出广告,委托公易洋行代理寿险业务,由此,开始了旧上海人寿保险业的发展史。

早期上海的人寿保险市场,几乎全被外商保险公司所垄断。当时的外商寿险公司主要有美商公平人寿保险公司(1884 年,早期名为大美国永安人寿保险公司)、英商永福人寿保险公司和永年人寿保险公司(1898 年)、美商纽约人寿保险公司(又名永平人寿保险公司)和宏利人寿保险公司(1899 年)、加拿大永明人寿保险公司(1899 年)。

与经营财产保险的公司相比,这些保人寿险的公司规模要小得多,其最初的营业对象亦仅限于洋人。之所以如此,其中的一个主要原因是外商保险公司考虑到由于东西方生活水平、地理环境、气候条件及人种的不同,华人与洋人的死亡率有较大差别,因此原有的一整套人寿保险的规则并不完全适用于中国。20 世纪初,外商保险公司考订出较精确的华人死亡率经验表之后,才将业务重点转向华人。

随着洋商保险公司的增多,经营人寿保险的华商企业也开始崛起。1865 年到 1912 年之间,全国 35 家华商保险公司中,专门经营人寿保险的公司有 8 家,多设立于沪。比较著名的有华安人寿保险公司(1906 年)、延年人寿保险公司(1909 年)、康年保寿公司(1912 年)和华安合群保寿公司(1912 年)。第一次世界大战以后,民族经济蓬勃发展,保险业也不例外,至 1935 年,新成立的华商保险公司共有 37 家,其中寿险公司 17 家。一些原先单纯经营财产保险的公司如太平、中国、泰山等,亦分设公司经营起寿险业务。如太平人寿保险股份有限公司开设有两全保险、福寿保险、太平寿险、团体保险、子女婚嫁金、限期缴费福寿保险、子女教育金或年金等险种。中国保险股份有限公司以漫画的形式刊登大幅广告宣传购买寿险的益处。

宁绍人寿保险公司的广告则以"安全的轮子"为主题,宣告"本公司于过去两年中载着一千余位保户向幸福之途前进"。

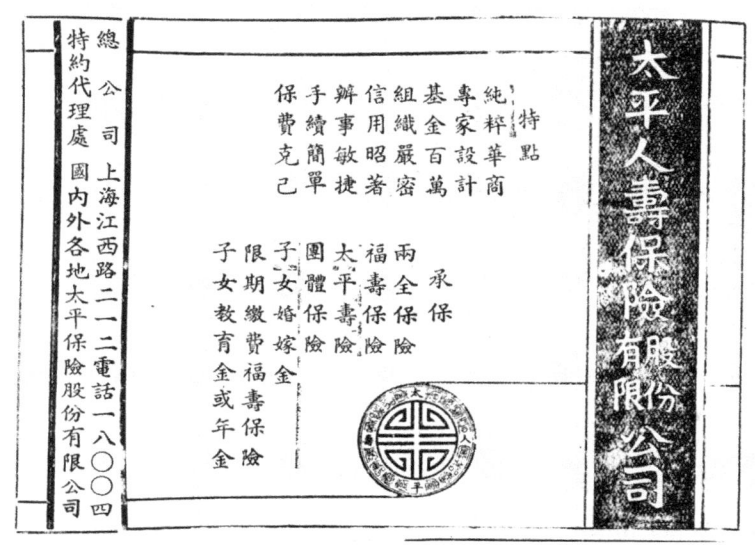

太平人寿保险股份有限公司刊登的广告

在众多经营寿险的华商保险公司中,成立于1912年6月的华安合群保寿公司是其中的佼佼者。华安合群保寿公司开创之初,资本并不雄厚,仅50万元,但它以灵活的经营手段在外商林立的保险业市场中站稳脚跟,以后又逐步与外商保险公司抗衡,终于在国内同业中处于领先地位。

华安合群保寿公司的特色是开设的寿险种类多,每一种寿险业务都迎合社会需要。它开设安家保寿、资富保寿、婚嫁立业保寿、教育年金保寿、终身保寿、额定加增保款保寿、一年定期纯粹保寿、加倍赔款——意外保险等不下十种寿险品种,而这些寿险一般都是大众的经济能力所能承受的。例如婚嫁立业保寿和教育年金保寿,规定由家长投保,每年交纳一定数量的保费,期满后保险公司退回保费即为子女的"婚嫁立业费"或"教育经费"。假如家长在投保期限内亡故,则可免交保费,期满后仍由公司兑付这笔钱。又比如

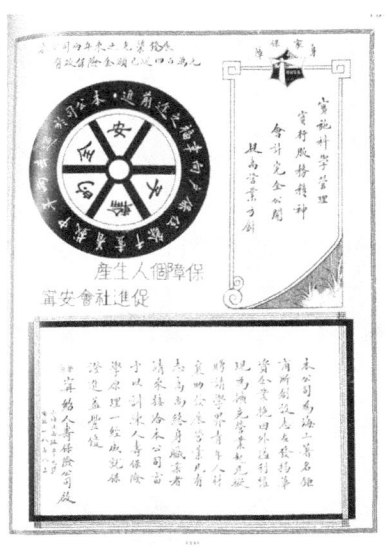

宁绍人寿保险公司的广告以"安全的轮子"为主题招徕保户

中国保险股份有限公司以漫画形式宣传购买寿险的益处

一年定期纯粹保寿,是在货币贬值,通货膨胀严重的情况下推出的。这种保险,以保费低、期限短为主要特点,对于一般家庭来说很是实用。

1926年,华安合群保寿公司首家厘定了团体寿险章程。章程规定,团体寿险保额由企业决定,保费由企业交纳,如遇职工身故,即将赔款交付企业转给家属领取。由于这种寿险对于改善劳资关系,促进企业生产和提高职工的生活福利大有好处,一出台就很受欢迎。首先加入团体寿险的是商务印书馆。截至1931年底,又有家庭工业社、新闻报馆、上海内地自来水公司、光华火油公司加入。

华安合群保寿公司为了进一步将保险业务推广至社会各个方面,专门编印了免费赠阅的《华安》杂志,向大众宣传人寿保险对于保障个人和家庭幸福的好处。公司还经常邀请社会名流,如冯国璋、黎元洪、陈英士、李英石、唐筱鲁、冯梦华、温宗尧、胡海帆、萨镇冰等入股公司或参加投保。1927年8月,华安合群保寿公司邀请了美国人寿保险学专家许本纳博士(Dr. S. Shuebner)到公司讲演。这是许本纳在华第一次公开演讲,讲题为《生命价值的科学管理》,引起了全国寿险界的注目。这些做法,很大程度上扩大了公司的影响。至1931年华安合群保寿公司创办20周年,其新保费、续保费收入及利息计1637万元,其中还本给付548万元,收益达1089万元。

保险业的高利润也引起了官方的重视。20世纪30年代官僚资本在上海开办人寿保险的部门,主要是中央信托局保险

华安合群保寿公司刊登的新楼建成广告

部人寿保险处和邮政储金汇业局保险处。中央信托局寿险处经营公务员和军人的人身保险,邮政储金汇业局保险处经营简易人寿保险。由于一般寿险公司规定的保费额较多,非一般低薪阶层所能负担,一种简易的人寿小保险应运而生。首创这种简易保险的,是1917年成立于福州的福星人寿小保险公司。1921年后,全国小额保险公司开设达三十余家,虽然竞争激烈,然因适合一般市民的需要,收益颇佳。国民党当局当然不会放过这块肥肉。1935年4月26日,立法院通过"简易人寿保险法",规定:(1)仿照日本法例采取绝对国营,简易人寿保险由邮政储金汇业局兼办;(2)保险金额自国币50元至500元;(3)以不检查身体为原则;(4)视时间之久长而规定其权利,未满1年死亡,领受所纳之全部保险费;满1年后未满2年死亡,领受保险金额半数;满2年后死亡,领受全部保险金额。这项法规于1935年5月10日正式公布,实际上是以法规条文来保障官僚保险机构的利益。

1932年9月成立的中华人寿保险协进社是我国首家进行人寿保险学研究的学术团体。它由美商友邦人寿保险公司营业总监、保华保险公司董事张似旭发起组织,参加该社的公司和代表有泰山人寿的沈景星、华安合群的顾庆毅、宁绍人寿的张素民、先施人寿的霍永枢等。协进社除了向社会进行寿险特别演讲和开设寿险函授学校外,还在沪江大学和大夏大学增设保险课程,专门培养寿险人才;同时,编译了一大批寿险方面的书籍,其中主要有沈春雷的《人寿保险学概论》、郭佩弦的《人寿保险招徕学》、张明昕的《人寿保险推广方法》、陈克勤的《人寿保险经济学》等。中华人寿保险协进社对于培养寿险人才,推广和深入研究寿险知识,加速民族寿险业发展起到了一定的作用。

洋布、洋布商与洋布交易

张 新

所谓洋布,是指机器织成的布匹,和洋火、洋蜡烛一样,它是从外国传入中国的,有别于中国传统的手织布匹(也叫土布)。在上海这个旧中国最大的商业都市,作为人民生活必需品的洋布和洋布商业有着重要的地位。

一、洋布初入上海滩

提起上海的手织棉布,人们很自然会想到元朝的黄道婆,正是她和她的传人推动了上海土布业的繁荣。到清朝嘉庆、道光年间,上海四乡农户几乎"家家压线、夜夜鸣机",农妇们在耕田之余抱布入市,贴补家用。据资料记载,川沙县仅此一业收入,一年就有一百余万元。鸦片战争后上海被辟为通商口岸,外商洋货纷纷"抢滩

19世纪晚期的怡和洋行,位于北京东路外滩转角处

登陆",早期到上海的恰和洋行便经营洋布生意。传说恰和洋行大班初到上海时,一次在黄浦江边散步时不慎将脚陷在泥里,待他拔脚出来,靴子却不见了踪影。这一情景恰好被住在附近茅舍中的宁波人杨企堂看到,他帮洋大班找到了靴子,并请他到自己的陋室中小憩片刻。虽然两人言语不通,但洋大班对朴实的杨企堂却留下了深刻的印象。待他来年重返上海时便带来了大批洋布,让杨企堂以放账的方式批给各小贩零售,杨企堂便成为上海的第一个洋布买办。由于这些洋布是机器生产,色白布匀,幅宽价低,很快就在市场上压倒了土布,成为上海居民的第一选择。当时浙江澉浦有一个姓陈的肉铺老板知道此事后,便带了些银两到上海向恰和洋行进货,在旧城厢老北门一带"练摊"售布,营业十分兴旺,简直是利市三倍。于是他索性关了肉铺,也不回浙江,在上海租屋开店,取名"日新盛",成为上海第一家专营洋布的店铺。

二、经营手段和同业竞争

洋布业的早期经营,袭习了小商小贩的许多作风。买卖双方可以讨价还价,店员漫天开价,顾客杀价不成离去,店员降价再把顾客拉回,如此者三,方可做成一笔买卖,用行话来说,就叫做"三收三放"。以后南京路上的怡盛洋布庄首先挂出"真不二价,童叟无欺"的招牌,对经营的各种布匹实行明码标价,不允许顾客还价,由于定价合理,顾客也能接受,还省去了讨价还价的许多麻烦。这一做法不久便被同业所接受,于是大家都成了"不二价"。当时量布用的尺比普通的市尺要短二分,称为"九八尺",店员用它量布时总稍微放宽一点,让顾客觉得占了便宜,但拿回家去用自己的尺再量一下,绝对不会多出一分,这也是布庄一种很常用的做生意手法。

前面提到的"日新盛"是早期最大的洋布庄,以后又有一家叫"日增新"的与它竞争,人称"两日新"。到 1912 年,小东门协祥洋布号的店员孙琢璋拉了"日新盛"的 8 个店员盘下了协祥,将它改名为"协大祥"。孙琢璋停用九八尺,并实行足尺加一,废除承袭已久的放账制度,以薄利多销为经营方针,深受广大市民的欢迎,领袖整个洋布业达 10 年之久。但 1923 年"协大祥"内部发生不和,一部分股东第二年拆股,在"协大祥"隔壁开了"宝大祥",聘丁方镇任总经理,徐和卿任经理。这丁方镇原本是"协大祥"的店员,"协大祥"的规章制度、经营方法大多出自他的设计。丁方镇进入"宝大祥"后,实行足尺加二,以后又实行足尺加三,很快便动摇了"协大祥"在洋布业的领袖地位。1928 年,孙琢璋的徒弟丁大富也在小东门开设了"信大祥",一切经营方法都向"宝大祥"看齐,"协大祥"迫于巨大的压力,也于同年实行了足尺加三。不久整个上海,乃至全国的洋布都实行了这一不成文的规矩。由于"协

1936年时的宝大祥呢绒洋布庄

大祥"、"宝大祥"、"信大祥"这三家洋布庄资金雄厚，经营得法，很得顾客的青睐。再加上这三家店位置相近，在人事关系上又同出一脉，业内外人士把它们并称为"三大祥"。虽然有时也互相竞争，但出于对自身利益的考虑，"三大祥"在业务上倒以合作居多。在许多重大事情上都采取同进同退的态度。抗战胜利后，"三大祥"曾斥巨资企图垄断中纺公司标售的白坯布，引起中小同业的强烈抗议，最后在同业公会的调解下，以"三大祥"停止垄断行为，向同业道歉了事。

三、洋布业与外商

旧上海的洋布买卖与外商有着莫大的关系，洋布曾和鸦片并列为早期外国向中国倾销的两项最大宗商品。"日新盛"经销的品种都从英国进口，有七磅原布，十一磅原布，十二磅原布，细布，粗斜纹和细斜纹等各类。以后又有美国的花旗粗布、铁路绒布，荷兰的清水漂布，俄国的庇布等大量行销，上海成了"万国布匹博览会"。当时上海口岸的洋布不仅销售本埠和中国内地，而且还转口销往日本。1887年英商更在上海开设元芳洋行，雇用华人陈德培做买办，每星期一次将紧俏棉布做不限价拍卖，人称"叫庄"，个别华商为获取某种布匹往往高价争购，元芳洋行则坐收渔人之利。经营这种生意的英商还有怡和、瑞和及义记洋行，但在规模上都不及元芳。明治维新以后，日本轻纺工业迅速崛起，很快从棉布进口国变为出口国，并加入向中国倾销的行列。刚开始时只是从国内运来各色廉价花布在上海等地销售，甲午战争后，日本强迫清政府签订丧权辱国的《马关条约》，取得了在通商口岸开办工厂的权力。日商在上海设了丰田、内外棉等纱厂，利用中国的廉价原料和劳动力直接生产产品在中国销售，如"兰象凤凰"布向西北地区倾销。水月龙头细布则遍及中国城乡各地。日本逐渐取代了英国，成为向中国出口棉布的第一大国。

四、同业组织与帮口

随着上海的繁荣，经营洋布的店铺越来越多。咸丰八年（1858年），洋布业几十家同业在公共租界昼锦里（今汉口路山西路口）设立了振华堂洋布公所，这是上海最早的洋布商业同业组织。光绪三十一年(1905年)公所改组为董事制,设立总董、副董等职位。1927年改董事制为委员制。同年,洋布同业基于爱国热情,又因为当时国内的棉布生产已达到相当规模,在一定程度上替代了进口,遂一致同意将振华堂洋布公所改名为振华堂棉布公所,以表示崇尚国货。1929年,国民政府颁布"工商同业公会法",为与法令相合,振华堂棉布公所在第二年与另一个同业组织棉布公会合并为上海市棉布业同业公会。这时的公会已担负起制定行业规章,议定商品价格,协调同业与同业之间、同业与政府之间关系的任务。除处理棉布商业的日常事务外,公会还设立了振华义务小学和长生会,招收同业清寒人家子弟入学并办理赡老、抚恤、贷赊和丧葬等福利事业。

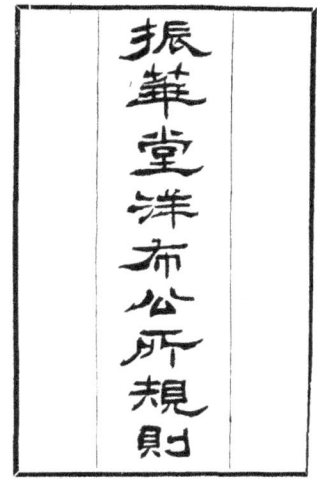

振华堂洋布公所规则

公会会员分为门市、字号两大类。有铺面的称为门市,没有铺面的称为字号。门市又可细分为零剪(零售)、零剪兼批发(零售兼批发)、原匹(批发)三种;字号也可细分为零匹(小额批发),整件(大宗批发),印染(花布、色布批发)和客帮,最盛时公会会员达二千多家。所谓客帮是指外埠在上海的采办商,由于上海是我国最早的通商口岸和最大的商业中心,早在清朝时就有许多外地客商来上海采办洋布然后转运内地,久而久之,便成了按地域划分的许多帮口。华北有天津帮、山西帮和青岛帮;华中有汉口帮、四川帮和长沙帮;华南则有广州帮和潮汕帮等,这些帮口都具有很强的实力。

五、洋布市场与洋布交易

早期上海的洋布交易,也和其他行业一样都在茶楼、烟馆内进行,随着同业数量的增加和交易的日趋频繁,这种"原始"的交易方式已不能满足需要。于是在1905年洋布同业集资在盆汤弄设立了棉布公会作为固定的交易场所。从此各字号的进货人员,纱厂的推销员,洋行跑街们有了自己的场所,盆汤弄俨然成为洋布交易的中心。1930年振华堂和公会合并后,棉布交易场所迁入棉布同业公会会址,公会专设市场管理委员会对棉布市场进行管理,对进市场交易的人员发给进场证,高峰时曾发出2500多张。当时进行交易并没有严格的规则,买卖双方全凭信用,因此很容易产生纠纷。一二八事变后,上海掀起抵制日货的高潮,棉布市场禁止日货进场交易。为此日商在汉口路岩井洋行旧址自设市场进行交易,该市场以日商裕丰纱厂的龙头细布为挂牌产品，所以又称"龙头市场"，以每25件(即1000匹)为交易起点，由居间人(后改称经纪人)联系买卖双方，撮合价格，并将成交价格的涨跌情况写在公告牌上供进场交易人员参考。如果交易成功，则由居间人填写一式三份的成交计数单，买卖双方各执一份，另一份留市场存档。上午交易，下午付款；下午交易，隔日付款。除现货交易外，还有期货买卖。居间人向买卖双方各收取千分之一的佣金。"龙头市场"在抗战以后便停止了活动，但它的一整套交易方法却被保留下来，抗战后的棉布交易基本上按这种方式进行。

除棉布市场外，交易棉布的场所还有乐园茶会。乐园茶会位于九江路湖北路的乐园茶楼内，交易品种除各种棉布外，还有手工棉布及呢绒、绸缎。抗日战争期间，棉布市场一度关闭，乐园茶会承担了棉布市场的职能。抗战胜利后棉布市场恢复运行，但茶会仍然保留下来，业内人士在这里交流情况，联络感情，又因茶会开市时间比棉花市场早一小时，这儿又成了场外交易的场所。先跑茶会，再入市场几乎成为棉布业推销、进货人员的习惯。

洋布交易每年农历8月后进入旺盛期，春冬两季次之，夏季最淡。因入秋后天气转凉，无论是城镇居民还是刚刚忙完秋收的农民，都要买布做衣，以御严冬，而夏季的情况正好相反；所以业内人士有所谓"五荒六闲七尴尬"之说。抗战以前民生较为安定，是洋布商业最繁荣的阶段。抗战期间，日伪对棉花、棉布实行双重"统制"，棉布商业遭到浩劫，从业店家从2000多锐减至500多家。抗战胜利后国民党政府一方面重开内战，一方面对民族工商业又百般扼杀，造成了全国性的经济凋敝和通货膨胀，棉布业自然也不能幸免。以龙头细布为例：1946年底每匹的价格为11万元，一年后就涨到135万元一匹。到1948年8月国民党实行所谓"币制改革"前，每匹价格已涨至9350万元。仅仅3个月，"金圆券"又宣告破产，曾被强压至每匹29.5元金圆券的龙头细布飞涨到960万元，100天内价格竟翻了32倍。棉布交易极度萎缩，到了令人瞠目结舌的地步，1万金圆券买不到5个大饼，而龙头细布的价格更涨至5016万金圆券1匹，整个棉布陷入瘫痪状态。

旧上海的典当与押店

陈德平

报载,虬江路上的上海首家市级典当行开业了。提起典当,一些老上海很自然地会想起旧时上海的当铺,那高悬的当字招牌,高柜铁栏和拖腔拉调的唱货报价声。这一切对于现今的人们来说,已然很陌生,那么这在旧上海曾经盛极一时的行业,究竟是如何的状况。

典当历史　源远流长

典当的由来,源远流长,从南北朝算起,已有上千年历史。典当最早称质库,亦称质肆,后来又称长生库、解库、解典铺和解典库等,"典当"一词的出现则在明清以后了。

典当的最初经营,以寺院为多,以济贫救难为主要目的,属于慈善性质。随着封建社会制度的不断完善和发展,典当才逐渐成为一种专门的行业,其性质也起了变化,演变为以盈利为目的。经营典当,盈利颇丰,许多富商大贾见有利可图,纷纷投资开当设典,促使了典当业的发展。《旧唐书·德宗本纪上》载:"建中三年(782年)四月中,少尹韦祯又取僦柜,质库法拷索之,才及二百万。"可见当时典当业之一斑了。

典当业的盛起,既给平民百姓的借贷和调剂资金带来了一定的方便,也给典当业主创造了盘剥高额利润的机会,同时还给封建政权带来了经济上、税收上的好处。为鼓励商民办典当,封建朝廷给予典当从业者各种奖掖,对有成就者还册封朝奉郎职衔。

清代以后,典当业的发展可说达到鼎盛时期。到了清末,典当业融入了官僚资本,出现了许多官商典当。如清末的两江总督曾国藩,湖广总督张之洞,都曾以大笔的资金存入典当放款收利,还在湖北、江苏等地招商开典。典当业由于官僚资本的加入而基础更加巩固,收入急速增长,成为清末商界两大巨擘之一。民国初期,上海的典当业已是星罗棋布,不论是农村乡镇,还是市区通都大邑,从租界到华埠,无处不见典当的招牌。

典当、押店及从业人员

典当与押店源出一脉，都是从质物放款，收取高额利息为目的的，实质都一样，只是名称不同罢了。上海的典当与押店的名称是在租界出现之后方始有此区分的。典当称典，押店称押，其差异仅在于它们的规模和资本的大小而已。

称典当者，通常是指资本在3万元以上的当铺，并依据各自的规模大小、资金多寡而分为四个等级：资本在20万元以上者为一等典当；资本在10万元以上不足20万者为二等典当；三等典当资本在10万元之下5万元以上；3万元以上不足5万元的典当则列为四等。典当等级的高低除代表资本实力外，还决定其纳税的多少。如1930年典当业同业公会营业规则中就规定，一等典当须交纳登记费500元，每年营业执照费250元；二等典当交纳登记费300元，每年营业执照费180元；二等典当交纳登记费250元，每年营业执照费130元；四等典当交纳登记费200元，每年营业执照费100元。

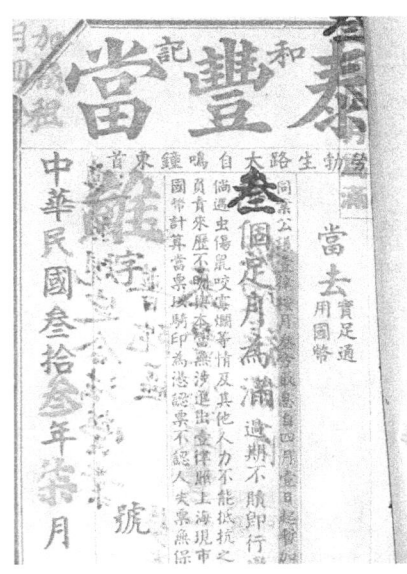

当票

上海的典当大多设在工商荟萃、人口稠密的市区。如当时的蓬莱、嵩山、老闸、新城、邑庙以及卢家湾等区都是典当比较集中的地区。开设典当的商人则以徽、潮、本三帮人氏为主。所谓徽帮，指的是安徽的休宁、歙县、屯溪，包括江西婺源等地的典商，潮帮指的是广东潮阳、汕头一带的典商；本帮即指上海地区的川沙、南汇、松江以及苏州吴兴、吴县、洞庭山一带的典商。此三股人合称为三大帮。典当的房屋建筑多为高墙青瓦、宽大坚实的石库门房子。典当的数量，据抗战前粗略的统计，共有大小典当150余家。

押店，亦称押当铺、小押典或小押当。它们的规模、资本都较小，一般在2000元以上3万元以下。押店规模小但取利重，开设的数量也远比典当要多，抗战前押店大小有540余家，到1945年统计，押店总数增至920家之多。押店由于量多而分布极广，其中尤以两租界为最多，约有600家以上，其次则散布在华界与浦东。

旧式的典工押业，素以组织严密享誉沪上，在当时行商中有模范之称。其经千百年历史演变而逐渐形成的人事分工制度，历代相延，绝少更改。业中人遵循旧章，各司其职，从不紊乱。典当内的分工，用其行话称为"内缺"、"外缺"两大部分。

所谓内缺,主要是指主持会计、出纳等工作的人员。内缺又分四职,称为管账、管钱、管包和管饰。

旧式的典当中无经理一职,故由管账兼任经理的职责,主持全局,调度金融。在实际工作中,会计事务则归管钱承担。管钱,亦称钱房,除兼管会计外,主要负责出纳、核算本利,以及记账、造表和稽核。管包,分工管理当货,核对入库,核算赎票,复计利息,盘查存货和出售满货等。管饰,也称饰房,专管金银、珠宝等饰物的保管。

外缺,主要负责照料柜面生意、收当、写当票等工作。外缺也有分工,分柜缺、中缺和学缺三职。

柜缺也称柜颗,即典当中的营业员,专门负责门市的货物收当与赎取业务。在一些大的典当中,柜缺还分头柜、二柜、三柜等职。柜缺、典当中还惯称作朝奉,头柜称老朝奉。柜缺不能涉足包楼饰房,当物收进后,有学徒专门负责捡取。中缺系内缺和柜缺的助理员,他们的职责分工有五档:一曰写票,专门负责缮写当票、当贷登记、当取日记及查挂失票等工作;二为正卷包,专管包扎质当的货物,核算数目,指导搬移堆放等;三叫副卷包,主要协助正卷包办理事务;四称清票,专门装订赎票,复计本利,同时也兼账簿当票的印刷、装订等工作;五是挂牌,负责悬挂当货木牌,在木牌上标字号、当本、件数等,以备与当货字号核对之用。学缺,典当中学徒的总称,专管检索当货,整理包房及一切杂碎事务。学缺设头一名,称学生头,负责学缺的一切事务。学生头以下学徒分为一至五等。另外还设有候补学徒,名曰"耽搁"。

押店的人事与分工和典当相比,相对要松散得多。他们的分工较为灵活,不似

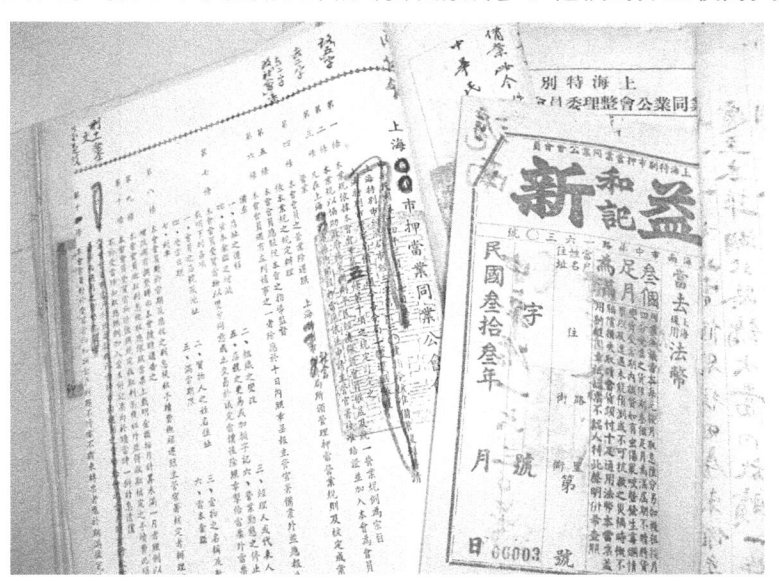

上海当业同业公会章程

典当那么严实,从业人员一身兼数职、内外兼顾的情况比较普遍,故使用的人员也比典当要少得多。

典、押业的职员在职服务期间,一般不准回家,食宿都在店内,全由店东供给。远离家乡的,3年探亲一次,旅费自负。职员的薪金由店东开给,学徒不开薪水,只有些许津贴。职员的报酬除了薪酬外,在经营业务中还可收取存箱费或零放手续费作为正常收入。另外,在变卖满货时,可以按满货本金提取佣金,在盈余时还可分花红。

震惊朝野的"纱交事件"

马长林

上海证券物品交易所因"多头公司"狂抬本所股失败,此后对外信誉一落千丈,原先在证券物品交易所做纱布交易的一批客户,全部转移到华商纱布交易所,使华商纱布交易所的营业开始兴旺起来。1924年,华商纱布交易所在爱多亚路(今延安东路)上建起了一幢新大楼,就在这一年,棉业交易所闭歇,纱布交易所又乘势将棉业交易所的棉花交易全部接了过来,其营业规模更非昔日可比。由于华商纱布交易所营业发达,一般经纪人每年的佣金收入都有上万两银子,多则达十几万两,为此纱布交易所吸引了大批投机商,一些经纪人暗中出租经纪人牌号,每月坐收六七千两银子。而一些大投机商,包括外商洋行,乃至官僚财团,则玩弄手法,兴风作

上海纱布交易所大楼

浪，操纵市场，以谋取暴利。华商纱布交易所从1921年创办到1937年抗日战争爆发后停业，因各种投机活动的作用，曾经出现过一次又一次风潮，其中1937年抗日战争爆发前夕发生的"纱交风潮"，可谓官与商在交易所角斗的最典型事件。

1936年年底，上海华商纱布交易所棉纱期货的价格已经上涨一段时间，至1937年年初，涨势依然不减。转眼过了农历新年，棉纱价格开始从高峰回落。像往年一样，此时正是每年交易最为清淡的季节，市场上棉纱现货增加，而纱布交易所仓库里的库存多数是"烂污纱"，客商兴趣不大，所以纱价一直在每包二百四十元上下盘旋。一般常做棉纱的老手，凭多年的经验，都估计纱价趋势看跌，纷纷做起空头，即卖出期货额子，以待价格跌落时再买进。但是谁也想不到，一只黑手开始大做多头，企图操纵市场。

交易所市场上首先出面做多头的是徐懋昌。此人是纱业巨子徐庆云的儿子。徐庆云是大丰纱厂老板，早年靠做金银汇票投机致富，后来成为纱商帮中的实力派。徐庆云死后，徐懋昌分得遗产350万，故财大气粗，出手非凡，并好交结官僚。他曾为招待孙科，专门在石门二路花50万元造一幢花园洋房。因徐懋昌是公子哥儿出身，故对交易所门道毕竟不很精通，有时乱来一气，因此在同业中有一个"无轨电车"的雅号。平时徐懋昌做棉纱交易，总向许多经纪人分别买进各月期的多头额子，经纪人并不欢迎，只因他是徐庆云之子，念及旧情，姑且应酬他。但这一次，徐在头一天买进相当数量的额子后，第二天又继续买进，而且数额更大。最初他向每一家经纪人买进四个不同月份的期货，每个月各一二百包，后来则增加到每个月各三四百包。经纪人怕他心血来潮，"无轨电车"乱开，便照章向他收取保证金，向来是出名的"臭盘"的徐懋昌，却一反常态，居然将每包8元的证据金如数交足。经纪人虽然觉得他这次如此爽气，同以前判若两人，但看他买进的只是几个月份的期货，以为他心血来潮，丝毫不提防他在有意操纵市场，相反有些人看到徐懋昌如此做多头，而凭他的财力，到时不可能完全收货，便针锋相对地大做空头，于是多头、空头煞是热闹。

到1937年3月下旬，棉纱价格每包涨到240元，一批做空头的行家，以为照季节和销路看，纱价的趋势仍然将趋疲弱，于空头有利，所以纱价虽涨，仍不回头，继续大做空头，他们静待纱价回落时，可以大赚一票。没想到这一次行情同大批做空头的行家的预测完全相反。由于做多头的实力雄厚，拼命买进，故从4月到5月，纱价不但不见下跌，反而一路盘旋上升，从每包240多元一直涨到270多元，就在纱价不断上涨过程中，市场上传出了"三龄公司"做多头进行操纵的消息。

所谓"三龄"，指宋霭龄、宋美龄及宋氏养女妙龄，"三龄公司"，即当时交易所内外对以孔祥熙、宋霭龄为首的孔家官僚资本投机集团的代称。交易所本来就是无风三尺浪的地方，"三龄公司"在幕后进行操纵的风声一透露，很快在交易所行业内外传播开来。这时候,已陷入很深的空头户方才"大梦初醒",一些人赶忙补空,但为时已晚,当时整个市场,几乎全被官僚资本投机集团所控制,他们凭借手中持有的不同月份的期货,用步步紧逼的手段轧空,针对空头户急于补进的心态,无情地抬价。于是,空头户越是急于补进,纱价便越涨。一到月底交割期,官僚资本集团明知一般空头交不出货,自己则有着雄厚的实力收货,板价不卖出,空头户中许多人只好听任宰割。

但是,在众多的空头户中,也有一些人眼看"三龄公司"做多头心狠手辣,心里不服,在临近交割期前,设法筹措了现款,到外地搜罗原由上海运出去实销的棉纱,再运回上海抵缴空头额子。按照华商纱布交易所的规定,每月交易的标纱期货交割期是月底前两三天,但必须在交割日前一天中午12时前,将应交割的棉纱送到纱交仓库,超过时限即不能抵缴。"三龄公司"得悉一些空头户从外地运来棉纱,便想出一条毒计,派人买通租界巡捕房,派出大批巡捕和探目,在纱布交易所仓库附近四周密布岗哨,遇有卡车或驳船装着棉纱送往仓库,就上前拦住,以"车船载重超过规定",或"未经检查",或"违章"等为借口,加以扣留,扣留后却不加处理,搁置一边,等到一过中午12时,即全部释放,弄得那些空头户哭笑不得。因为这时已超过交易所规定的交货时间,仓库不予收受,这批空头户不但白白花费了一笔很可观的运输费,还要受交易所"违约"处理,支付所交期货百分之十的"违约金"。而这笔"违约金",则又成为多头户方面的"额外收入"。

在这股棉纱涨价风潮中,对空头户经纪人来说,最感棘手的事还是追缴保证金。按照纱布交易所规定,市场价格涨到一定程度,市场便暂时停拍,经纪人须立即向客户收取追缴保证金,转缴交易所,但在纱价连连猛涨的形势下,空头户往往避而不见。经纪人对客户要找找不到,代垫追缴保证金又垫不出,做空头的经纪人往往急得走投无路,等待他们的命运是由纱布交易所给予"暂停入场交易",甚至更严厉的处分。与其死路一条,不如拼死见活,在该年6月初,许多空头户的经纪人干脆联合起来,乱喊低价,一时使交易市场极其混乱,无法正常交易,借此获得一个短暂的喘息机会。但好景不长,6月8日这一天,纱价又一下子猛涨到每包295元。交易所市场挂出黑板,宣布停拍,计算下来,要追缴保证金一千多万元,其中四十多家空头户都是无力缴付者。为解决追缴保证金问题,空头方面派出代表和多头方面的代表,求"闻人"虞洽卿、纱交所理事杜月笙设法调停。空方代表提出以6月8日前七天的平均价280元作标准,多方则坚持以290元结价。结果由杜月笙同双方商定了五项办法,其中一项是约定在交易所恢复开拍后,多头方面抛出一批期货,五天内其价格只准跌不准涨,但开拍后,多头方面的徐懋昌悔约不抛售,对零星散户抛出的三万包期货,反而又吃进一万多包,于是纱价又升,交易市场再度宣告停拍。

由于棉纱被官僚资本集团控制，许多民族工厂缺乏原料，生产一度陷于停顿，许多纱厂因为抛售了期货，只得用"烂污次纱"到纱布交易所仓库去交割。纱交风潮也严重影响和扩展到了其他行业。因纱价飞涨，面粉交易所的面粉价格也随之上升，面粉交易所也因多头和空头双方发生争执而宣告停市。官僚资本在棉纱交易市场大做多头，搞乱了正常的经济活动，同时也触犯了一些工商阶层的利益，一时社会舆论哗然，对官僚资本集团的投机行径表示愤慨，进行谴责。上海商界巨头虞洽卿为此专门打电报给蒋介石，要蒋介石派员调查此事。在舆论压力下，蒋介石只得下了一个"彻查令"，指令国民政府有关部门进行调查。

6月11日，实业部次长程天固从南京到上海。在动身之前，程天固给纱布交易所理事长穆藕初拍了一份电报，穆藕收到电报，当夜就向各经纪人通风报信，要他们准备好账册等待检查。程天固一到上海，穆藕初以盛宴款待。第二天，程天固提出纱布交易所中多头和空头双方和解的意见，但双方僵持如故。6月21日，实业部部长吴鼎昌亲自出马，来到上海，第二天他以"雷厉风行"的姿态，在纱布交易所中传讯经纪人，查阅各经纪人字号的账册，接着吴鼎昌来了个"下马威"，先对22日那天没有按照通知亲自到纱布交易所候讯的42家经纪人作了停业3天的处分，此后又指令纱布交易所对该所理事吴瑞元给予退职处分，对元大号、申大号、华懋号等经纪人字号给予撤销注册，对大昌成号暂停其营业，此外还对与吴瑞元、徐懋昌等多头户有关的9家商号作了每家罚款5000元的处分。

吴鼎昌、程天固等人在华商纱布交易所内外进行了一番调查，逐渐知道纱交所这次风潮，是由孔祥熙、宋霭龄资本集团所掀起。在纱交行业，上至交易所理事长，下至各经纪人，都清楚这次风潮的始作俑者是吴启鼎和盛升颐。吴启鼎是孔祥熙的嫡系，担任财政部税务署长已近三年，他还以"官股董事"身份曾任四明银行董事长。盛升颐也是孔祥熙夫妇手下的红人，素有孔家"宠儿"之称，他担任苏浙皖区统税局局长，等于为孔氏集团守着一棵摇钱树。吴、盛两人利用税务机关掌握上海棉纱产销和存底数字的有利条件，在纱布交易所进行投机。当然他们身为在职政府官吏，不便亲自出马，而是托别人出面，并用了各种"堂"名和"记"名。如吴启鼎派人向元大经纪人字号，以"元记甲"户名一次买进50万元的多头额子；盛升颐则通过其姊妹和别的人，在合兴、润康等经纪人字号，以"瑾如记"、"爱记"、"盛瑛记"等户名，大肆买进卖出，而一开始抛头露面大做多头的徐懋昌的后台，就是吴启鼎和盛升颐。

竭力对"纱交案"进行严查的吴鼎昌

吴鼎昌为政学系的代表人物，同孔系本无瓜葛，身为实业部长，对财政部官吏参与交易所市场投机亦颇为不满，未尝不想查个水落石出，无奈在调查过程中有关的人证总是吞吞吐吐，物证也是若明若暗，要彻底查明十分困难，正如吴鼎昌在 6 月 25 日向报界所说的，查账同人，"向各关系人追索姓名，颇费周折"，"巧于计谋者，即使一一详加探询，仍有隐饰规避之余地"，道出了对这场风潮的关键人物追究不易的情况。

由于调查表明身为政府官员的吴启鼎、盛升颐在这次纱交风潮中有操纵投机的嫌疑，吴、盛两人不久即被"拘押"在南京，说是拘押，实际上是保护起来。当时有记者作跟踪报道，多方探听，终于在财政部长办公处见到被密藏的吴、盛两人，只见他们"态度悠闲"，毫无被拘押之感觉。与此同时，上海第一特区地方法院检察处奉命对纱布交易所风潮案进行检查。7 月 3 日，该法院检察官发出传票，将纱布交易所理事长及元大号股东等传到法庭进行侦讯。在开庭之前，那些因这次风潮而受到损失的人特地印制了一批传单，在法院内散发，传单上的措辞颇为激烈，呼吁受害者"赶快起来，向他们算账"。而实业部派来参加调查的商业司第一科科长旷远文也在法庭发表书面陈述，说盛升颐"为此次操纵市场最重要之人"，指责吴启鼎、盛升颐身为政府机关管理各种税务的重要职员，违法"以巨金操纵标纱，抬高市价，致使小资本商人顿受亏折，无法挣扎，外商趁机侵入，国家经济损失，不可数计"，"事实昭然，情节重大"。实业部官员的陈述书一发表，财政部即感到很紧张，他们知道如果法院真的追查下去，弄到主子身上，岂不难堪，于是当天下午，即由财政部次长邹琳率领职员数十人，赶到上海，直奔纱布交易所调查。财政部一行诸人分别召见纱交理事长、经纪人会长及各有关经纪人，询问他们吴启鼎、盛升颐有无委托买者。纱交理事长及各经纪人本来对吴、盛参加投机这事就不敢直言相告，只称"得之传闻"，今见财政部一帮人气势汹汹赶来，早已明白三分，故对这种询问一一予以否认，并具结证明。财政部次长邹琳拿到经纱交经纪人签名的查询笔录后，立即乘飞机赶到九江，转上庐山向蒋介石报告。此时宋霭龄也从上海乘飞机到了庐山。几乎同时，上海的闻人杜月笙、虞洽卿，及与纱交风潮有关的人物吴瑞元、徐懋昌等也奉蒋介石之命到了庐山。蒋介石原先发出彻查令，本是迫于舆论的不得已之举，如今也知道此事深追下去，将查到孔祥熙头上，再说宋霭龄也专程来庐山说情，唯一可行的处置方式，当然是大事化小。于是蒋介石一面让戴笠出马，煞有介事地一一找上庐山的有关人物个别谈话，进行盘问，并让各人写"自传"和在这次纱交风潮中的买卖情况，最后由蒋介石亲自"召见"，作了一番今后不可再做投机的训示，一面指令实业部和财政部一律停止调查，纱交案专归法院侦查，实际上是免得实业部同财政部再在这件事情上发生冲突。

上海第一特区地方法院接办了这件案子后，开了三次侦查庭，无非是装装样子。在侦查庭开庭询问过程中，盛升颐知道自己有后台支持，故毫无顾忌，反而神气地为自己辩护说："实业部的调查说我是多头大户,操纵市场,某外国报纸还说什么院长、部长也经营投机,这不过是谣言而已。仅靠传闻两字,是不能确定的。"盛这番话,实际也成了"此地无银三百两"的表示。该年7月底,第一特区地方法院对吴启鼎、盛升颐作出了不予起诉的决定。就这样,一件由官僚资本集团策划的洗劫纱布交易市场的案子终于不了了之。

在这个震惊朝野的纱交事件中,有许多经纪人遭难。如一向经营纱花买卖的经纪人陶继渊,在这次风潮中因做空头,共计亏损六十多万元。为支付巨额差金,他只好忍痛把自己所有的财产,变卖的变卖,抵押的抵押,渡过难关。另一个做空头的经纪人周子兴,因亏蚀数目过大,发了精神病,一蹶不振。其余亏蚀四五十万元的不在少数。据当时天津《大公报》报道,在这次纱交风潮中,做空头的华商损失总计在2000万元以上,而这样一笔庞大的资金,绝大部分流进了官僚资本投机集团的腰包。

清末民初的上海田单及其有关文据

李雪云

太平军起义,上海地方曾一度混乱,土地所有权的文据几乎丧失或销毁殆尽。咸丰皇帝为此下了一道谕旨,宣布原有地契一律作废无效,同时命地方官府在经过重新普遍测量土地后,发一种叫作"方单"的证书来代替已丧失或销毁的地契。由于这种证书形状方正,所以俗称"方单",但证书的正式名称是"执业田单"(亦称"执业方单"),上面开列详细情况,如持有人之姓名,县、区、保的名称,除面积外还有地块的编号等,但没有地界的记录,也不附正式图。奇怪的是"方单"为上海县所特有,其邻近的几个县就没有发现使用这种"方单",例如宝山县。"方单"从父亲传给儿子,不再与官厅有关。"方单"持有人唯一能证明他的"方单"和土地所有权的方法就是缴纳地税的收据,这可表明他的家庭拥有这块地产多年来无有争议。土地转让给另一个人,不在"方单"上背书,这笔买卖录在"卖契"上。"卖契"是通过买卖方式转让所有权的文据,由土地出售者和若干中间人或经纪人在"卖契"上签名,中间人在此买卖中是非常重要的一方。他们不外乎是当地的一些名人,熟悉情况,能保证买卖没有问题。

如果出售的是"方单"上的全部土地,那么那张"方单"连同"卖契"一并交给买主;假如只出让一部分,"方单"就得一割为二,盖上骑缝官印,各执半张的"方单"贴在另外的一张纸上,在这张纸上补上缺了对方半张的字句。

外国人向华人买土地,除了"方单"或分割的"方单"外,他还必须取得转让地产给他的"永远出租契"。"永远出租契"上写的内容跟上述"卖契"一样,只是"卖契"两字改成"永远出租契"而已,但也须有当地的地保、中间人等签名盖章。外国承租人遂将此据送其所属之领事署,申请"领事署契"。领事署土地处将此据连同一式三份之"领事署契"转交中国土地代表。"领事署契"用中英文写出,并写上地册编号。中国土地代表认为文据妥当,就约定时间测量土地。测量土地由中国会丈局会同领事署代表进行,测量的时间通知外国承租人,使他可以亲自到场或派代表。地界如有争议,还得叫他通知卖主也到场指出地界。

如果土地是在英租界境内,英租界工部局册地处也派代表出席,册地处绘制简图一式三份送交中国土地代表。一份由中国土地代表保存,两份送有关领事署。领事署土地处再向外国承租人转送一份,他在简图上签字表示验收,再交还领事署。土地若在法租界境内,由法租界公董局绘制简图,若土地全在两租界之外,则由中国会丈局承担这项任务,承租人验收的手续是一样的。

简图被最后接受后,即通知中国土地代表,于是由道台(民国后由道尹)在三份"领事署契"上盖大印,一份由中国会丈局保存,两份还给领事署。因此,"领事署契"有时候而且是更确切地叫作"道契",领事署只是注册这份地契而已。

除上所述,还有种种与田单有关的文据:(1)"上首契"。这是关于"卖契"前的交易文据,目的是为了谨慎起见,以便核实卖主的地契或所有权的真实性。(2)"华商道契"。这是由华人置地,由上海总商会转请道台发给,土地由会丈局勘丈,领取"华商道契",在手续上无需经过外国领事署。(3)"红契"。这是经藩台钤印发给的官方文据,记录所有权转让的证书;若证书遗失,补发的证书叫"白契","白契"不盖有高级官府的官印。(4)"印谕"。此文据由上海知县正式发给,代替遗失的"方单"或"升科"的证书,如其附有正式的缴税收据,其作用与"方单"相同。(5)"升科":这是地方官厅发的证书。凡未经注册、无有记录之土地,或新垦之荒地,又如原是浜沟、地塘经填埋后之空地,对此又没有发过"方单",个人可申请"升科",将此土地归他私人所有,政府则按照一般田地收税条例开始征收钱粮。(6)"迁坟据"。这是土地卖主作为保证迁走筑在有关土地上的坟墓而立的文据,因为除了卖主——他同时又可能是坟中死者的直系亲属——之外,任何人不可迁坟。如果没有"迁坟据",有关当局将排除坟地面积注册土地。(7)"粮串"。就是缴税的收据。

一张解放初期的"摊贩许可证"

史济蕙

这是一张1949年上海解放初期,由上海市人民政府公安局核发的"摊贩许可证"。现藏于上海公安博物馆。此证长15.4厘米,宽10.7厘米,可对折的紫红色漆纸封面,竖版排列,上面印有清晰的"上海市人民政府公安局 摊贩许可证 嵩 字043963"字样;摊贩许可证内页贴有持有人照片,印制并填写"兹据商人×××申请在××路××号摆设××摊遵守人民政府法令依照本局管理规则申请设摊营业经查核与本局管理摊贩暂行规则尚无抵触应请发营业执照"。核发人盖有上海市人民政府公安局第一任局长李士英和副局长扬帆的手迹印章,核发时间为1949年×月×日,盖有上海市人民政府公安局印。同时,另盖有"此证有效期限延长至一九五〇年六月三十日为止"印章。此证历经60年沧桑,铭记题跋清晰,存世稀少,且保存完好,使人们得以进一步了解解放后上海公安工作的历史,了解上海公安在加强社会治安管理,整顿市容交通,维护社会秩序方面所作的贡献。

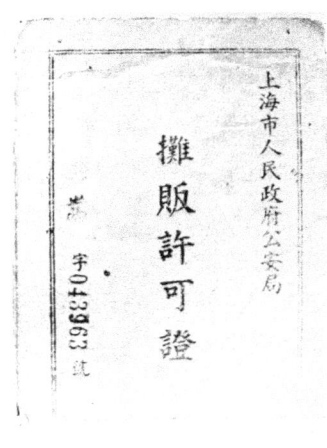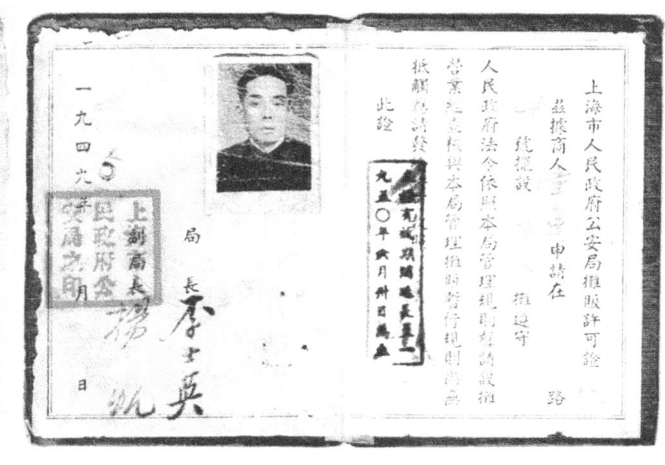

摊贩证照片

上海的个体私营经济具有悠久的历史。上海开埠后，公共租界工部局和法租界公董局，先后对租界内的商贩开征执照捐，进行税收管理。以后，清政府上海货捐局也依照租界管理办法，从清光绪二十四年(1898年)2月起，在华界地区对商贩征收摊捐，规定不捐不发照，无照不准营业。民国时期，政府对小商小摊贩仍实行摊捐管理。民国17年(1928年)11月，上海特别市政府发布《取缔摊贩及征收摊捐规则》，规定小商小贩必须经财政局申请登记，核发营业执照，按月缴纳营业摊捐；未经申请登记，不准设摊营业；不按月纳捐，吊销营业执照。民国26年(1937年)11月，伪上海市大道政府对小商小贩改为一年一捐，也采取先缴捐后发照的管理办法。抗日战争胜利后，美货充斥上海市场，民族工业面临倒闭、歇业的困境，大批失业工人以设摊谋生，上海摊贩人数增加很快。为此，上海警察局于同年11月发布《取缔摊贩规则》，对小商小贩实行申请登记、划区营业的管理办法。小商小贩须经警察局核准登记，发给许可证后，方可在指定区域或地段设摊营业；营业时间，承租菜场摊位的菜贩为每日上午5时至10时，其他马路摊贩为每日上午6时至下午6时。行商和经纪人统一由社会局管理。

1949年5月，上海军事管制委员会接管了马路摊贩工作。6月26日，发布《管理摊贩暂行规则》，在确保社会治安，不妨碍交通市容，保护正当工商业发展，兼顾摊贩生计的原则下，对马路摊贩进行登记、发照管理。商贩必须经公安局批准，领取许可证，才可以在指定地点集中设摊经营。至年底，共批准在指定地段设摊的马路摊贩84623人。1950年4月，上海市人民政府成立摊贩管理委员会，各区相应成立摊贩整理分会，以公安局为主，进一步对摊贩进行整顿，以教育为主，惩罚为辅，限制摊贩发展，逐步扭转占路为市，随地设摊，影响交通市容和社会治安的混乱现象。1950年"二六轰炸"后，上海一些私营企业歇业，摊贩大量增加。同年6月，中共上海市委根据中共中央的决定，在全市范围内开展工商业调整，扩大对私营工商业的加工订货，扶持私营企业，增加社会就业。同年9月，中共上海市委决定把摊贩管理工作移交市工商局，并成立以工商局为主的上海市摊贩管理委员会，统一领导上海全市的个体工商户管理。1950年11月，市政府发布《上海市摊贩管理暂行办法》，规定商贩必须经工商局登记核发营业许可证后，才可在指定地段的摊位内营业，不得随意迁移；已领有公安局许可证的，也需重新申请，换发营业许可证；商贩因故不能营业，应以书面请假，未经请假连续停业10天以上，以放弃摊位论；违反规定，按情节轻重分别处以警告教育，具结悔过，1天以上、10天以下的停业，2000元以上5万元(旧人民币)以下罚款，撤销许可证、勒令停业，等等。解放初，摊贩证有效期半年；1952年后改为1年，到期换证。

根据记载，我们不难看出此"摊贩许可证"正是那个时代的产物。此证由当时的上海市人民政府公安局嵩山分局(嵩山分局管辖地段东起人民路，西至西藏南路,今为市公安局黄浦分局)核发,批文号为043963,也就是第43963名申请人。其核准的时间与上海市人民政府公安局管理摊贩的时间吻合。到1950年9月,摊贩管理工作移交市工商局,成立以工商局为主的上海市摊贩管理委员会,对小商小贩、行商、经纪人全面进行登记管理,个体经济管理逐步纳入依法管理轨道。至此,解放初期为稳定社会治安,维护交通市容,保护正当工商业发展,由公安核发管理马路摊贩的历史宣告结束。

话说老上海代价券

许洪新

铜元奇缺　孤岛中人心惶惶

1939年5月底,也就是上海华界沦陷一年半后的一天,一辆由静安寺驶往外滩的有轨电车上,一片吵闹。"找不出,找不出!请摸铜板买票!"卖票员声嘶力竭地叫着。"呒没铜板!"乘客也纷纷高嚷,"找不出,就勿买票"……

从5月底到6月中旬,被称为"孤岛"的上海租界到处都上演着类似的节目。街头巷尾,无不在谈论着铜元问题。

商界自救　代价券满街狂舞

6月1日,英文《大陆报》刊发报道,铜元匮缺正式见诸报端。至中旬,遍布全市的经营兑零业务的烟兑店全都取下了标写兑率的水牌,市面上铜元正式告罄。

明星银行代价券

铜元少了,交易殊感不便。但市面总要维持,交易总要进行。人们寻找着能为大众认同的流通中介,渐渐地目光都锁定在具有法定价值的邮票和印花税票上,以至邮票销量暴涨,常常脱销。

但不久,一个突然的消息,使邮票代价券夭折。原来,在铜元减少之初,国民政府还努力支撑,但很快发现上海是"一个吸收铜元的无底洞",这才中止了调运,命海关严密查缉,又令中央银行迅速发行分币券维持。1939年8月中旬,中央银行宣布1分、5分辅币券将于22日正式发行,市面上立刻拒收邮票代价券。

然而,因市面上发现无编号中央银行辅币券,新辅币券实际上推至9月29日才姗姗面世。但仍不敷需求,仅对形势稍有缓解而已。

此情况不独"孤岛",沦陷地区也是如此。如奉贤,开始也以邮票找零,旋因盖销票洗刷后冒充新票纠纷迭出,遂由县商会议决各镇公推一家统一印制,加盖店章后全镇通用。

细说原委　恶日寇一石三鸟

好端端的铜元何以会越来越少,竟至踪影难觅,仿佛被妖魔一口吞了似的。原来,铜元是被侵华日军这个恶魔所吞。

日本吸纳中国铜元,早在全面侵华之前就已开始,1936年、1937年两年,走私运回日本的中国铜元已达1亿元以上。之后更是明抢暗夺,1938年3月起,以月均700万枚之巨数运回日本,上海一地即达月均400万枚。据中国驻日本赔偿及归还物资接收委员会代表团调查,至1984年共查得11000吨。

日本劫掠我国铜元是一条一石三鸟的毒计。

直接目的是攫取战略物资。日本资源严重不足,因此战争一发动就定下了"以战养战"方略。铜材与钢铁、粮食、棉花最早被列入统制清单,搜括旧金属也一直是日伪当局的要务。

破坏中国金融,排挤法币,从经济上占领上海是其又一目的。

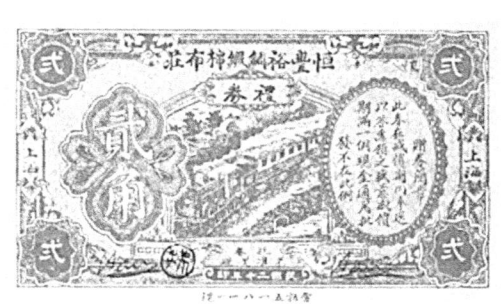

限制兑换与批发的一种礼券

扰乱民心,动摇中国人民抗战意志,是其更深层的目的。铜元虽小,事关升斗小民衣食住行,系牵民心浮动和社会稳定。因为铜元短缺,商店被迫牺牲大批小宗交易,那些肩挑手提、小本微利、日仰维生的小商小贩,几乎都断了生计。使用邮票代价券,计值已从"枚"进为"分",物价无形提升;邮票代价券的停用,仅污损邮票一项,上海市民又至少蒙受40万元的损失。吃亏的都是老百姓,愤慨怨恨由此滋生。至于靠别人施舍的乞丐,一下子没了活路,饿毙街头的多了,铤而走险的多了。这正是日本所希望的,因为社会动荡,也就是抗战的基础动摇。

刨根寻本　此物事源远流长

却说孤岛时期代价券是上海厂商抵制日本金融战、自救图存的爱国举措。如溯其渊源，倒也是商界旧时手段，这还得从明清时代说起。

这张代价券因被伪造而收回停用

代价券，本是某些单位因需要而自行发行的纸质有价凭证，在一定时期或一定范围内具有替代法定货币的某种功能，是一种准货币。最早的代价券，大约是明清时代的钱庄票，即钱庄对存入银钱的客户出具的收据。当时法定的货币是银两和铜钱，大额银钱分量过重，交易不便，钱庄票据用作支付手段，这就成了代价券。上海市历史博物馆藏有一张明崇祯年间王嘉锡银票的残叶，这是迄今国内最早的银票实物。一些信用卓著的商行，也发银钱票。如清乾隆年间真如王家竹行，生意兴隆，声誉远播，所出银票可在上海商界流通，这是该家族宗谱上记载的。发行银钱票，应该说是违法的，但国家没有足够的银钱供给流通，只好听之任之。今见较早的上海钱票，是清光绪二十五年（1899年）春恒茂"九五典钱一千文"。

明清时代厂矿内部流通券也是一种早期代价券，专供所属分厂和部门间流通结算，或用作工资于厂矿生活区内流通，当汇寄或离去时，可兑现银。这在僻处一隅相对闭塞的矿区企业中，较为盛行。

搏击商海　众仙商各祭法宝

晚清以降，上海滩百业兴盛，竞争激烈，商海八仙，各显神通。轿饭票、赠券、礼券、优待券、奖券，各类代价券也纷纷登场，无非想从市场大蛋糕中，切得大些的一块。

轿饭票，是妓院发赏嫖客随从的小费。初为手写，继为手工刻制成形态各异、小巧玲珑的铜质代币筹码，称轿饭钱，后为印制的铜元代价券。印制这种铜元票的，多为与妓院毗邻的小烟纸店。这种小烟纸店，平时兼营各类钱钞兑换，习称烟兑店，也自称钱庄，成立过钱兑业公会，是银钱业中末等角色。这种铜元票面值应小费行情，渐渐约定俗成为铜元20枚，也常按沪语印作"念枚"，这就是民国初20枚铜元票特多的原因。

礼券，是印有面值的一种购货券。始作俑者，据说是沈子芳，他是上海著名糕团店沈大成的第二代老板。沈大成，光绪元年无锡人沈阿金所创，初是粥店，店址在青莲阁（今福州路湖北路口），后迁汉口路，1924年迁南京路浙江路口。沈子芳对糕团不甚精通，但颇有经营头脑，他看准上海社会"人情大于债"的特点，糕团又是民俗传统中的大宗馈赠食品，于是，想出了发售礼券的办法，事先购买，长期通用。送礼者无大包小盒提携之烦，受礼者有自选转赠之便，同时又无积压变质之弊，推出后大受欢迎。沈大成礼券最初面值几何，未知其详，后分5元、10元、15元和20元四种。眼见沈子芳大获利益，其他商家自然仿效，1922年，上海商业储蓄银行更推出喜庆礼券储金票。从此，礼券大盛沪上，至今不息。

礼券之外，还有优待券、奖券等，或随广告附送，或抽装商品之中，或按购货配赠。当然实物券与折扣券不属此列，只有明标面值的才称代价券。优待、奖励办法各不相同，有凭券领钱，有按值于再购时抵充。使用方法也各有奥妙，有的"一次限用一张"，有的限于指定的商品或服务，反正厂商拥有"最终解释权"。抗战前，发行代价券最广的当数烟草业，可谓花样百出，从单张到成套成系列的都有，如每包烟中放上一张，积得成套可获巨奖，诱得人们踊跃购烟。实际上其中一张印放极少，欲配成套，概率极微。但这种成套的系列代价券，印刷精良，图案精致，有的还富含历史文化内容，是代价券收藏中的珍品，像安利烟公司发行的《二十四孝图》代价券，见藏仅为一套，如入拍卖其价不啻数万。

与孤岛时期代价券功能相同的，即因辅币暂缺而发行的代价券，称"辅币代价券"，这是真正意义上的代价券。民国初期，改铜钱为铜元，一些地方因铜钱不再调运，铜元又不及铸造，于是发行代价券，如川沙就发行过代价竹筹；也有因季节性收购烟叶、蚕茧、棉花、菜籽等，辅币甚至现银暂缺，厂商也发行代价券。嘉定徐行张永康粮米土布杂货行，在抗战前夕，就受大

坐落于会乐里弄口的荣大钱庄代价券

华草织厂委托，为收购黄草织品而发行当百枚的竹筹。上海解放前夕，通货膨胀，纸币贬值，银元恢复合法流通，银角却极短缺，青浦朱家角与毗邻的昆山井亭两镇，发行替代银角的共同流通代价券，这是老上海最后一种辅币代价券。

五花八门　有心人觅宝集藏

老上海代价券名称繁多，状式各异，特点纷呈。它反映了金融发展中某些现

象，是历史研究的实物资料。不同历史时期的各类代价券，见证了当时的经济与金融情况，折射着政治与社会的变动。上海是近代中国金融与商业的中心，透视老上海代价券，就是从一个侧面展现近代中国金融和商业发展的历史与特点。孤岛时期的代价券，完全因日本劫掠金属辅币而产生，发行遍及各行各业，使用涉及每家每户，历时长达数年，是上海各时期和全国各地的代价券中最具典型性的，具有很高的研究价值；同时，也是日本侵略中国、掠夺中国和中国人民维护民族独立的重要物证，是爱国主义教育的重要历史资源。

长沙中央银行黄金偷运去台始末

朱野樵(口述)　张磊(整理)

　　1948年11月1日,下午2点,湖南省总工会、省农会、省工商联合会突然在省参议会礼堂召开紧急联席会议,出席会议的人有陈云章、崔伯鸿、林纯生、甘子宪等四十余人。会议主持者为陈云章。我作为当时的《建设日报》《小春秋晚报》记者,闻讯赶到会场采访。

　　会议的主要内容是,据可靠消息,国民党政府南京中央银行总行正密谋将长沙分行库存金银运往台湾,形势紧迫。与会者慷慨陈辞,一致认为应采取保护措施不使湖南人民的血汗钱流失,尽快将这批金银运入湖南省银行保管。但又考虑到要将中央银行库存的金银运出来,可能性很小。因为,中央银行长沙分行属南京中央银行总行所管,地方政府无权处理库存金银。经过一番讨论,决定以工会、农会、工商联合会联合组织名义,前往长沙中央银行交涉。先勒令该行行长辛衡若交出库存金银。如果辛衡若坚决不就范,则迫其出具保证书,未经联合组织同意,不得让金银为中央总行运走;同时还决定,保证书必须由当时的湖南省省主席程潜出面担保。因为它既可表明此行动完全出自"民意",与官方无关,又可让程潜行使实际控制权力。并当场推派了一名代表,前往省府向程潜作了汇报,程欣然同意。

　　下午3时左右,四十多名与会者步行到坡子街长沙中央银行。辛衡若在会客厅里接待这批"不速之客"。未经寒暄,陈云章单刀直入说明来意:"长沙中央银行金库里存放的黄金白银是湖南人的血汗,最近听说,南京中央总行要将这批金银运走,是否有此事?""没有,我根本就没有接到总行这方面的通知……"辛衡若感到很惊讶,支支吾吾地回答。陈云章要辛衡若把库存金银财册拿出来让大家查看。辛衡若犹豫了一下,命人捧出账本。账面数字为:黄金33900两,银锭22万两,银元834000枚以及少量美元港元。

　　代表们逐一看过账册后,陈云章以命令的口吻向辛衡若说:"为了防备中央总行将这批黄金白银运走,我们代表三千万湖南人前来接管它,现在就请辛行长将全部库存金银,交给我们运往省银行保存。如果中央要追究责任,由我们承担!"

　　顿时,会客厅里出现紧张气氛。辛衡若做梦也不曾想到在他的地盘上会出现这一"大逆不道"行为。惊窘之下他强装笑脸,委婉道:"我是湖南人,有义务维护湖南人的利益。但是,长沙分行是直属中央总行所管,无权自行处理库存黄金白银;各位要将它运往省行保存,我个人无异议。为了分清责任,请待我向总行报告以后再听凭处理……"

话音未落,会客厅里便爆发出一片怒斥——

"胡说!湖南人的财产,要向总行报告什么?你这是有意抗拒!"

"不要拿中央来吓唬我们,就是蒋介石亲自来,我们也不买账!"

"湖南人有权利自己管理自己的财产,谁也阻挡不了!"

痛斥声伴着拍桌声,很多银行员工不知这里出了什么事,也纷纷站在会客厅外,惊慌地观望。

这时的辛衡若面色苍白,躲坐一角低头不语。

这样的紧张局面持续了近半个小时,有几个代表便冲到辛衡若面前下"最后通牒"——

"你辛衡若不交,我们自己动手!"

此时,辛衡若终于沉不住气了,他深知这批代表非等闲之辈,且有群众基础,说得出做得到。况且,长沙并非南京,远水救不了近火,出了问题无法交代。他无可奈何地说:"我愿写保证书,以身家性命保证绝不把库存金银运走,绝不做损害我们湖南百姓的事,请各位相信我。"

辛衡若这一招本来就是预料之中的,代表们交换意见后,当即提出:"写保证书可以,但必须要请程潜公出面做担保人。"

辛衡若接受了,当即打电话给程潜。程潜欲擒故纵,先是不愿担保,后经一再请求,才派秘书长邓介松前来代他签保。

协议保证书的内容大意是:"中央银行库存黄金白银按账面数字封存,未经联合组织许可,保证决不动用及运出。如中央银行总行或财政部前来提取,保证事先告知联合组织,决不隐瞒。"

保证书由辛衡若亲自书写,邓介松代表程潜盖了章。

这场公开斗争至此告一段落,双方各有所获,彼此握手而散。

1948年的春节,长沙人是在"金元券"贬值、物价飞涨下度过的。农历正月初六早晨,我和中央社记者洪君实一道外出采访新闻,途经交通银行,门前偶遇该行一副理正欲登车外出。彼此熟识,见面少不得打个招呼。

"新春伊始,财神爷出行,有何公干?"洪君实笑问。

"哪里,哪里,我是陪中央银行朱副理去香港办事……"副理话刚出口突然感到言语失误,急忙又改口,"我是跟着去玩的,怎样,要不要给太太带双玻璃丝袜回来?我效劳。"说罢,匆匆和我们握手,登车而去。

言者不慎,听者惊诧。洪君实问我:"你看出这家伙刚才讲话的神情没有?"我说:"有蹊跷!似乎说陪中央银行朱副理去香港办事,感到失言。"洪君实同意我的看法。于是,我们停下脚步分析:中、交两银行的总行都在南京,有事不去南京而去香港办,况且新年刚过,两行的负责人如此急切同往香港,决非一般业务。特别是,如果没有不可告人之处为什么要如此遮遮掩掩?突然,一个可怕的问号在我们脑海中出现:

莫非辛衡若他们趁人们欢度除夕之机,已将长沙中央银行库存金银偷运去了香港?!

出于职业本能,我们认为这是一条重大新闻,应立即追踪采访。

考虑到要将如此大量金银从长沙运往香港,必须使用火车运输,我们决定追寻线索应从铁路部门下手。11点钟左右,我们乘车到了粤汉铁路局驻长沙办事处,该处陈处长热情接待了我们。

"记者先生新年大驾光临,有何见教?"这位处长交际广泛,是我们的老朋友,言语中流露出亲近。

"无事不登三宝殿!"洪君实试探道:"长沙中央银行已经将库存黄金白银运往了香港,是用火车运去的,我们已经掌握了线索,请你查一查。"他讲得很肯定,为的是使对方没有怀疑的余地。

陈处长闻悉感到惊讶。为了不使其徇情掩盖,洪君实意味深长地告诫:"这件事事关重大,我们是老朋友,可开不得玩笑。"

陈处长听出这句话的分量,深知"无冕之王"得罪不起,便立即打电话向长沙火车站东站站长室查问。接电话的是一位姓朱的站长,说:"长沙中央银行除夕前来人订了两个车皮运货去广州,当时预付了40%的运费。结果一直没有送货来装运。直到昨天,又派人来要求退回预付运费,我们没有同意,来人又要把货改从衡阳站运走,反正都是粤汉铁路收钱。"

果不出所料,长沙中央银行确实在除夕前后运了东西去广州,但究竟是否金银还不敢肯定。于是,我们又要陈处长向衡阳站打电话查问。衡阳站答复:"长沙中央银行年前在我们站订了两个车皮运货去广州。除夕夜里,两辆卡车、一辆吉普车从长沙送来了货,有宪兵押运的。运货单上填的货物名称是'金币',车皮编号是……"

至此,事实已经清楚地告诉我们:长沙中央银行确已将库存的金银偷运走了。但从两辆卡车装载断定,可能运走的仅是黄金。辛衡若采用长沙、衡阳两地订车托运,乃"狡兔三窟"之计。我们当即决定,洪君实去省府向程潜告知此事,我回《小春秋晚报》社,争取当日下午发稿将事实公之于众。

程潜获悉此事后,十分震怒,当即命令长沙警察局长刘人奎逮捕辛衡若。谁料，刘人奎带人刚进辛宅大门，辛衡若便从后门逃走。经过一个下午全城侦查，获悉辛向南昌逃去。

入夜，程潜以绥靖公署主任名义电话通知江西省主席方天，截捕辛衡若；另令刘人奎乘吉普车星夜追缉。翌日晨，方天、刘人奎均未抓到辛衡若，只在南昌中央银行车库内，发现一辆来历不明的吉普车。刘人奎不愧是"军统"特工老手，他断定辛衡若绝对不会在南昌停留，当天上午带领警员，越过南昌以东一百公里，在去南京必经之路的一个汽车站设下埋伏。果然，下午1点左右，辛衡若在一辆载货卡车车厢里被揪出，押回长沙。

程潜逮捕了辛衡若，与国民党中央统治集团分庭抗礼正式公开化。随后，程公索性把中央银行库存白银运入省银行。接近和平解放前，在"银元券"继"金元券"泛滥成灾的情况下，他命令省行建立"铸币所"，铸造银元，为迎接长沙和平解放，安定社会秩序和人心，发挥了重大作用。

乱世商机

尤 乙

一、把商机变为现实的金能亨

能够在战乱之中抓住商机的人，无疑有着绝顶聪明的脑袋瓜。金能亨（1823—1889），这位美商上海旗昌洋行的合伙人兼美国政府委任的驻沪副领事、前任上海道吴健彰的铁哥们、首届工部局董事，以及19世纪60年代的工部局总董之一，就有着这样一颗绝顶聪明的脑袋瓜。

金能亨属于最早出现在上海滩的美国人之一，也是早期上海滩最重要、最具影响力的人物之一。早在1842年，上海正式对外开埠的前一年，这位时年只有19岁的美国人就已出现在了樯桅林立的黄浦滩。此人虽年纪不大，但嗅觉灵敏，头子活络，社会活动能力很强，在外侨社交圈里很兜得转。上海租界开辟后不久，1846年12月，23岁的他便承全体租地人推举，成为了英租界道路码头委员会三人组成员，指点市政，征款收费，在强势的英国佬面前为美国人的利益锱铢必较。

太平天国定都南京以后，长江水域因为战事频繁沦为危境，几经争夺，起义军控制了西迄安庆、芜湖，东至镇江、江阴的黄金水道，与清军形成对峙。为各自的利益计，无论太平军还是清军，对来往长江水道的各形船只，尤其是货运船只，都实行了严格的限制措施，大量商品被禁运，唯恐为对方所用。一时间熙来攘往的黄金水道一片沉寂，江面上几乎看不到一艘航运的船只。

19世纪下半叶的中国，陆路运输根本提不上台面，重要物流端赖水运，即所谓"有舟无车"，长江遭禁对商家而言无异于灭顶。短短数月之内，上海十六铺一带的仓库货栈，已被来自欧亚的洋布、呢绒塞得满满当当，而江南各埠码头上的生丝、茶叶，也越堆越多堆积如山了。

这是一场飞来的横祸。

这是一个绝妙的商机。

美国驻沪总领馆

就在众商家无不摇头叹息、畏葸不前的时候，金能亨却趁清军与太平军大战镇江之机，联络了几个商业伙伴，共同出资租下了一条名叫"威廉麦特"号的商船。这是一条刚从广州开来的新船，载重370吨，坚固，可靠。金能亨用威廉麦特号装了满满一船的进口洋布、呢绒，在船桅上高高扯起一面美国国旗，大模大样地逆江而上，直奔汉口而去。

金能亨清楚，这是一次冒险，他的威廉麦特号随时都有可能在交战双方的刀枪面前葬身鱼腹，人财两空。并不是别的商家看不到其中的商机，而是在他们看来，与风险相比，获益的几率太小太小，几乎为零，甚至为负。金能亨之所以敢冒这个风险，是因为他把赌注押在了他是一个美国人的特殊身份上。

一个多月后，金能亨从汉口平安归来，同时带回了满满一船的蚕丝、茶叶。

利用两地的差价，金能亨不光赚足了运费和利润，而且赚足了自信。

上帝非常眷顾这个初出茅庐的美国人，他甚至连交战双方的影子都没见到。

当然，这可能只是一种偶然。但金能亨的腰包却是必然地鼓了起来，扣除成本，净赚白银一万多两。

面对巨大的利益，金能亨不可能收手，然而罔顾风险也是不明智的，上帝可以赐幸运于偶或，却难以化机遇为永续。金能亨不能不有所忌惮。

然而上帝却仿佛跟定了他一般，再一次把巨大的商机拱手送来。金能亨在军界的朋友告诉他,美国驻东印度舰队司令兼驻华代办司百龄,刚刚率哈特福德号等三艘军舰,完成了对长江的远征。司百龄在南京期间,已得到了太平军允诺,今后凡是悬挂美国国旗、持有美国护照的船只经过长江水道,将不会受到对方的阻挠。

闻听此讯,金能亨兴奋不已,似乎看到了通往财富的幸运之门。但他不是一个自私的人,不愿意将这等好事留给自己独享。他是美国驻沪副领事,是在官的人,而不是单纯的商人,使自己的同胞利益均沾是政府官员的天职所在。

金能亨正式向旗昌洋行总行提出了投资和发展长江航运的建议。他被自己的无私和创意激动得心跳加速、面颊通红,连说话都有些不连贯了。然而,他的建议却遭到了他的顶头上司、旗昌洋行驻香港经理小德拉诺的拒绝。小德拉诺是一个天性平稳的人,他不喜欢这种火中取栗的冒险,作为当家人,他的原则是,旗昌洋行在亚洲的利益可以维持原状,但不可以冒然减损。

那是发生在1859年的事。

得不到伯乐的赏识,金能亨如同一个趔趄从云端跌落,精神十分沮丧。但他并不灰心,小德拉诺的低能恰恰是他在行使否决权的那一刻暴露出来的。权威的决策,常常也是权威能力的试金石,有权者未必有威,更未必有能。金能亨可以服从上司,但不可以服从低能。他决定自己干。

1901年招商局在旗昌洋行原址新建此楼

1862年3月27日,对金能亨来说,肯定是一个极其重要的日子;同时对上海、对中国近代企业的发展进程来说,也是一个不容忽略的日子。这一天,由金能亨一手组建的上海旗昌轮船公司的开业仪式,在黄浦江畔隆重举行。

这是一家改变了中国传统企业结构的公司。金能亨凭借他的关系、人脉和实力,先后动员了至少15家在沪外商以及部分华商,自愿掏钱加入旗昌公司,包括金能亨自己投入的15万两银子在内,先后共筹得资金100万两。金能亨参照19世纪后半期刚刚开始在欧洲流行的股份制模式,将这些银两拆分为股,每股一千两,总共一千股,然后按出资多少,分配给每个投资者相应的股份,让他们成为旗昌轮船公司的股东,取得旗昌的股票。股东有权按所持股票取得股息,并以其所持股份金额的大小为限,对公司承担有限责任。股东大会是公司最高权力机构,公司的一切重要事项,例如建造或购买船只、增加或减少航运基地、扩大或减少航运业务量,乃至每年的船舶修缮、码头扩建、保险费支出等等,都须在股东大会上进行议决,而不再像过去那样由一两个寡头人物说了算。

旗昌轮船的每一分资金的使用,都和股东的利益休戚相关。

金能亨凭借他出众的嗅觉,对这种后来风靡全球的"利益共享,风险共担"的经营模式推崇有加,并成为上海滩众多外商中的第一位实践者。

由于是第一个,旗昌轮船公司不仅在组织结构上没有伙伴,在营销上也暂时找不到竞争对手,长江航运业务开展得可谓顺风顺水,其麾下的湖广号、山西号、四川号、江西号、浙江号五艘千吨级货轮,一时间成为长江上一道独有的风光,为金能亨占尽了发展的先机。仅仅四年之后,旗昌轮船就已经从5艘扩展为18艘,100万两白银的资本金也翻倍达到了200万两。

19世纪70年代,尽管金能亨已宣布退出,但旗昌轮船还是进入了它的鼎盛期。1871年、1872年,旗昌轮船面值100两的股票连续攀升,从165两,一路上涨到195两、200两;公司达到了拥有19艘船只、总吨位27769吨、资产总额超过300万两的规模;营业范围也从长江扩展到沿海,并且带动了一大批中外企业投入竞争,逐鹿航运。滔滔长江已经不再是旗昌的独家院落,英商怡和洋行、宝顺洋行也开始投入长江航运;其余的如广隆、吠礼查、沙逊等不下20家中小洋行,则各自置备了一两艘轮船纷纷插足营运。其中实力最强的太古轮船公司,甚至已经占得了长江航运的半壁江山,与旗昌平分秋色,在十六铺旗昌的金利源码头的左近,新建了它的太古轮船码头。而后起的中资轮船企业招商局,更是来势凶猛咄咄逼人,李鸿章、盛宣怀、朱其昂、唐廷枢等一批中国官僚资本的代言人,开始了"师夷长技"的艰难跋涉,并且很快显现出了官商合作的本土优势,形成了"使洋人不得专利于中国"的局面。1873年11月30日,招商局"伊敦"轮首航汕头成功,开通了除长江以外的第一条沿海航线;1879年10月19日,招商局"和众"轮载客四百余人,首次试航檀香山,不仅大获成功,且盈利三千余元;1881年10月1日,招商局"美富"轮首航伦敦,半个月后顺利抵达目的地……

1877年,旗昌、太古、招商局三家,为争夺长江航运份额,以竞价为武器残酷开打,旗昌被打得内囊掏空、伤痕累累,最终以220万两银子的价格,卖给了李鸿章的轮船招商局。

在今天的上海外滩中山东一路9号,我们依然可以感受历史为我们留下的遗迹,品咂岁月的漫漫轮回。19世纪远东最著名的美资企业旗昌洋行,于1846年将总部迁往这里,并且在此经历了它的黄金时期。1877年,旗昌轮船公司,连同它建于此地的办公大楼,成为了受李鸿章保护的中国官商合办企业轮船招商局的资产。1901年,轮船招商局重建此楼。直到21世纪的今天,这里还是招商局上海分公司的所在地。

二、从夹缝中崛起的买办

(一)

"买办"这个阶层的行世,即使用今天十分宽容的眼光观照,也很难看出其光彩正义的一面。

1852年暮春时节,年仅14岁的广东香山(今中山)子弟徐润(1838—1911),被上海宝顺洋行录用为学徒,开始了他的童工生活,同时也开启了他日后显赫一时、却有辱传统名教的买办生涯的起点。徐润这也是子承父业,其父徐钰亭,早在广东时期就开始为宝顺洋行服务,并与后来荣升上海道的旗昌洋行买办吴健彰结为密友。

宝顺洋行是上海开埠以后最早迁沪的英商洋行之一,老板就是大名鼎鼎的颠地,故又名颠地洋行;颠地洋行也是他的英文注册名,宝顺洋行则是他在上海使用的中文名。对于颠地此人的斑斑劣迹,凡是看过赵丹主演的电影《林则徐》的,应当留有鲜明的记忆:贪婪、傲慢、狡诈、寡耻,但凡鸦片战争时期英国商人的一切负面特征无不集于其一身。这样的形象塑造虽然免不了艺术虚构的成分,但也确实吻合了被压迫被凌辱民族对侵略者的情感想象,因而并不违背历史真实。

历史形象的存遗,从来都没有理由拒绝民族情绪的宣泄。

真实的颠地有弟兄两个,哥哥叫托马斯·颠地,弟弟叫兰士禄·颠地。早在18世纪末19世纪初,哥哥大颠地就已经活跃在印度孟买——中国广州一带,参与棉花贸易和鸦片走私,积累下第一桶金后,与他人合股创办了颠地洋行。其时小颠地还只是大颠地洋行里的小伙计一个,但其心黑手辣、胆大妄为,一出道就显示出成大事的异秉。18世纪20年代以后,颠地洋行在广州——福州间的走私生意,主要为鸦片,多由小颠地带领武装船队完成。在此期间,大颠地摇身一变,以商人的身份出任"撒丁岛"驻广州领事,戴上了官帽子;小颠地则成为颠地洋行的大班,承担起了颠地家族的另半片天。他和怡和洋行联手,操控并垄断了福建泉州一带的鸦片生意。他的鸦片走私武装飞剪船,仗着航速快、武器先进,甚至敢在海面上同大清王朝的海军(水师)抗衡,公然缴取清军海上巡逻船的武器。因此,早在广州一口通商时期,小颠地就是上了林则徐黑名单的大鸦片商。广州禁烟时,首先被林则徐点名,被迫前往广州,在协议书上签字画押(具结),承诺停止鸦片走私。而其本人,幸得英国全权代表义律的保护,才逃脱了林则徐的大狱伺候。1839年3月,林则徐在虎门大举销烟,其中就有小颠地的1700箱鸦片。然而第一次鸦片战争结束后,小颠地竟然就此向清政府提出索赔,被英国人打得跪地雌伏的清廷乖乖满足了他的要求,拱手送上赔款33976(英)镑。

泊在黄浦江中的怡和洋行鸦片趸船

这是一幅让人写来、读来、想来都会心生一阵阵绞痛的陈年图景。当我的手指在电脑键盘上敲出"33976(英)镑"的字样时,窗外的4月艳阳蓦然失血,变得凄厉惨白……

1844年4月,刚刚开埠的上海尚未开辟租界,小颠地就已经凭借其超级灵敏的商业嗅觉和包天贼胆,捷足先登,向黄浦江边一个名叫奚尚德的中国业主,租借了近 14 亩土地，打出了他的宝顺洋行牌子。在上海，小颠地一出手就组建了一支拥有 14 艘趸船、帆船、飞剪船的船队，骄横于水网江南，猖獗于滔滔东海，当时上海的鸦片走私，有十之七八，是他和怡和洋行平分的。

所谓飞剪船，是一种专门用来运输鸦片的水上快速帆船，盛行于 1830 年至 1850 年间，可以说是为鸦片走私专门度身定做的。这种船的船身长，吃水浅，篷帆多，舷低面平，船首装有斜向突出的桅杆，操控灵活，顺风逆风都能行驶。飞剪船的自重轻，载重量小，一般在 100 到 300 吨之间，正适合鸦片运输。当年，一艘名叫吉姆司培因号的飞剪船，跑完 420 海里，也就是差不多 780 公里的航程，只用了 24 小时，时速超过 32 公里，是一般运输船的一倍以上。

飞剪船的另一个特点是可配备重武器，一艘 200 吨位飞剪船的两舷，可安装 5 至 6 门大炮，300 吨位以上的，可装十几二十门，具有强大的威慑力。所以小颠地敢于在海上向正规的大清海军叫板。

也许是为了扬威，也许是为了壮胆，走私鸦片的飞剪船每到一地都要试炮。上海吴淞口外的鸡骨礁，就是他们炫耀武力的靶点之一，每逢归航或出航，航行到此处，都要放炮助兴。那种老式的船装炮响起来震耳欲聋。据说，一次一艘飞剪船在黄浦江上放炮，竟把岸边的一匹奔马惊落水中。

除了走私鸦片，上海开埠以后，飞剪船还被广泛用来走私茶叶、丝绸，外运银元银锭，护航商民各船，以免遭海盗劫掠，可谓盛极一时。一位英国船长在他 1862 年 9 月 13 日的航海日志上写道：是日停靠在上海港的外国船只计有 268 艘，其中大部分是飞剪船。由于港窄船多，所有的飞剪船都必须把前后身超耸的桅杆收起来，保证船体不超过 145 英尺，才能进港锚泊。

"成则王侯"的马太效应在所谓成功的商人身上同样是应验的。小颠地在上海得以再展峥嵘，迅速爆发，构建起了他和两个侄儿的家族产业，盛名远播。历史从来就是成功者的搓澡巾，从不在意它抹去的污垢竟是成功者滴血流脓的原罪，而把一个志得意满、体健貌端的光鲜形象推向云端。1862 年以后，小颠地离开上海，而把宝顺洋行的产业，顺利地移交给了侄儿韦金申·颠地。

在此期间，依托徐润、曾寄圃、徐钰亭、郑观应等一帮中国买办，小颠地还在英国毛纺织品和中国丝绸茶叶的进出口贸易中，获得了巨大的利益。

（二）

徐润人虽年幼，也没读过多少经史子集，但其天性聪颖，为人机敏，尤其是在其父徐钰亭的言传身教下，对于商机商情这一类的经济走势，更是有着出乎本能的亲近感和辨析力。身为学徒的徐润既为英国人的走卒，当然就把学好英国话作为自己的首选。日后的事实证明，徐润的这一工具性的选择和持之以恒的坚持，具有无比正确的战略价值。

在吾国国民之中，广东人也许堪称最少传统羁绊，最具开创思维的族群了，虽然在精明的上海士绅看来，他们不免粗陋了些，生性彪悍，素喜夸勇斗狠，在历史乃至当下人们的心目中，广东人的可持续发展能力也欠稳健。然而在上海开埠之初，甚至在任何需要打头阵的关键之处，我们时时都能看到广东人矮壮的身影、超前的思维和第一个大口开吃螃蟹的勇气，而基本上找不到上海人纤细而怯懦的身影。尽管这一切常常被上海人有意无意地忽略，忽略得不无酸妒。

江南这方水土，是流淌在瞎子阿炳琴弦上的二泉，呜咽凄怆，忧愤莫辨；从不曾喷吐过汹涌的一泉，大开大阖，激情飞溅。

虽说早在鸦片战争之前，上海老城厢东门外就有了所谓的"洋行街"，"陈售欧洲羊毛制品"，但那都是些"闽粤奸商"和江浙商人操持的勾当，挂"洋行"之羊头，卖中国土著老板之狗肉。营销的呢羽杂货并鸦片烟土，要么从广东的夷船洋艘上购入，经海路进口；要么从杭州湾英美走私趸船转泊小洋山，再经上海县南部河流走私。货非伪劣，但名属假冒。真正的洋行主人其实并非洋种。商人们之所以要这样做，是因为开埠之前的上海，绝对禁止洋人直接染指进出口贸易，但洋货又着实好销，中国老板只好套上一个"洋"行的外壳。

1832年，英国东印度公司的阿美士德号帆船曾经冒险闯关，但是刚刚驶近吴淞口，即遭"鸣炮示警"，上海水上警备部队义正词严地向其宣示："夷船向无在上海贸易之例，未便违例"接纳。

上海开埠之后，这一惯例迅即被破除，随着一批又一批西方双桅船、三桅船、鸦片趸船和装备精良的飞剪船驶入吴淞口，黄浦滩头的"洋行"，开始了真正姓"洋"的纪元。

洋人初到上海经商，面临四大困难，一是语言障碍，我听不懂你的洋腔，你说不来我的土语，无法沟通；二是人地生疏，商情、社情、民风习俗、贸易惯例一概茫然；三是信用未建，贸易双方缺少起码的了解和信任；四是币制不明，对中国复杂的硬通货制度和度量衡制度摸不着头脑。为了化解这种种矛盾，还在广东时，宝顺洋行的合伙人比利，就聘任了第一位买办徐钰亭。

这一年是1840年，正值英中开战之时，徐钰亭还敢充当商业掮客，帮着英国人卖鸦片，不说他别的，起码胆子够野。

近代中国，凡敢于野豁豁闯荡禁区的，几乎非广东人莫属。数一数上海早期的买办，美籍学人郝延平的《十九世纪的中国买办：东西间桥梁》一文作过统计，除个别来自浙江的宁波、湖州，百分之九十以上出自广东。

（三）

对"买办"这个词的诠释，史学界的说法蛮多，有说买办（Compradore），源出于葡萄牙语，意为"购物"或"购物者"。也有说买办一词，最早出现在中国明代，《明史》有"光禄寺委用小人买办"一说；延至清代,《红楼梦》的贾府中"设有买办数人",鸳鸯的哥哥金文翔便是贾母的买办。但此买办非彼买办,都是些担负采买的普通杂役,与近代买办实质上相去甚远,只不过沿袭了以往的名称而已。

无论源于葡萄牙语也好,来自中国人自创也罢,好在这些争论的各家都没把买办的近代意义搞混,弄学术的人不把生命消耗在语词的渊源处会透着没文化,吾等凡夫俗子只要知道买办就是商务掮客,就是居间牟利的中间商,即可以了。不过按照杜恂诚的《上海的洋行和买办》一文的说法,近代意义上的买办,必须"合代理人、翻译、掮客和顾问于一身",比一般商业关系中的掮客或中间商的要求高得多,即使放到21世纪的今天,也非一般白领、金领可以拿得下来。

按照这样的标准,初入宝顺行的商贾子弟徐润实在差得太远,不经过一番"宝剑锋自砥砺出"的煎熬,显然不得出头。徐润于是咬紧牙关,刻苦攻读,仗着脑袋瓜子灵,腿脚利索,手脑并用,昼夜不舍,焚膏继晷,终于自学成才。17年后,也就是1861年,总算熬出了头,晋升为副买办,而后又是买办。

整整17年啊,哪怕硕博连读也该毕业好几回了,徐润委实不易。

徐润的不易还不单单表现在他的"咬定青山不放松"上。

在徐润所处的那个年代,买办这个差事,在正经的书香门第、官宦人家中,是很被人看不起的。据史料记载,开埠初,凡夷商者,无不"为民人蔑视,气不得舒"。那时候的大清国民还怀有朴素的

这张流传至今的中国买办肖像照,隐含着历史对这个行业的价值判断

民族情感,对自己的华夏血统深表认同。远没到国门一开,恨不能抬腿就溜,连对自己的黑头发都感到自卑的程度。他们"耻与英夷通事人等"交际,为洋人效命者甚至常遭人唾骂、殴打。

正因为买办的社会地位如此低下,所以它的队伍组成就很成问题,既无法从体制内的优质人才中获得支撑,也难以向体制外的正统知识分子群体寻求递补。清代思想家冯桂芬曾经这样描述买办的两大来源："一为无业商贾",多为市井中的游手好闲之辈,为逃避农耕也厌恶或干不了正经职业的人;"一为义学生徒",多为贫苦人家的童蒙稚儿,为谋取衣食而进入英法两国设立的义学。

不问出身,不计门第,三教九流,能力至上。这样的选才之路就一定等而下之了吗?冯桂芬的脑袋瓜子需要除锈去垢。

对出道之后的买办,冯桂芬也是深表不屑:"其人质性中下,识见浅陋,叩其所能,仅通洋语者十之八九,兼识洋字者十之一二,所识洋字不过货名银数与俚浅文理,不特于彼中政治张弛之故,懵焉无知。"瞧瞧,所谓买办的能耐,不过是会说几句外语,能识几件洋货,记得一些银价而已,皆属浅近的常识罢了,至于政治上的张弛之道,这些人则彻底蒙昧无知。

洋话洋文洋价,经济之道往往就是这么简单;简单到就像一架梯子,两道竖杠,数道横杠而已,但它却是一条捷径,能助人攀爬一座更高的楼宇。

这样简单俚浅的人,别说冯桂芬这等大儒,就连一般的断文识墨者,也是"以洋务为不屑,鄙西学为可耻"。对那些通晓洋人言语文字者,无不"腹诽之","唾骂之","摒为名教之罪人"。

在徐润之前出任宝顺洋行买办的曾寄圃,曾试图引荐大名鼎鼎的中国第一位留洋美国耶鲁的"海龟"容闳,来做自己的同道。事实上从 1859 年 3 月起,容闳确实也曾代表宝顺洋行到江西、湖北、湖南等丝茶产地调查并采购;这一年他还和英商到浙江湖州收买生丝,到安徽太平县收购茶叶,体验过买办的生存方式(容闳《西学东渐记》)。但最后,曾寄圃的引荐仍遭容闳断然拒绝:"操业近粗鄙。"

"海龟"容闳并不拒绝西学,他的拒绝,是对一种职业的价值判断。

(四)

在这样的文化背景和民众心态下,徐润还能咬定青山十七年,韬光养晦熬出头,就不能不让人钦佩他过人的定力和超前的眼光了。

也许,献身经济的人可以不问政治。

经济在某些时候比政治更为强势,比如衰败的晚清。

大概当时绝大多数国人都不会料到,随着开埠通商的层层深入,西风东渐的势头如飓风横扫,上海人从心态到行为,都在发生着让人眩晕的巨变,对西方文明从拒斥迷茫,到膜拜吸纳的衍化过程,短暂得实非中国的其他任何一个区域可比,即使在当时对外通商的五口之中,其经济地位的攀升,也迅速地超越曾独占鳌头的广州,占据领先地位。上海的这种后发特质,尽管百多年来的解读叠床架屋,但似乎总也没人能说到点子上,所谓的"海纳百川",对于上海更是迹近于隔靴搔痒。

毋庸讳言,买办的地位之所以从遭人唾弃,迅速飙升到令人垂涎,首先就在于它的快速致富和无量前景。时人记载,作为贸易居间媒介的买办,常常"顷刻间千金赤手可致",不断上演着一幕幕一夕暴富的人间神话。晚近学人王水,在其《买办的经济地位和政治倾向》一文中,选取上海、天津等地十大买办,对他们晚清末期的家产进行估算,认为平均每人高达六百七十余万元。这种估算虽然粗略而难以给予实证,但却完全符合时人对买办的感觉。即买办属于公认的暴利行业,其执业者为各口岸城市"最富有的社会阶层"。曾任上海总商会会长的方椒伯凭借自己的亲历亲见,以这样的言词描述洋行买办的不可一世:"应酬场中,交际社会,大家捧买办,巴结买办……一当上买办,便可招摇摆阔,气焰之大甚于道台,所以买办有财有势,人人争以做买办为荣。"

如果不是真正的人类中坚,谁能抵御这样的诱惑?

方椒伯的描述可以从买办阶层的代表人物徐润身上得到验证。徐润从1861年担任宝顺洋行副买办,到1868年去职离开,在此短短八个年头中,这位昔日的商贾子弟、小学徒,不仅与他人合作,开设了名为宝源的诸多货号,而且向政府捐资买官,相继得到了员外郎和候补道的官衔。同治七年(1868年),攒够了第一桶金和大量人脉及政治资源的徐润,毅然脱离宝顺,自创山门。先是开办宝源祥茶栈,继而在浙江、江西、湖北、湖南等地增开茶号。同治十二年(1873年),徐润被直隶总督李鸿章委任为上海轮船招商局会办。其后,徐润又陆续办理过金矿、银矿、煤矿,创办了天津塘沽种植公司、香港利远糖榨公司与玻璃公司、山东烟台缫丝局、上海虹口伦张造纸公司、上海设景纶衫袜厂、广东香山同益种植橄榄松柴公司、上海华安保险公司……

多么绚烂而又令人神往的上海之梦啊!其身段影姿和纽约之梦有得一拼。

在翻天覆地的社会转型期,历史曾不间断地向人们裸露并提供过圆梦的温床。

在中国,上海可能就是一张最适宜的床。

人们需要做的,就是在这里着床,并寻找到属于自己的枕头,然后全力以赴地投入一场拜金之梦。

面对这样一种充满投机意味的拜金风潮的袭染,不能不对上海人的性格养成产生莫大影响。早在19世纪70年代的上海,时人津津乐道的社会时尚已被概括为:一耻衣服之不华美,二耻不乘轿子,三耻狎低身份的妓女,四耻吃价钱不贵的饭菜,五耻坐便宜的独轮小车,六耻身无顶戴,七耻看戏坐价格最廉的末座。

这样的时尚,和我们今天所见到的穿世界名牌,乘豪华轿车,养二奶三奶,住花园别墅,暴敛天珍异物,挖空心思买官鬻爵,竟是何等的相似乃尔。

以徐润为例,怎能不令"人人争以做买办为荣"?于是,行将走完全部生命周期的紊乱的晚清社会器官,弄错了生育的有利时节,"不适当地生了一些孩子"(柏拉图《理想国》)。这些被叫作"买办"的孩子,是一位风烛残年的高龄老奶奶和西洋健男杂交的产物——据统计,当时全国大约有数万人——因而是非常态的、畸形的。他们"倚徙华洋之间,往来主奴之界"。

徐润父子深刻地影响着上海人(以及各口岸城市)的观念行止,胚胎着开埠以后上海人与传统文明相割裂的新的价值观。

祸欤？福欤？

买办业的衰落始于20世纪初,第二次世界大战爆发以后,随着近代不平等条约的相继废止和租界的收回,买办一业终于寿终正寝。

大陈纸钞：为了迁徙的纪念

陈寒松

就像成群结队的候鸟一样，人有时也会因为某种原因，或为了达到某个目的，而进行大规模、有组织的迁徙。古时候的游牧民族，为了族群的生存，需要随季节更替和牧草的丰美进行迁徙。吉普赛人，有名的迁徙民族，自公元 5 世纪起其祖先便离开印度，10 世纪时为应对突厥人的入侵而再次迁徙，经波斯最终进入欧洲，自此再无折返。如今吉普赛人(或称罗姆人)分布在欧洲及全球许多国家，抑或是因为这样或那样的原因而背井离乡。1940 年，盟军执行敦刻尔克大撤退，至今仍是二战历史上最蔚为壮观的迁徙行动之一。九年后，经历了连年战火的中国亦正经历一场史无前例的人口大迁徙。

台湾作家龙应台女士曾在作品中动情地回忆她的母亲，以及许许多多同她母亲一样的人，在战争的迫近下仓促地离开家乡，或是去了台湾，或是去了香港，也有的漂泊至海外。她的母亲当时还只是妙龄少女，是浙江淳安人。她走的时候，没有任何怀疑地认为自己只是暂时离开，要不了多久就会回来。所以在那个可能下着南方绵密的雨的清晨，她也没有带上多少细软，甚至都没有多看一眼古城的城楼，就此离开。后来修建水库的时候，淳安老城全部被水淹没，而当年离开的女子，再未从那城门楼下走过。

龙应台的母亲或许只是那个年代动荡不安的迁徙中极其普通的一位。1949 年在内战中节节败退的国民党政府迁徙到了台湾，前前后后，陆陆续续，一同离开大陆去往台湾的军人、眷属、一般民众，总数甚至高达一百万人以上。此后的五十多年里，由于两岸处于分裂对峙状态，那些当年背井离乡的人们，在高山之上望我大陆兮，望不

"限大陈地区通用"的拾圆券

到,独留空悲怆。朝鲜战争爆发后,残余的国民党政府军队除台湾外,仅盘踞在浙江及福建沿海的部分岛屿,主要的据点有浙江的大陈,福建的马祖和金门。1955年1月,人民解放军首次陆、海、空三军协同作战,一举攻下了位于浙江台州椒江口外海的一江山岛。此时,以一江山岛为外围屏障的大陈岛及附属岛屿,一场激烈的战斗正风雨欲来。1955年2月8日起的四天时间里,台湾当局在美军的协助下,开始全面撤退上、下大陈岛,渔山列岛与南麂列岛等岛礁上的居民和部队,总计达28000余人。居民们全数被安置到台湾本岛,军人则移防到金门和马祖。蒋经国亲自指挥了这场撤退行动。

"限大陈地区通用"的壹角券

那是依旧寒冷的时节,海面上风劲劲地吹,局势吃紧,渔民们已无法再捕鱼。在家乡过完最后一个农历新年的人们,已经可以感受到气氛的紧张,狭窄的街道上店铺基本已歇业。元宵刚过(1955年2月8日为农历乙未年正月十六),首批撤退的军民就踏上了迁徙的行程,在南方等待他们的是另一个岛屿,有着不同的文化,讲不同的方言。在海上颠簸了几天后,比起几年前那永远到不了基隆的太平轮(1949年1月27日,太平轮由上海航行至基隆途中失事沉没,导致932人罹难,仅36人生还),他们幸运地抵达了台湾,劳顿而陌生。这批经历过战火,经历过历史跌宕的人们,带着对故土的不舍,可能再也没机会踏上大陈岛的海滩。又如同当时青春飞扬的龙应台母亲一样,许多人固执地认为他们会再回家。于是,匆忙地离开,匆忙地上船,又匆忙地在台湾落脚,能随身带走的终究只是少数,就连那用布手帕仔细地包好的钞票,在踏上台湾的那一刻,就被要求兑换成可在台湾流通的新台币钞券。多年后,除了当时官方留下的影像数据,谁也没有想到,见证当年这段迁徙史的记录者竟然是那些被要求收缴兑换的纸钞。

我端望眼前这套总共四种面额的加盖有"限大陈地区通用"的纸钞,似乎可以闻到海水的味道并感受到早春海面上寒凛的海风。我好奇它们曾经经历过怎样的转手:谁是第一个使用它们的人?谁又是最后一次用它们完成交易的人?这些人如果还健在,也应是古稀老人,他们在哪里?又是否知道曾经接触过他们肌肤和汗水的某张纸钞现在依旧存在于世间的某个角落,将所有往事封存?这套大陈岛曾使用的纸钞以直式印刷,和现在纸钞大多以横式印制不同,与同时期的新台币一样,均由台湾银行发行。面额共有壹角、伍角、壹圆、拾圆四种。票面正面上方印有孙中山先生肖像及台湾银行四个大字。下部是中文书写的面额和套花图案。在面额的左右两侧各有红色的加盖字"限大陈地区通用"。背面则是台湾银行大楼及台湾地图,另有加盖的两组红色"大陈"地名字样。四种面额均以不同颜色印刷,其中壹角券是橘色,伍角为草绿色,壹圆是祖母绿色边框配浅绿的底,拾圆则是深沉的藏青色配小米黄的底。

撤退中的大陈民众

　　大陈岛的居民们第一次拿到这些纸钞是在 1953 年的元旦。那时,朝鲜战争正在进行,大陈岛作为前线战地依旧笼罩着对未来很不明朗的空气。同金门和马祖一样,台湾银行开始在这些前线岛屿发行仅供当地流通的钞券,以在管理上同台湾本岛区分开来。于是,在印制好的整版整版的钞票上加盖了"金门"、"马祖",或是"大陈"的地名,并限制这些地名钞券同未加盖地名的普通钞券之间的互兑。加盖有"金门"和"马祖"地名的新台币钞券后来又多次随新台币改版,一直到 80 年代初期才渐渐退出流通领域。唯独那加盖有"大陈"地名的钞票,仅仅流通了两年两个月就结束了它的历史使命。当大陈人从抵台舰船的舷梯上走下来时,这些钞票已经被宣布作废,并限期收兑。因为流通时间短,发行量又小,收兑量大,因此能留存至今的加盖有"大陈"地名的钞票属于台湾纸钞收藏界的珍品,尤其是其最大面额的拾圆券,素有台湾纸钞收藏之票王桂冠,一直是纸钞收藏家们梦寐以求的品种之一。当年一套四种总共才 11.60 元面值的钞票,如今身价非同小可,若是拥有一套全新品相者，喊价新台币120万（约合人民币25万元左右）卖家也未必肯割爱。

物以稀为贵的道理在"大陈纸钞"不断走高的收藏行情上体现得很是到位。据说有台湾纸钞爱好者多年来追踪统计有编号及实物可查可考的"大陈纸钞"存世量，即便是存世量估计最多的壹角券，其已确认的数量也仅200余张，最少的拾圆券则仅有90张左右。然而"大陈纸钞"之所以能博得收藏界多年来的关注，同它背后所经历的故事有无法割舍的关系。那几天里，陆续抵达的大陈人，正经历他们人生中最重要的一次迁徙。在基隆港上岸之后经过身份核对、检疫消毒等措施后，等待被分配到全台各地，从北到南，从西海岸到东海岸，于是出现了一个个大陈人及其后代居住的眷村小区。直至今日，仍有若干处保存至今的大陈眷村散落在台湾各地，如台北县永和的五和新村，高雄市旗津的实践新村等。对大陈人来说，这是他们赖以生存的土地。对周围的台湾人来说，这些讲话口音难以听懂，生活习惯又不同的"大陈仔"为周遭的族群社会增加了多样性。于是，大陈的妈妈们将家乡的口味带去了台湾，台湾的妈妈们潜移默化地帮助大陈人融入当地的生活。这些能留存到今天的"大陈纸钞"，可能是曾经的迁徙者们对故土和这段迁徙的纪念。在下船的那一刻，在那几天里熙熙攘攘的基隆港码头，他们怀揣着这些与之共命运的钞票，渗透进汗水、糅合着不安、有些许彷徨和怯怯的憧憬，默默将其珍藏。即便在

蒋经国"巡视"当时设置在大陈岛上的"温岭县政府"

许多年后的今天,大陈人的后代或许已不能再流利地用大陈方言交谈,但这些纸钞时不时地提醒人们关于他们祖辈曾经经历过的跨洋远海的迁徙。

笔者曾看到某位资深的台湾纸钞爱好者介绍一张特殊的大陈拾圆券。其特别之处在于这张纸钞正面孙中山像下方依稀可见两行已经褪色的钢笔字样。其中一行字迹尚能辨认,写的是"攻打一江山纪念",下面的那行是落款,却已难以辨识。那行钢笔字,笔迹尚显稚嫩。据那位藏家介绍,他的这张藏品是辗转从香港一位藏家处所得。虽然从收藏品相上来说,这张被题了字的钞票已经要打些折扣,但这行字却让人联想到那可能是某位壮志豪情的解放军战士在"一江山岛战役"中得到的"战利品"。

蒋经国陪同顾维钧"巡视"大陈岛上街市

战争过后,这位可能当时尚年轻的士兵,就着煤油灯微弱的光线,认真且专注地一笔一画写上了这行字,并将它收藏好,成为激励自己不辱国家和军人神圣使命的精神力量。也可能这张钞票的命运也在此一刻被改变,不同于它的其他兄弟一路向南的迁徙,它可能跟随那名战士去向了祖国大陆,不知后来又如何辗转到了香港,最后又被另一位有缘人带回了台湾。这趟迁徙整整跨越半个世纪,看尽世间起落铅华,并且见证了两岸从对峙到缓和,进而互相合作,割不断的乡愁情结。对它如今的拥有者来说,曾经的迁徙岁月,飘洋过海,在钞票上留下纪念。而对曾经的战士来说,它同样是他人生中重要的纪念,他想必没有机会在奋战过的海岛上留下穿着军装的英姿与胜利的豪情,唯独因着这张钞票而为他自己,也为后人留下一段颠沛岁月里温情脉脉的记忆。

解放军战士将五星红旗插上大陈岛上的高地

2010年6月,浙江省省长吕祖

善先生率团访问台湾,期间还特地赴基隆港附近的某大陈人居住的小区走访。这个依山建立的小区经过几十年时光的洗礼,已显得相当陈旧。除了少数还留守的居民外,许多人其实已搬至更好的居住环境。沿着略显陡峭的山势阶梯,这处小小的小区隐藏在起伏的地势中,雨水淅沥,洗刷得瓦片泛着天光,盆栽植物生长茂盛。吕省长对他从未谋面的父老乡亲们,送去了来自故土的乡音。对睽违家乡多年的老人们来说,如今的大陈岛早已不是当年战火纷飞的前线,岛上发展起了旅游业,天气晴好的时候,有海钓爱好者组织搭船出海,收获亦都颇丰。在岛上原先的居民全部撤走后,中央和地方政府均多次鼓励人们上岛修复被战争破坏的设施,恢复岛上的建设。这些大陈岛的新住民从陆地上迁徙到这海岛,不辞辛劳地重新恢复了岛屿的活力。淹没在历史尘埃中的那段大陈岛撤退的往事,虽然作为那个时代大迁徙大背景下一段小小的插曲,也许还停留在老人沉静的眼神中,但它永远渗透在"大陈纸钞"和它背后的故事里,成为一种纪念,为了迁徙的纪念,为了曾经沉浮在大历史跌宕中的每个小人物的默默纪念。

远东最华贵的财富堡垒
——上海汇丰银行大楼

尤 乙

一

1845年11月,根据上海道宫慕久与英国领事巴富尔签订的《土地章程》,南起延安东路、北至北京东路的外滩地块,被辟为英商在沪居留地,绵延百年的租界历史由此起步。但实际上,章程签订之前,外滩已经出现了一些独立的英国式庭院,

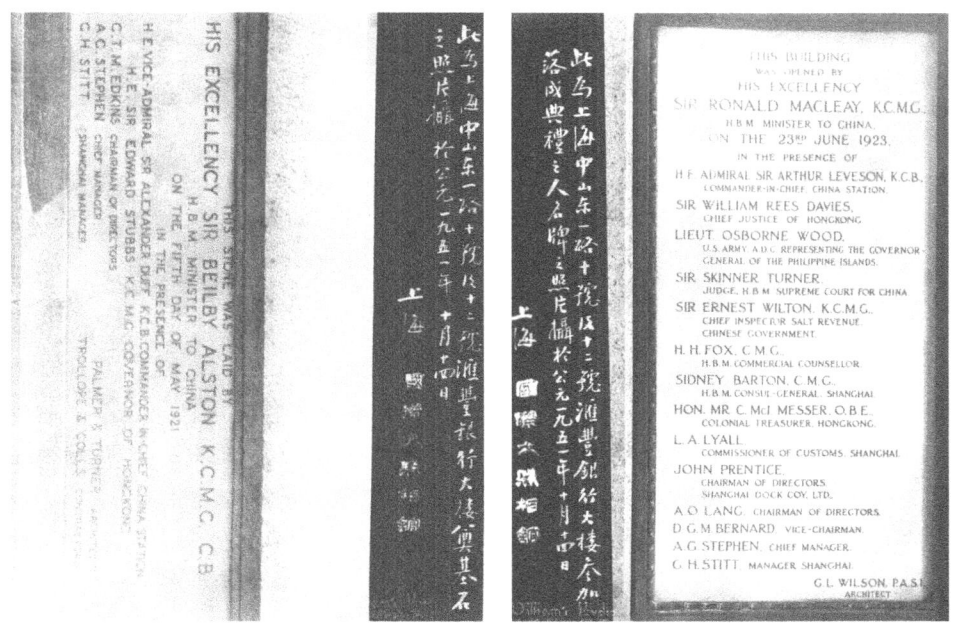

汇丰银行大楼奠基石　　　　　　　　汇丰大楼落成人名牌

汇丰大厅后部图书馆

汇丰银行大厅之一

皆为英商开办的洋行所建。这些建筑多为砖木结构,注重实用,外观相对单一,兼具住宅与商用的双重功能。此后两三年间,类似的欧式建筑在外滩渐成规模。到19世纪八九十年代,上海陆续出现了120多家洋行,且重要的几乎都集中在外滩,大兴土木遂成一时之尚。这些新起的建筑开始摆脱商住合一的格局,朝着专一的商用功能转移,内部结构开始向钢筋混凝土和钢框结构过渡,外观也不再拘泥于住宅式的大屋顶,变得参差嵯峨起来。一时间,新古典主义、折衷主义、芝加哥学派等风格各异的大楼纷纷破土、竞相争秀,时人惊叹:"崇楼杰阁,尽成海外之观。"

现存的外滩建筑群中,除少量外,大多建成于20世纪一二十年代。其中,身量不高,但体态极尽雍容奢华的原汇丰银行大楼,直到今天,依然被认为是西方近代文明最杰出的摹本之一。

二

说到汇丰银行,大家应该都不陌生,因为直到今天,它依然是全球最大的跨国银行集团汇丰集团的核心成员。汇丰银行的全称叫香港上海汇丰银行,1864年由在香港的英国航运、贸易、工业企业中经营银行业务的怡和、沙逊、旗昌等10家洋行发起成立。紧接着,上海分行便于1865年4月3日开业。最初的办公地点设在南京东路外滩的中央饭店底层,即今和平饭店南楼旧址。借助于"日不落"帝国的坚船利炮,汇丰在中国的业务突飞猛进、蒸蒸日上,迅速扩张为英国在远东地区最大的私营金融机构。据记载,清政府在1874年至1890年间举借的26笔外债中,汇丰独占17笔。在旧中国,汇丰不仅有权发行货币,1911年和1913年,还分别取得了当时中国关、盐两税的存款权;中国的一些王公贵族、官僚富商,也视汇丰为最安全的庇护所,把搜刮来的民脂民膏存入其中。衡量一家银行的业务,顶要紧的就是存款额。有了稳定的存款来源,汇丰的腰杆日肥夜壮。到1928年,汇丰向清政府和北洋政府的放贷已达3.5亿多两白银,旧中国的金融命脉尽在其把握之中。

汇丰银行大厅之二

汇丰大厅内走廊

汇丰大厅内营业柜台

据1932年的统计，汇丰的存款量达93亿港元，几乎是当时146家中资银行全部存款的一半，整个远东首屈一指。在1938年以前，旧中国仅有的16条铁路中就有9条的经营权为其所掌控。

随着业务的做大，汇丰在上海的办公地点屡屡扩容。1874年，以白银6万两在外滩买下海关大楼南面的西人俱乐部的房屋和大草坪，改建成3层楼。1921年，又以每亩4000两白银的价格买下南边11号的别发洋行和10号的美丰洋行的房产，将老房拆除后开始兴建留存至今的新大楼。

1921年5月5日，汇丰银行大楼开工，白公和洋行负责设计，德罗·可尔洋行承建，历时25个月，于1923年6月3日竣工。大楼占地9338平方米，建筑面积23415平方米，耗资达1000万银元，差不多是汇丰银行两年利润的总和。

太平洋战争爆发后，日本横滨正金银行侵占此楼。四年后，日寇缴械雌伏，汇丰银行重返原址。

汇丰银行八角厅

三

汇丰八角厅穹顶壁画

汇丰银行大楼甫经建成，即被英国人自诩为"从苏伊士运河到远东白令海峡最华贵的建筑"。这是一幢仿古典主义风格的庞大的矩形建筑，占地面积和建筑面积均居当时外滩建筑的首位。大楼主体五层，中部七层，地下一层，一楼四面有夹层。大楼正门与中部顶端蓦然耸起的半球形希腊式屋顶，挑出明显的中轴线，标志感分外强烈。以中轴线为界，大楼南北两侧严格对称。主立面外墙采用巨大的花

汇丰八角厅上部浮雕

岗岩石块镶饰,两道粗犷的横行线条在二、四层楼间通体横贯,层次分明,韵律十足,在视觉上给人以粗犷、稳固、典雅、庄重的多重感受。横行线的居中部位增加了六根爱奥尼克立柱,以单、双、双、单的方式排列,立柱背后的墙面则大块向内凹进,使整幢大楼富于变化,既严格对称,又错落跌宕,立体感尤其强烈。底层三门并立,门框上端砌成圆弧形的罗马石拱状,犹如隆起的天穹,神秘幽邃;六扇花饰细腻的铜质大门掩身于石拱之内,撩拨着世人强烈的深窥之欲。

进入大门,是八角形门厅,上面为穹顶,从地坪到顶部,高挑20米;分上下两个断面层,下层断面是构成八角厅的8根大理石立柱,上层为券门。从八角厅入内是1500平方米的营业大厅,屋顶为巨大的玻璃天棚,皆以小块彩色玻璃镶拼而成,承重由两排大理石柱担当,这些石柱均以整块大理石雕凿而成,为当时亚洲独例。大

黄浦江边的汇丰银行原址

厅中央铺设柚木地板，四周则以大理石坪环绕。墙沿底部还暗敷冷暖排风设备。

据载，这幢纯英国式的建筑物当年开工时，却专门延聘了中国风水师，从择日、破土、建运、坐向，到内里布局，俱按中国传统循例而行，并在地基下埋设压胜钱及各国银币，同时在房梁、楼角等暗处也安放了特地铸造的"上梁钱"。同样出于风水的考虑，大楼建成后，又将两尊专门从英国定制的青铜狮，安放于大楼正门前，作为镇兽，镇守出入煞气。其中张嘴吼叫的叫史提芬，以当时汇丰银行香港分行总经理 A. G. Stephen 的名字命名，另一尊叫施迪，取自当时上海分行总经理 G. H. Stitt 之名。1935 年汇丰银行仿照这两尊铜狮又铸造了两尊同样的狮子，安放于新建的香港皇后大道中 1 号汇丰银行总行大楼前。抗战期间，日本曾于 1943 年物资紧张时，试图将两地的铜狮运回日本熔化取铜。香港汇丰银行的两尊铜狮，和维多利亚女皇及香港总督戛臣的铜像一起，的确已被拆卸下来运往横滨，存放在码头仓库。但没来得及回炉，1945 年日本业已投降。后被美军发现，麦克阿瑟下令将其又运回了香港。上海汇丰银行的两尊铜狮虽遭日军锯割，但不知何故没能卸走。1966 年"文化大革命"爆发后，这对铜狮被上海市文管会移至上海滑稽剧团仓库，现存于上海历史博物馆，可供游人参观。1997 年浦东发展银行获得汇丰银行大楼的使用权后，曾希望将原狮移回银行，但未果，后由浦东发展银行出资仿铸了两尊新铜狮。因其连铜狮背部的日寇锯痕也一并拷贝，仿真度极高，几可乱真。

汇丰八角厅壁画

四

1997 年，上海市政府为重建外滩金融一条街，主动迁出大楼，浦东发展银行通过置换，成为了大楼的新主人。在此之前，汇丰也曾有过重返故地的打算，但终因价钱谈不拢而告吹。浦东发展银行遂掷下巨资，对历尽沧桑、内外俱损的大楼进行彻底整修。当工匠们除去覆盖在八角厅穹顶及环壁上厚厚的涂料时，竟意外地发现了多幅大型彩色壁画。这些壁画均以着色马赛克镶拼而成，表现的内容宗教意味浓郁，一望而知非西洋莫属。

汇丰银行大楼内发现被人刻意覆盖的西洋壁画的消息，很快便经新闻记者的生花妙笔传播开去,极大地挑逗起市民的好奇心:究竟是谁、在什么时间、为什么要将这些壁画刻意涂盖?是为了躲过"文革"浩劫,还是出于文化无国界的博大情怀?众说纷纭,天机莫测。银行方面也有意推波助澜,似乎壁画背后一定藏有宏大背景,故意放出风来,不惜远赴英伦,也要穷根究底。一起超国界跨时代的文化大事件仿佛呼之欲出,然而事实却远没有人们炒作得那么复杂。

1949年以后,汇丰银行在华各分支机构停业,1955年上海分行设立清理处,和麦加利银行一同迁往圆明园路兰心大楼,新生的人民政权将中山东一路10至12号大楼收归国有。1956年5月1日,上海市人民委员会(即市政府)发布公告,决定将办公地点正式从江西中路215号迁往原汇丰银行大楼。

据档案记载,为使这幢建筑适应政府机关办公的需要,市人委机关事务管理局于1956年1月开始,对其内部设施和部分建筑进行了长达三年多的修缮和改建。包括拆除底层前后两个大厅原有的营业柜台、补铺同式木质地板、对"彩色图画加以油漆"、"八角亭圆顶改变色彩"等等,"使之改建为适合于会议、宴会、舞会和机关内部文娱晚会使用"。全部预算53572元。动工之前,机管局还专门委托上海国际大照相馆,对其原貌进行了拍照留档。除了建筑物使用功能转移等原因外,决策者之所以这样做还有一个更重要的理由,即"铲除帝国主义侵略遗留下的残骸"。诚如鲁迅先生所言:"公道和武力合为一体的文明,世界上本未出现。"刚刚从血与火的厮杀中崛起的共和国,没有理由也没有义务保护伴随着武装侵略进入自己家园的异国文化。此举既顺乎民意也符合当时的意识形态。尽管随时光的流逝难免觉得昨非而今是,然而此一时彼亦一时,历史的逻辑就是如此刻板,并不为人们的意志所转移。

这些壁画均以彩色马赛克为材料,分别镶嵌在八角厅穹顶和上层壁面。穹顶上的大型壁画幅面达200平方米,堪称巨制,内容取自古希腊神话。画面中心为巨大的太阳和月亮,并嵌有"四海之内皆兄弟"的英文字样,周遭有太阳神、月亮神、谷物神相伴。画面外圈的12个星座分别对准穹顶下的8幅大型壁画。据称这些壁画当初均出自意大利工匠之手,技艺甚为了得。浦东发展银行在修复时将画面中的汇丰银行标志改成了自己的标志。

壁面上的8幅壁画每幅宽4.3米,高2.4米,图案分别是汇丰银行当时在全球设有分行的8座城市,依次为上海、香港、东京、伦敦、纽约、曼谷、巴黎、加尔各答。每幅壁画都分别以这些城市所属国家的神话人物、自然地标、标志性建筑物、国旗等组成,例如上海的图案主体为中国航海的保护神妈祖,两侧为象征长江和东海的神话人物,背景为上海外滩。东京的背景为东京皇宫外壕、霞关官厅建筑群和富士山,纹饰为日本国旗和皇室旗。伦敦的构图中有泰晤士河、威斯敏斯特宫、圣保罗大教堂。纽约的主体人物无例外地属于自由女神。曼谷有湄南河和曼谷王宫。巴黎则首推倡导"自由、平等、博爱"的法兰西共和女神。

抵制美国货：100年前的华洋冲撞

海巴子

2010年10月,洛杉矶著名脱口秀演员罗素·皮特斯(Russell Peters),在他的新节目中,加入了这样一个桥段——说他在上海某商场买鞋子,因为柜台里找不出适合他脚的鞋子尺寸,于是提出这样一个问题:"怎么会,全世界的鞋子不都是你们中国制造的吗?"引得现场观众哄堂大笑。显然,他的这段调侃,恰好印证了中国商品在美国人心目中的形象。

2005年圣诞节,美国财经记者萨拉·邦乔妮突然发现,自己被无所不在的中国制造的商品包围着,从电视机到网球鞋,从圣诞树上的彩灯到婴儿摇篮里的毛绒娃娃,从DVD到阴雨天出门必备的雨伞……她清点了一下凌乱地堆放在起居室里的那些物件,总计为67件,其中来自中国的商品占45件,非中国制造的只有22件。如此众多的"Made in China",让她既感无奈,同时又触动了她作为一名记者的职业敏感,于是,她下决心要过一年"没有中国制造"的生活,并于2007年出版了她的第一本书《没有中国制造的一年》。

100年前,美国病态地实施排华政策,这是当年的排华宣传画

在开始这场实验之前,邦乔妮并不知道,早在此前的一百多年,她的美利坚先辈们就已经尝试过类似的"努力",那就是美国国会通过一项决议案,根据美国《国会档案》记载的第四十七届国会第一期会议记录,那些企业主出身的议员要"在十年之内,拒绝任何中国工人入境";当时的总统西奥多·罗斯福在议会的发言中,如此表达他的这种傲慢:"中国工人不应该与我们自己的工人竞争……廉价的劳工也就意味着廉价的公民资格。"

1884年美国出台的《排华法》封面

一百多年来，中国社会的前行之步，无论走到哪个环节，或是臣服或是抗拒，一轮又一轮面对外来势力的种种袭扰和利诱，华夏子民们总会在欲拒还迎、纠结不断的内心驱使下，渐渐让民族情绪占了上风，使百年来的中国贸易史磕磕绊绊。萨拉·邦乔妮在她的《没有中国制造的一年》出版序言中，作了如下描述：

……直到现在我才知道，从波士顿的"茶党事件"（1773年发生在美国波士顿的抵制东印度公司垄断茶叶贸易的运动），到1884年美国国会通过《基瑞法案》（1882年"排华法"的修正案，允许美国暂停华人劳工入境移民，该法适用于一切华人而无论他们的国籍为何，法令时限十年；1892年，该法被延长十年；到1902年更被取消了时限），从1904年美国国会驱逐中国移民，到21世纪中国的大小老板们坐镇纽约时代广场推销商品，中国人总是以那种持久而不屈的抵抗，对一切进行抗争……至少在今后十年内，我也许不会再有勇气去尝试不用中国货的日子了。

徐宏九，上海某中学的退休教师，现年71岁。他回忆起祖父徐士昌带着年幼的自己"阳台上晡太阳"（沪语：晒太阳）时，唠叨他当年在英租界商务处任执事官时，是如何加入到抵制美货的"运动"中去的，祖父用感叹的口吻告诉孙子："那是一桩蛮闹猛的事体啊！"

自20世纪初开始，中国历史上的三件大事：辛亥革命、抗日战争与新中国建立，关于舶来商品或洋夷人群，似乎都与这样一种民族情结与纷争脱不开干系，它犹如整个国家历史这锅五味杂陈的乱炖中必不可少的佐料一般，如影随形。也差不多一百多年之前，中国人开始知道大洋彼岸有一个叫做美利坚合众国的地方，当时上海的绅士们还称之为"阿美利加"。人们对那个地方的感觉是又爱又恨。美国货穿戴上身，总能让那些绅士们感到身价陡增，而同时，中国人在那个地方又受到了很多不公正的待遇，最要命的就是针对华人移民的抵制。特别是到了1904年，当美国国会就永远驱逐中国移民的议题，在国会上大声辩论的声音传到中国后，中国人愤怒了，决定抵制美国货——时间从1905年开始。

美国人承认得罪了中国人

早在20世纪头一个十年开始,上海的商人阶层逐步在社会上具有了一定影响,并开始兴味盎然地涉足社会与历史舞台。1905年5月初,《苏报》一则消息触动了这些商界领袖的政治神经:"美府无端沿用国内律法,未究原理,敕令赴该国之数百筑路华工限日离境……在美华人递交疏文以示抗拒。"

消息如春夏之交满天飘洒的柳絮一般,纷纷游走于沪上的大街小巷。这天,徐士昌和其他一些商界人士得到通知,1905年5月10日(另有文献记载是5月12日)上午,一千多名广东商人齐聚广肇公所,据《光绪卅一年中美公约风潮》(张存武著)对这次聚会的描述:一位曾经在美国居留过的华人凌潜夫,向听众讲述了很具煽动性的美国人如何虐待在美华人的故事;另一个叫方守六的演讲者,曾是中国参加1904年圣路易斯博览会的一名中国代表,他述说和抨击了美国政府歧视中国大清政府代表团的种种劣行,其中包括美国海关官员怀疑中国代表团成员内混有非法劳工,并勒令每人必须提交500美金的担保费方能放行;更有甚者,假如展会期间中国代表团的人有事需离开展馆区域超过48小时的,就必须提前向美方提交书面申请、报备,否则,将会被驱逐出境。

聚会最后商讨了如何策应在美华人的这场抵制活动。结果作出三项决议:(1)华人不与美国人有任何工作关系往来;(2)已经在为美国公司工作的华人,应当立即辞职;(3)所有华人应当积极响应

1906年刊登于《美洲时报》的漫画:大清帝国驻美公使向美国政府抗议排华暴乱造成的生命财产损失,傲慢的美国官员不予理睬

号召,抵制美国商品在中国市场的流通。这一结果传出,让美国人终于后悔自己曾经对待华人的态度是多么的愚蠢。

这场聚会的意义,不只是间接或直接导致数年后中国爆发的那场持续半个世纪的民族、民主革命,更要命的是从那时起,美国人突然意识到,他们在广大中国人的心目中,美国人和美国货再也不"美"了,从老百姓的情绪上看,这个阴影还会长久存在,中国人不但开始坚持不吃美国面粉、不吸美国香烟,而且在之后,但凡每次

百年前，华人的孩子手执美国星条旗

爱国热情被某个政治运动激活的当口，无论是商人还是学生抑或政党纷争，大家总爱拿美国人、美国货说事！

导致中国人采取如此激进的方式，实在也怪不得中国人。就连老罗斯福总统后来也不得不承认，"美国人开始在那片大陆上行动得很艰难，这都是美国人自己的愚蠢所造成的后果"。

中国人抵制美国货的深层目的并不单纯指向美国货，这是一场意义更为广泛的抗争，他们以这样一件跨国纷争，开始向帝国主义说"不"！他们憋了整整半个世纪的怒火，在这一刻爆发了，并打算为了尊严大干一场。只不过，当时中国人手里的办法不多，而义和团式的排外，造成的严重后果只有中国人自己去埋单。

到了 1905 年，中国人需要一种比义和团式的排外来得更老练、更成熟的手段。他们准备争取一次至少在表面看来还算风光的胜利，哪怕是经济领域的微弱抵制，

百年前，华人的孩子走进美国人的课堂

来鼓励当时国内爱国热情的飙升——针对美国货的抵制,可说是适逢其时。

老罗斯福的炫耀只维持了片刻

持续近一年的日俄战争停火了。美国第二十六任总统西奥多·罗斯福的女儿爱丽丝·罗斯福正在中国大陆享受她的东方之旅。1905年夏天,这位总统千金正在上海逗留,突然接到父亲的来信,踌躇满志的美国总统在信中不无炫耀地大谈自己的外交天才,他认为,发生在中国土地上的"日俄战争"最后终于取得媾和,其功应该书写在他和汉密尔顿(时任美国外交部长)的功劳簿上。

百年前美国华人的生活写照

此前一年,一场绝无仅有的战争正在中国大地上开打——日本与沙皇俄国竟在中国的土地上,为了争夺中国的利益打得不可开交。如今,能让这两个似狼如虎的暴徒安安静静坐下来谈判,这在47岁的罗斯福总统看来,不啻完成了一桩史无前例的壮举,要知道,对于当初在整个远东地区还没有多少发言权的美国人来说,这次能成功地介入一次国际争端,将日俄两国拉到了谈判桌前,帮他们重新划分中国东北的"势力范围",是何等了得的一件事!而当时的国际舆论也一致赞扬罗斯福;因为成功调停了日俄战争,在夫人伊迪斯的帮助下,老罗斯福甚至还捞取了1906年的诺贝尔和平奖。

此时此刻,他正期待着女儿能在回信中转述一下来自中国人对自己的致谢——至少在他看来,中国人应该感谢他。但事实恰好相反,他的女儿收获的,非但不是中国人的感谢,而是愤怒。

此刻的中国,正掀起一场针对美国货的抵制运动。来自大洋彼岸的排华法,让中国人蒙受了奇耻大辱,须知,那场从 1882 年就已开始执行的排华法,到这时已持续了 20 多年。

火柴盒上的"振兴国货"口号

起初,中国政府还一厢情愿地认为,排华法只是限制华工,而不是禁止其他身份的华人,因为美国政府保证过:对已经在美国合法居留的华人给予最惠国民待遇。但事态发展到后来,不仅华工遭排斥,上等华人也屡遭骚扰和侮辱。1903 年,中国驻美武官谭锦镛被旧金山警察侮辱后自尽。消息传开,中国人,尤其是知识阶层,很难再把美国排斥华工当作移民自己的事。尤其到了 1904 年,面临大选的西奥多·罗斯福为赢得占全国选民 37% 的西部选票,也加入到排华的行列,大声承诺"赞成国会制定新的华工问题法案"。

爱丽丝在给父亲的回信中描述了当时在广州城遭受的一幕。

那是由一幅漫画引起的。为了表示对这个美国姑娘的不友好和抵制,发行量极大的《博闻报》刊登了一幅漫画,名字叫《乌龟抬美人》。1905 年的夏天,这幅漫画在广州城里一时变成了很多人谈论的话题。意思就是说,那些伺候美国总统女儿的轿夫,都是乌龟。而乌龟这个形象,在中国人的心目中就是辱骂。

虽然在此之前,来自中国的抵制声音始终不绝于耳,但唯有这一次来自女儿的真实描述,让西奥多·罗斯福真正开始关心,中国到底发生了什么?

要知道,在此之前,美国人在两国关系中收获的始终是友好,如今,他们终于听到中国人说"不"的声音。

1905 年"日俄战争"硝烟散去,日本人战胜了俄国人。也让所有中国人觉得,小日本能够打败老毛子,无意中给华夏子民指出了一条新路。也就是这个原因,20 世纪初的中国人,对于日本社会的发展模式羡慕不已;这股情绪弥漫开来,在中国人看来,日本人能够在瞬间变成一个现代化国家和世界强国实在是太值得钦仰了,而当时的中国,似乎也该干点什么。

此刻,晚清政府对美国似乎也表现出了某种失望情绪。根据经验,他们觉得美国不像那些帝国主义分子腐败、堕落,美国人的形象是诚实和公正的,而且是时刻准备帮助中国的。他们希望通过长期努力,来企求美国帮助中国在国际上遇到难题时支点招。因此,在签署了《辛丑条约》而引发的庚子之乱后,光绪皇帝最先想到的,就是给罗斯福总统写信求助。但渐渐地,中国政府却发现,每当需要国际援助的时候,美国人高谈阔论式的友好言辞,并不能给中国带来任何实际好处,罗斯福总统也并不真的关心中国人的遭遇。

政府的微妙态度当时似不可查,但从当时的年轻人身上,却能看出人们在实际行动上效法东瀛——那一年,包括蒋介石和鲁迅在内的一批年轻人,都选择了东渡日本。

正是从1905年开始,美国人失去了中国人的信任,到了5月,上海商人关于抵制美货的号召,迅速赢得了中国人的广泛支持。

抵制美国货,上海商人先发飙

徐宏九说,他的爷爷徐士昌直到全国解放,身边始终收藏着一份报纸,那是上海1905年5月的一张《时报》,关于那段历史,这张报纸有很清晰的记载。

宁波抵制美约社成员合影。1905年7月,"抵制美货"运动进入高潮,各地相继成立"争约处"、"拒约会"、"抵制美货公所"等

1905年5月,中美关于《中美华工条约》的续约谈判桌移到了北京,此前,中国人始终找不到强烈抵制的理由,而这一次,商人开始试图通过来自社会的声音给谈判桌上的局势施加一些影响。

4月底的时候,一些北美华商给成立不久的上海总商会发来一封告急电报。这份海外来电,旨在期望国内的民众"搞点动静来",用抵制美货一类的手段迫使美方改变对华人的政策。5月初,上海的媒体开始为抵制造势了,《时报》大声疾呼:"中美工约的签订,事关全国之荣辱,人人之切肤,当策群之力以谋抵制。"

这些无疑促进了国内商人集团的觉醒,他们终于看到,美国的排华政策不只是针对劳工,还将针对商人和知识分子。在5月10日,上海商业会议公所改名"上海总商会",新产生的商董在会议上,一改先前保守、谨慎的商人组织的面貌,义无反顾地作出了抵制美货的决定。会后,商会通电全国,以两月为期,迫使美国政府改良禁约。

起初,商人没人愿领衔向全国发出通电,因为他们很少相信抵货运动真的能够如期开始。最后,专司大米、海味等生意的福建人曾少卿,偕时任清政府商部右参议、同时也是上海总商会顾问的杨士琦等人挺身而出,以"相戒不用美货"为题,领衔通电全国。

上海的消息传出,很快引起一些美国人的关注。美国亚洲协会最先作出反应,该会主席约翰·福尔雷德(John Furled)在5月16日给罗斯福写了一封信,建议尽快修改美国法律或订立新约,允许工人以外的华人自由进入美国,以避免中国人对美国的抵制继续升级。

对于中国人的抵制情绪,是罗斯福始料未及的。据《革命中的中国商人》(芮玛丽著)一书记载,起初,罗斯福敦促国会采取一些常规的步骤,一方面制止虐待在美华人的现象,一方面要压服中国人的反美情绪。他不愿看到中国人以不敢施加于英国、日本和俄国人的办法来对付美国商人。现成的炮舰政策决不能放弃。此刻,美国的亚洲舰队就停泊在上海附近,为美国公使的抗议提供强大的后盾。

抵制运动席卷中国。6月初,美国传教士兼汉学家柔克义受罗斯福委托赴中国任专使,并在北京见到了外务部大臣庆亲王奕劻,要求他代表政府明确表态,制止这场针对美国人的抵制运动。柔克义对中国的历史了如指掌,很清楚像奕劻这样一位内政外交没有多少创见的权臣,对于这个国家正在发生的一切将束手无策。清政府的态度模棱两可,他们一方面试图利用这种沸腾的爱国情绪向美国人施压;而另一方面,他们对于此类自下而上的运动,缺乏把握,畏之如虎。

时间到了7月,在中国主要商埠,特别是华中、华东和华南地区,抵制美货运动已形成高潮。但罗斯福此时倒很理智,在他事后的著述中,倒也承认抵制华工"应归咎于我们自己的错误行为和愚蠢举动"。他还收到美国驻上海领事(香港总领事)孔气(C·A·

圣路易斯博览会中国代表团的出入证

Skatschkoff)的一份机密报告,得悉英德两国故意在中国制造反美情绪,排挤美国势力,以收渔人之利。他担心出现更糟的局面,但除了继续迫使清政府出面进行镇压外,又别无他策。可是清政府不仅不理会美国的要求,反而寻求订立新的条约。这种态度使罗斯福"非常不满",他说自己比历史上任何一位总统对美国人的态度都要强硬,但仍无法使国会同意"给中国人公平待遇"注。

到了7月,上海商人两月期限的抵制美国货运动已到,是该兑现之前诺言的时候了。但在抵制美国货运动真正展开的时候,中国的商人却遇到了运动成本的高昂难题。

1905年7月18日,上海商界、学界召集市民大会,宣布抵制美国货运动开始。大商人签字不订美国货,老百姓高呼保证不买、不用美国货。

徐宏九的爷爷告诉他,老百姓抵制美国货的热情空前高涨,就连"太太小姐还有小囡们"都加入了抵制美国货运动的行列,许多店家和市民登报保证不买卖美国货,一些存有美国货的小本经营的烟纸店将存货暂时束之高阁。

但不久,现实问题就来了。在刚开始时,所有参与者都没有对这种抵制成本做过估算,时间一长就有点傻眼了:库存的美国货怎么办?即将源

西奥多·罗斯福

源不断到来的已订美国货又该怎么办?抵制运动必然遭遇成本问题,况且还不是一个小数目,据美国驻上海领事估计,当时仅上海一地的存货价值就高达800万美元。对于大老板而言,他们是这些存货的直接所有者,如果不卖,他们将付出惨重代价,特别是那些专营美国货的大商人,更是面临倾家荡产的风险。因此抵制美国货运动发展到7月20日,上海棉纺业老板在上海总商会进行集会,大家第一次对抵制运动的手段是否可行,开始出现了意见分歧。

一部分商人,如徐宏九的爷爷徐士昌所在的英租界商务处所代表的那些大商人,因为不代表美国人,所以纷纷请求得到政府和商会的帮助,要求"疏通"并售出手中的存货。与大商人不同,小商人们抵制态度鲜明,立场坚定,还明确指出,"疏通"就是干扰和破坏抵制,就是开时局的倒车。一位名叫金梅的复旦女学生,在集会上大声演讲,引来坚决抵制一方的高声欢呼和响应。第二天的《时报》上报道此事时,又让社会的呼声压过了商人的"亏本"哀嚎。

注:[美]西奥多·罗斯福:《在西部的胜利》。

一方面，社会抵制之声一浪高过一浪；另一方面，商人的利益无法获得补偿。如此一来，参与运动的人群出现了分化，大商人率先退出了运动，甚至暗中破坏。如基督教徒、教师马相伯等人曾打电报给两江总督周馥，要求清政府镇压反美抵货运动。

如此变化，美国人也能看到：最初的运动是由那些发生直接利害冲突的商人推动，且得到清政府的默认，但到了 8 月 26 日，柔克义向美国政府报告说，运动的主要推动者已经开始被那些"无责任感的学生"操纵了。

8 月 31 日，清政府的骑墙派停止了观望。他们与美国达成默契，前者答应迅速扑灭反美运动，美国则允诺修改排华法。政府的明确态度对于抵制运动无疑是一个不小的打击。此后，大多数商人退出抵制阵营，运动转由学界中人领导。

抵制美国货，从上海妥协到广州热情

这时，国内抵制运动的中心已经从上海转到了广州。罗斯福得到消息：广州人对于美国人很不友好。

广州人抵制运动表现出的持久热情，不仅让罗斯福吃惊，也让清政府目瞪口呆。因为广东是美洲移民的主要输出地，当地的老百姓对美国的排华政策感受更直接，抵制也就更积极。

到了 9 月，抵货运动仿佛就只成了学生的事情。《北华捷报》(North China Herald)将这一报道焦点从抵制美国货，开始慢慢转移到学生身上，热衷于报道"环球中国学生会"一类的消息，其中的一篇报道如此描述："两位学生装束的年轻男子进到商店购买几盒英国制造的肥皂，随后他们发现了难以容忍的一幕：那家商店里居然还在出售美国香皂。他们迅速告知店员，说他们绝对不会购买还在出售美国货商店的任何东西。"

一波未平一波又起，令罗斯福始料不及的是，抵制运动方兴未艾，新的麻烦接踵而至：《胶济时报》9 月 14 日报道，驻扎青岛的一名美国海军军官在崂山打猎时，开枪误杀一名中国妇女；在广州，有几个美国传教士被杀害。到 10 月底，《申报》报道了一则因为华人在法租界内抢夺自来水而与外国人发生冲突，导致数人伤亡的新闻。这些流血事件出现在如此关键的时刻，无疑增强了中国人的仇美情绪，越来越多的人开始担忧，中国人是不是又会跌入义和团战乱的边缘？

这个时候，广州人却表现出了少有的克制，他们明确表示，需要一场非暴力的抵制，而不是热闹的流血。

12 月，罗斯福在每年一度的国情咨文里，把中美之间发生的纠葛归咎于美国民众。他说，"这个国家对待中国人民极不公正，严重侵犯其权利……我们如待人不公正就不能得到公正的待遇。"

在无法撼动美国国会排华政策的同时,罗斯福的这些话成了对中国人的最大安慰。消息通过报纸传回国内,中国老百姓容易满足的脾性再一次胜出,到了第二年的春天,抵制美货的运动逐渐结束。

尽管中国人在海外一再遭受排挤的巨大阴影从未真正散去,但美国人从此似乎一直在寻找一种更为折衷和良善的表达方式。1908 年,美国国会通过罗斯福的咨文,将美国所得"庚子赔款"的半数退还给中国,作为资助留美学生之用;在他卸去总统职务离开白宫之前,他又发表了《中国的觉醒》这样的令所有华人倍感扬眉吐气的文章,将"中国人新的民族精神"大大赞扬了一番。然后,1946 年,他的侄子小罗斯福(二战时期被誉为国际政治舞台上的重要领导人之一)总统取消了《排华法》,终于纠正了他叔叔西奥多·罗斯福的错误。其实还在 1943 年,小罗斯福就给国会写过信,他说:"国家和个人一样,也会犯错误。我们要有足够的勇气承认过去的错误,并加以改正……通过废除《排华法》,我们就可以改正一项历史性的错误。"

1949 年,当中共在大陆赢得胜利,所有的美国观察家都在惊呼"美国将永远失去中国"的时候,一位传教士站出来给出了答案,他说,事实上美国人早从 1905 年就失去了中国。之前,美国是中国人最喜欢的国家,此后我们是他们最憎恨的人……这便是被毛泽东写进檄文的人物,司徒雷登。

结语:盘点百年的抵制冲撞

从 1905 年开始,中国人开始越来越频繁地动用起"抵制"这个武器:从 1905 年爆发的抵制美货运动到 1919 年顾维钧在法国拒绝在《凡尔赛和约》签名;从 1925 年五卅惨案日本人枪杀中国工人顾正红等人,到 1931 年九一八事变东北沦陷,再到 1932 年一二八事变十九路军沪上抗击日寇……所有的重大历史事件背后,无一不夹杂着"抵制"的浪潮。以至于美国记者埃德纳·李·布克 1931 年就在《时代周刊》上撰文称,中国是"抵制活动的老手"。

但正如众多历史研究者所指出的那样,抵制洋货尽管成为中国人一种常用手段,但从它的效果来看,无论发起者的初衷有多么的壮怀激烈,但最终大多是在扼腕中不了了之。

1905 年抵制美货,虽然短暂地限制了美货的消费,但却让日本和德国厂商的市场得到了扩大。抵制结束后,美货销量因前段时间刚性需求受到的压制,反而成倍增长。据日本史学家菊池贵晴所作的一份统计:日本在对华出口总额上,1909 年至 1929 年达到了最高峰,甚至在抵制日货最激烈的 1919 年和 1925 年间也未消退。这一悖论表明,抵制洋货行为引发的后果,远远比公众想象的要复杂得多。

近代中国的社会运动总离不开这样一种模式：为了某种诉求，学界和商界短期内因民族主义情绪而在抵制问题上结盟，但随着运动的深入，商人开始无法承受损失。货物短缺、物价上涨等因素，会加剧民众的不满，导致学生和商人的纠结不断。一场原本在于抵制帝国主义的运动，大多最后演变为"爱国学生"与"奸商"之间、"国货拥护者"与"洋奴买办"之间的持续内斗。

即便抛开各种情绪化的矛盾不说，单说抵制洋货过程中的具体操作，也有各种无法化解的技术障碍。1928年，国民政府曾经颁发了"国货"的标准，标准分为复杂的七类。而遍查史籍，根本查不出这一标准被真正严格执行过的确凿证据。国民政府期间，也没有设立过执行这一标准的职能部门。须知，一种国家级的标准制定后，需要投入大量的人力、物力和精力对全国大小企业的资金股份、管理方式、原料性质、技术手段以及劳动力组成等问题进行复杂的甄别，而企业的状况每时每刻都会发生变化。也就是说，一项标准的制定，是要仰仗执行标准的部门进行永无止境的持续工作才行，否则就谈不上区别国货和洋货，抵制洋货就成为一句空谈。对企业而言，要想通过所谓"国货"的认证，就需要将企业的一切内部商业机密毫无保留地告知政府，如此认证过程，不过是增加了政府认证部门"巧取豪夺"的借口而已。国货认证也正如大多数抵制洋货运动一样，以不了了之收场。

如此结果，让长期研究中国民族主义和消费主义关系的牛津大学历史系教授葛凯在他的《制造中国：消费文化与民族国家的创建》一书中不得不遗憾地写道："考虑到国货运动面临的巨大障碍，认为它是个失败的观点就非常容易理解了。"但葛凯还是比较乐观的，他认为，抵制洋货，至少"为中国人提供了一个表达民族主义和反帝国主义的有弹性的平台。在这个平台上，中国人以不同的方式获得表达自己情绪的权利"。

下 篇
金融春秋里的人和事

民国公子张伯驹银行蒙难记

尤 乙

题记：在上海市档案馆馆藏的盐业银行上海总管理处的档案中，保存着20世纪40年代发往天津的一封加急电报底稿，全文不过寥寥数语，却印证着当时发生的一起重大绑架案。电报原文如下："今晨伯驹兄人车被绑……"

民国公子张伯驹

枪匪劫道　阔佬被绑

天色尚早，但张伯驹还是早早地起了床。早起不符合张伯驹的生活习惯，今天应当算是一个例外。两天前他接到北京的一个电话，说有一位于公于私都很重要的朋友，将转道天津，乘船于今天一早抵达上海，"烦劳伯驹兄务必亲莅迎接。"北京的来电口气十分恳切。张伯驹虽然生性散淡，并非巧于酬酢之人，但对于场面上必须的一些礼仪还是讲究的，于是满口应承："好的，好的，您放心！"

一应梳洗打理完毕，张伯驹走下楼来。司机老孔早已把车停在了院门外，恭候主人的到来。这是一辆牌号为6010的福特牌轿车，流线型的黑色车体静卧在晨光里，虽不动声色，却霸气十足。打开车门，箱体内的皮制座椅同样富贵袭人、体恤惬意。待张伯驹坐稳，车便稳稳地发动了。张伯驹住的地方位于法租界陕西北路培福里16号，是一幢宽敞气派的西式洋房，主人是张伯驹一位做生意的同乡，私交甚笃，张伯驹接受盐业银行委派到上海任职以来，就拒绝总行叮嘱他住在行里的要求，一直借住在这里。房子的地理位置不错，闹中取静，张伯驹很是称意。

培福里道路不宽，老孔因此走得小心。时间太早，这片高档住宅区内人影寂寥，除偶尔有一两个娘姨之类的下人匆匆掠过，主人家几乎没有这时间出门的。车抵弄堂口,老孔小心翼翼地旋转方向盘,把车拐上了陕西北路。突然,路边人行道上闪出三个人,其中一人不由分说窜向车头,堵住了去路。作为职业司机,老孔此时唯一的反应就是紧急制动,完全下意识的,不可能还有其他选择。然而待车停稳,气急败坏的老孔刚待张口呵斥,却蓦然傻眼了——透过窗玻璃,他看到,一支黑洞洞的枪管直指他的门面。

岂止一支,另外两人的手中也都各掂着同样的玩意儿,杀气逼人地从轿车的两侧贴了过来。不等老孔醒过神来,其中一人就打开车门,把老孔狠狠地拽了出来,自己一屁股坐上了老孔的位置。

后排张伯驹不明白发生了什么事,嗔怪道:"老孔,你们闹什么闹?"话音未落,他的脑门上也被一左一右两支枪管顶了个结实,"别动,乖乖跟我们走,不然一枪崩脱侬!"

"你们是谁呀?我要到码头接客人,怎么能跟你们走!"张伯驹仍是一脸的懵懂。

两人并不解释,只是紧紧地夹张伯驹在当中,急吼吼地催促前排:"好了,快走!快走!"听那声气,紧张得嗓音都劈了。

只听油门一阵轰响,6010号喷出一股黑烟,撇下老孔,绝尘而去。

"完了完了,这下子完了!"路边的老孔拦不敢拦,追不敢追,急得顿足捶胸,原地乱转。作为老于世故的本地土著,他心里明镜似的非常清爽:眼前的这一幕不就是上海滩阔佬们经常遭遇的把戏——绑票吗?

这一天是1941年6月5日,时值抗战形势日见吃紧、太平洋战争爆发前夕。

鼎鼎大名张公子
横遭劫难为哪般

话说到此,不能不交代一下大名鼎鼎的张伯驹。

张伯驹,原名家骐,字丛碧,别号游春主人、好好先生。河南项城人,生于1898年,幼时被其父张锦芳过继与伯父张镇芳为子,入私塾,就读天津新学书院,18岁时奉继父之命进袁世凯的混成模范团骑兵科习武,毕业后行伍于曹锟、吴佩孚、张作霖等军阀的部队,

盐业银行旧址

担任过提调参议等虚衔。1927年起改换门庭,投身金融界,先后担任盐业银行总管理处稽核,南京盐业银行经理、常务董事,秦陇实业银行经理等职。

  盐业银行是旧中国主要的商业银行之一,与金城银行、大陆银行、中南银行并称为北四行;初由北洋政府筹办,原定官商合办,后因北洋政府爽约而改为商办。1915年3月26日正式开业,设总管理处于北京,由张伯驹的继父张镇芳出任董事长。说到这个张镇芳,今天的人们可能不太熟悉,可在当时,绝对属于重量级人物。此人的姐姐是袁世凯大哥袁世昌(字裕五)之妻,故与袁连襟。张镇芳29岁时(光绪十八年)中壬辰进士,初任前清户部主事,袁世凯出任直隶总督时,通过咨部调用张镇芳,几个月内便将其升任为天津道,实授盐业使,以后张又历任河南都督和直隶总督等职,执封疆大吏之牛耳,直至1913年卸任。盐业银行成立后,张镇芳出任董事长,以亦官亦商的身份垄断经营,想不富都不行,自然是捞了个盆满钵满,积攒下万贯家财,不说富可敌国,至少也是雄冠华北。当时人称"辫帅"的"辫子军"首领张勋,也不过在其手下忝列协理一职而已。1917年,已然升任安徽督军的张勋图谋复辟清室,兴兵起事,悍然与武昌起义革命军为敌,张镇芳不仅与张勋共谋复辟,曾一度出任复辟皇朝的度支部尚书,而且慷慨资助,一出手就是大洋25万——这哪里是在给钱嘛,整个儿是在宣泄一个前清遗老对旧王朝的刻骨迷恋啊!张勋复辟失败,张镇芳因"背叛民国"受到追究,险遭处决,经斡旋,后改无期(实仅短期关押即被赎出)。盐业银行总经理一职,遂落入吴鼎昌手中。1933年张镇芳死后,张伯驹不仅悉数承接了继父浸透了民脂民膏的庞大家产,而且摇身一变,成为盐业银行总管理处的总稽核,玩起了他一窍不通的金融业。

  张伯驹虽于金融不通,也不想通,但会玩,尤其对旧文人旧公子哥之间盛行的那些个雅玩,可以说是无一不精,无一不晓。加之心气高,眼界宽,天资聪颖,又有挥金如土的本钱,再珍贵的东西,只要是中国有的,在他眼里都不过是个玩物而已。所以,但凡他想玩,不玩成顶级决不罢休。比如,论玩票,他与梅兰芳同台演出《八蜡庙》,梅的褚彪,他的黄天霸;与余叔岩同台演出《四郎探母》,余的杨延昭,他的杨延辉;一律都是名角傍着他唱。更绝的是为了庆祝他的四十寿辰,梨园界群贤毕至上演《空城计》,张伯驹饰男一号诸葛亮,其余担纲者:余叔岩饰王平、杨小楼饰马谡、王凤卿饰赵云、程继先饰马岱、陈香云饰司马懿、钱宝森饰张郃,一水儿的名角围着中国最富有的名票转,大有众星拱月之势。张伯驹对之自是得意非凡,专门赋诗为记:"羽扇纶巾饰卧龙,帐前四将镇威风,惊人一曲空城计,直到高天尺五峰。"论书画,他收藏有西晋陆机的《平复帖》,隋代展子虔的《游春图》,唐朝李白的《上阳台帖》、杜牧的《赠张好好诗》卷,宋朝范仲淹的《道服赞》卷、蔡襄的自书诗册、黄庭坚的《诸上座帖》,元代赵孟頫的《千字文》,以及唐寅的《蜀官妓图》等。这桩桩件件,无一不是极品,无一不属国宝,连北京城里的堂堂故宫都告阙如。据张伯驹后来回忆,《平复帖》他花四万大洋拿下,得了回便宜;《游春图》的身价是二百四十两黄金,用去了他据说是李莲英旧居的一所宅院,再搭上夫人潘素的一件首饰;《道服赞》的标价是黄金一百一十两……论诗词文章,他的《丛碧词》、《春游词》、《洪宪记事诗注》、《宋词韵与京剧韵》等著作,据称也是温润绵柔,回味无穷。张伯驹同时还擅长书法,人称"鸟羽体",至于怎么个鸟羽法,说好听一点,叫独创一格,说不好听一点,其实够怪、够标新立异。张伯驹与也是名画家的夫人潘素,经常妇唱夫随地来一番泼墨挥毫的即兴表演,在同人圈内煞是风雅。正因为张伯驹玩的是大手笔,而且玩出了大名堂,以致声名鹊起,江湖远播,被誉为民国四大公子之一。

关于民国四大公子的组合,有两种说法传于坊间。其一为袁克定(袁世凯之子)、张伯驹、卢小嘉(卢永祥之子)、段宏业(段祺瑞之子)四人。其二有张孝若(张謇之子)、溥侗、张伯驹、张学良四位。两种组合说法不一,尺度各异,但或添或减,都不曾撇开张伯驹,可见其人气之旺、财气之大、名气之响。

1935年,上海在中国的地位日渐凸显,已成金融重镇,盐业银行审时度势,把它的总管理处也迁了过来,设点于北京西路860号。不料好日子刚过没多久,日本就开始大举侵华,上海也和东北华北一样,成了任人宰割的俎下肉。盐业银行的头面人物纷纷迁移内地避祸,张伯驹也不例外地去了西安。但上海地位特殊,无人主事终非长久之计,于是盐业银行总经理吴鼎昌奉董事长任凤苞之命,找到张伯驹,苦口婆心地好一番规劝,晓之以理,诱之以情,终于说动了素重义气的张伯驹重返上海,出任沪行经理一职。孰料这一来,等待他的竟是遭绑之祸。如此霉运,事先恐怕谁也想象不到。

接到老孔的禀报,潘素惊得目瞪口呆,好半天缓不过神来。说实话,跟着张伯驹这样的阔少名流,潘素日常总要比旁人多加几分警觉也是必然的。这世上本来穷人就多,穷人一多,无赖亡命徒之类的就多,富人的日子免不了暗藏太多的危机,不能不倍加小心。眼下到处兵荒马乱,遭遇不测的几率不知比平时又多出了多少倍。前不久潘素陪张伯驹离开沦陷的天津,去过一趟西安,躲避战乱只是表面的原因,更主要的,是想找个稳妥的地方,把家藏的那些名贵字画藏起来。最起码不能让日本人占了便宜。离津前,两口子把字画逐一缝进衣被,沿途再怎么烦累,也坚持随身携带,决不托运;一路上风声鹤唳,担惊受怕,怕土匪抢,怕日本人追,食不甘,寝不寐,总算平安到达目的地。后来张伯驹因公迁徙上海,估摸着在这里知道他的人肯定不如北方多,可以少受声名之累,再说又是住在洋人管辖的法租界,应该可以太平无事的,没曾想……

失神落魄的潘素把目光投向了老孔。老孔原先也是银行职员,遇到这种事总该比一介女流多几分担待吧?老孔当然深知自己有脱不开的干系,可他一个跟班听差的穷司机,又能有多大能耐呢?无非就是先向银行方面通报不幸,然后再向法租界巡捕房报警罢了,招数也是有限得很呐!老孔自知很对不住把他当救命稻草的女主人,只好万分惭愧地苦着一张脸,不敢相对潘素那双无助的眼睛。潘素瞭一眼这副蔫相,情知指望不上,只好哀叹。

中午时分,法租界巡捕房在巨鹿路的一条弄堂里找到了张伯驹的6010号轿车,但车内空无一人,张伯驹去向不明。

究竟是谁绑了张伯驹?绑架的目的是什么?他们是为了要钱,还是要……

这一切,暂时都还是一个谜。

应知人心险恶　何堪世事难料

张伯驹被绑架的消息传到银行,沪行上下顿时炸开了锅。各种各样的猜测蜚短流长,有说是冲钱而来的,也有说是盯上了张公子的名画珍玩,还有猜测是仇家所为,要的不是钱,而是你的两片耳朵、一条胳膊,或者一副睾丸什么的,真正恨极了,干脆取了你的性命。但张伯驹有仇人吗?好像没听说过。张公子生性温厚大度,并非剑拔弩张、斤斤计较、阴损歹毒之辈,谁会和他过不去呢,而且誓不两立到了非劫之而不足以泄怨愤的地步?有好事者在熟人圈里掰指头,掰来掰去掰不出。还有的分析人士眼光犀利脑瓜深邃,一针见血地指出,这是盐业银行内部人事倾轧造成的恶果。

人事倾轧一说并非空穴来风。

张伯驹任职上海之前,由于分行经理一职空缺,事实上一直由副经理何延孝主持行务。这就很容易

张伯驹夫人潘素

使人产生一种误解,以为何延孝早晚是要当经理的,他当了经理,副经理位置空出,需要递补,其他高级职员岂不也就亦步亦趋地得以跟进吗?按理说,这样的猜测完全符合逻辑,没什么不对,可偏偏结果并非如此。事实证明,许多符合大多数人逻辑的事,往往并不一定符合少部分决策者的逻辑。总经理吴鼎昌其实对何延孝完全看不上眼。认为此人琐碎平庸,当个副职辅佐行务还差强人意,当正职独当一面则实难胜任。至于沪行还有没有其他人入得了吴鼎昌的法眼?当然有,李伯翰可以算一个。此人虽然只是个高级职员,但精明干练,是个人物,如果何延孝出任经理,他的副经理肯定没跑,所以,破格提拔也不是不可以考虑。但吴鼎昌对他的个人野心颇为忌惮,而且深知他有一个致命的弱点:嗜赌如命。如此品行一旦大权在

握,天晓得会不会给银行带来灾难性的后果,吴鼎昌不能不谨慎从事。掂量再三,吴鼎昌最后把宝押在了张伯驹身上,千里迢迢把他从西北调来了上海。

张伯驹哪里想得到,此番大调动,居然会因他一个,堵了一批人的路,水深得很耶!正所谓"祸福无门,唯人所召"。他的潜在风险实在是太大太大了!

但是,在这一批人中,究竟是谁真正动了歹念,勾结绑匪对张伯驹痛下杀手,虽不乏这样那样的怀疑,有的听起来似乎也已逼近了事实,却终究是一笔糊涂账,至今拿不出确凿的证据。

董事长釜底抽薪 张伯驹吉凶未卜

整整二十四小时之后,绑匪方面终于有了声音。第二天上午,一个由来不明的电话打进了培福里16号,指名道姓找潘素。来电人声称,张伯驹毫发未损,就在他们手上,只要潘素拿出200万,他们保证立刻平平安安地放他回家,不然,休怪"横爷"不客气!

撂下电话,潘素顾不上细想,匆匆下楼,直奔孙曜东家而去。

经过了最初的慌乱之后,逐渐稳下神来的潘素终于想明白了此时她可以求助的对象,一个自然是银行方面,另一个便是这个孙曜东了。孙家与张家是世交,早自曾祖一辈起,两家就保持着密切的交往。孙家在京津一带的影响,较之张家唯有过之而无不及。孙曜东的曾祖父孙家鼐,曾历任清廷的工部、礼部、吏部尚书,还曾是张伯驹的继父张镇芳的老师。抗战爆发以后,孙曜东是首先"落水"、投靠日寇的"名流"之一,现正出任伪上海复兴银行行长一职,同时又是大汉奸周佛海的秘书,是一个在黑白两道都十分兜得转的人物。张伯驹出事之前,由于顾忌孙曜东的"汉奸"身份,两家的关系趋于疏远。但时至如今,当张伯驹陷于危难、命悬一线之时,潘素哪还顾得上这些,甭管他是"旱"奸"水"奸,只要能救张伯驹一命,潘素谁都敢求。

孙曜东果然念旧,一听张伯驹被绑,大惊失色,满口答应一定过问此事。"伯驹的事就是我孙曜东的事,请嫂子放心,如今的上海滩没有我说不上话的地方"。一席话,说得潘素扑簌簌直往下掉眼泪。

比较而言,银行方面的态度就差劲得太远。

得知张伯驹出事的消息后,银行这边虽不乏冷眼旁观、甚至幸灾乐祸之流,但也有真正为其焦虑奔忙的朋友,其中要数会计科长陈鹤笙、文牍科长白寿芝的表现尤为仗义。出事当天,两人就联合署名,向远在天津的盐业银行董事长任凤苞拍发急电:今晨伯驹兄人车被绑。第二天,得知绑匪勒索赎金200万,潘素向银行求援的消息后,两人再次急电天津,请求指示。然而数日之内,类似电文几番拍发,却始终得不到任凤苞的明确答复,令二人万分心忧。

外界也许不知道,以为200万难不倒大富翁张伯驹,可潘素心里清楚,张伯驹其实除了那些父辈传下的房产股票,手里还真没存下多少现钱,要一下子拿出那么多,更是完全不可能。除非银行垫支,否则短时间里绝对凑不够绑匪索要之数。

几天之后,据现存上海盐业银行档案记载,1941年6月19日,任凤苞的回信终于姗姗来迟:

盐业银行董事长任凤苞

鹤笙、寿芝仁兄惠鉴:

四奉手示,具悉一一。伯事突如其来,远道无能为力,焦念而已。两兄与之交谊素敦,自应就近设法。惟应认明,此为个人之事,与行无涉。两兄对外发言,尤须注意,不可牵涉到行,否则非徒无益。

现在已有消息否?弟意总可解决,其解决之法,不特兄等不必顾虑,弟亦可不必过问,应由其津寓主持。已通知张府矣。

其居沪乃本人之意,兄等当知之。春间来津,曾问其住何处,答住行内,当托其就近照料总处之事,亦尤去岁董事会时之意,则无其他使命。假如其本无住沪之说,弟亦不能托之也。其在沪租屋乃绝大误点,倘能居行,当不至于有此事。既往不说,惟盼早日出险耳。

因小有不适,顷甫稍好,匆匆布复。顺颂

均祺

弟苞顿首
六月十六日

任凤苞的回信夹文夹白,读来诘屈聱牙,但意思十分明白:其一,张伯驹被绑,尔等念其交谊,设法营救,纯属你们之间的私事,与银行无关。其二,我任凤苞不想管张伯驹的事,建议你们也不必管,应当让张伯驹在天津的家人自己去管。其三,因为张伯驹自己说要到上海来,我任凤苞才委托其顺便管一管银行的事,如果他不来上海,我是不会委托他的。其四,私自在外租房居住,是张伯驹出事的关键,如果他遵守规矩住在银行内,就不会出事。言下之意,张伯驹是咎由自取。

与张伯驹交谊甚笃的陈鹤笙、白寿芝显然十分不满任凤苞的态度。行员遭难,董事长竟然撒手不管,虽然他在电文中与下属称兄道弟,虚与委蛇,但无论如何也掩不住骨子里对下属生死的极度冷漠。由此及彼,他们不能不产生唇亡齿寒的联想。给这样的老板打工,前景岂不太悲凉了吗?

也许在此后的电函往来间他们让任凤苞感觉到了这种离心离德的威胁,半个月后,任凤苞在另一封来信中对他的态度给出了解释:

寿芝、鹤笙、肃然仁兄均鉴:

两奉手示具悉。伯事在私交上十分悬念,两旬以来毫无眉目,令人急煞,若必然牵涉到行,只有敬谢不敏。三兄尚忆从前倪远甫之事否?彼明明沪行经理也,行中未尚过问,以彼例此,可恍然矣。

复颂

台祺

苞顿首
六月三十日

信函中所说的倪远甫曾任盐业银行上海分行经理,多年前也曾遭遇过和张伯驹一样的绑票噩运,但盐业银行始终拒绝出面与绑匪交涉,藉此杜绝绑匪试图与银行方面讨价还价的念头,最后绑匪不得不直接面对其家人,勒索了一笔不大的赎金后放人。任凤苞的意思,就是要"以彼例此",明确告诉绑匪,张伯驹的事银行不管,甭指望从他的腰包里掏出半个大子。如此,"庶可(使绑匪)降低欲望,或能早日解决"。

任凤苞的这一招堪称釜底抽薪,对于确保银行利益固然有效。但这样一来,张伯驹可就彻底地让他给卖了。万一绑匪的欲望降到了失望乃至绝望的程度,难保不生出杀一儆百的歹念来,堂堂张公子的小命岂不岌岌可危?

旧雨念故交　柳暗复花明

晚年张伯驹与夫人潘素

倒是孙曜东的营救颇见成效。

面对潘素的恳求敢于大包大揽,孙曜东自然就有他大包大揽的道理。

绑匪开出的赎金价码虽然巨大,但全然不涉张伯驹家藏的古玩字画,孙曜东由此断定,此事绝非日本人所为。除非觊觎张伯驹手中旷世的中国文化遗珍,否则,大日本皇军还不至于为几个小钱出卖尊严,干出如此下三滥的勾当。在沦陷后的上海滩,除了"76号"那帮汪伪特务外,没有人干得出来。此事从头至尾,烙满与之相吻合的土匪戳记。

只要同日本人无关,孙曜东就有把握摆平它。别忘了,他是周佛海的秘书。

几番侦讯,果如孙曜东所料,张伯驹确为"76号"所绑。所谓"76号",是汪伪特工总部的别称,因其1939年春成立以后主要以极司非而路(今万航渡路)"76号"为活动基地而得名。"76号"以落水的国民党前特工丁默邨、李士群为首,网罗各色人渣组建,是一个职业特务加流氓帮会的混合体。他们以暗杀、绑架、爆炸等恐怖活动为主,同时溢出政治轨道,举凡掳掠勒索、栽赃陷害,及至黄、赌、毒,只要有利可图,统统无所不为。1941年初以来,"76号"急剧膨胀,在租界内外制造了一系列罪案,以配合日军即将发动的太平洋战争,获得对英美租界的控制权。

孙曜东得知,确有银行内部人士,出于报复的目的,唆使"76号"对张伯驹实施了绑架。孙曜东在其晚年的回忆录中,甚至直接点出了这个报复者的真名实姓,但字里行间依然猜测的成分居多,似乎难以为凭。

既然明确了元凶,孙曜东就有办法对付。他直接找到周佛海,声称"76号"绑架了他的把兄弟,而绑架像他把兄弟这样的民间金融人士,对于今后的发展后患无穷。因为其时汪伪方面正密谋推出伪储备券,以取代在市面上流通的"法币",在这个时候得罪有影响的金融界人士,使各银行因此而惧怕进入上海,岂不是自断财路,自毁前程?

对于孙曜东的分析,周佛海深以为然,不仅于私,而且于公,他都不能不给孙曜东这个面子。于是,当着孙曜东的面,周佛海直接给李士群打电话,气冲冲地责令他:停止胡闹,赶快把此事了断。

有了周佛海的明确表态,孙曜东等于"尚方宝剑"在握,但为人老道的他深知汪伪乃一群乌合之众,上峰的钳制力有时相当有限,为免出意外,他专程找到李士群,推心置腹地表示,只要"76号"确保放人,他不会让弟兄们白忙活,愿意拿出20根条子作为弥补。李士群由于有周佛海的饬令在先,自然不敢刁难,乐得送一个顺水人情,答应一定帮忙。

然而,就在孙曜东的斡旋将成之际,张伯驹却突然从原来的关押地点消失。原来,"76号"的那帮特务因为听到周佛海干预的风声,知道没什么油水可捞,又不敢硬顶,懊恼之余,干脆把张伯驹转移到浦东,把他白送给了伪军林之江部。

枝节横生,着实令孙曜东吃惊不小,好在几天后情况弄清,张伯驹依然平安。孙曜东不敢稍有懈怠,马上亲自渡过江去,找到林之江,再次许诺,愿以20根条子交换张伯驹。在得到林之江肯定的答复后,才忐忑不安地返回沪西。

这一日,张伯驹在关押他的农家小屋里吃罢绑匪送来的早饭,感觉有些困乏,便迷迷糊糊地倒在床上睡着了。数十天来,由于指望靠这位财神爷发笔横财,绑匪们对他倒是始终照顾有加，天天好饭好菜地伺候着，除了限制他的人身自由外，并无任何不端之举。这使一向清癯的张伯驹竟比初来时胖了几分，只是内心郁闷，难以遣怀，大有度日如年之感。

待张伯驹从迷糊中醒来，望望窗外，日头已经过晌。往日此时，早该是午饭时候了，今日却是奇怪，屋内屋外，寂静异常，空无一人。张伯驹试着叫了几嗓子，也听不到有人应答。张伯驹惊诧不已，弄不清楚绑匪们葫芦里究竟卖的什么药，干脆走出屋子，周围仍不见任何人踪。莫非……张伯驹的心里狂跳不已，此时不走，更待何时？于是，他结束观望，揣摩一下方位，朝着浦西的方向，大步流星撒丫子走人……

（后记：张伯驹脱逃后，因惊吓过度，大病一场，痊愈后，返回天津，从此再未踏入上海一步。解放后，张伯驹定居北京，1956 年与夫人潘素一起，将上文所举《平复帖》、《游春图》、《上阳台帖》、《道服赞》等珍贵书画，悉数捐与国家。1958 年被划为"右派"，1979 年改正。1982 年 2 月 26 日在北京逝世，终年 84 岁。）

项氏父子和五洲惨史

陈正卿

1932年1月28日深夜,忍无可忍的中国军民终于打响了向日军还击的第一枪。次日清晨,全上海被震撼了,"支持十九路军血战到底"的呐喊声响彻云霄。但仅两天之后,又传来一个噩耗:大名鼎鼎的爱国企业家、五洲药房总经理项松茂和11名公司员工被日军凶残地杀害了!善良的同胞们在悲愤之余不禁要问:对一个手无寸铁的企业家,日军为何竟下此毒手?这就要从项松茂父子和五洲的奋斗历史谈起。

办五洲　迎战日货创立中国新药业

1880年10月9日,浙江鄞县东乡项家,一个男婴呱呱坠地,这就是项松茂。5岁时,他到村中私塾开蒙,深受孔孟忠孝节义之道熏陶。12岁家道中落,他到苏州皮毛行学生意,世态炎凉给这个少年留下了深深的伤痕。他勤奋好学,很快就掌握了本行当的经营诀窍和记账知识。20岁那年,他到上海中英药房做司账,接触了西式新药的商品销售知识。他办事有责任心,经手业务一丝不苟,很受老板器重。四年后,他被派往汉口开分店并担任经理,有了独当一面、施展才华的机会。

经过几年奔波,中英药房在汉口名声日响,在闹市中心已盘下三开间门面,营业额蒸蒸日上。不过项松茂心中总感抱憾,因药房里卖的毕竟是欧美或日本的新药,他盼望有一天能卖中国人制造的新药。说来也巧,推销自制中成药"艾罗补脑汁"的黄楚九恰在这时来到汉口,他很赏识项松茂,请他到自己办的五洲药房去管事。项松茂提出能给他以全权的条件,黄楚九一口答应。项松茂进"五洲"后,立"勤俭"二字为店训,先从资产安排上下手,使占用的无效益资金转充营业资金,流动资金不须借贷就增加到15000两规银。

项松茂为办好"五洲",很作了一番精心筹划。"五洲"原在上海福州路广西路口,市面较冷落。他设法在南北通衢的福州路河南路口觅到了新店址。满清皇帝下台的

1936 年五洲大药房位于福州路河南路口的新楼

这年 6 月,上海等大都市振兴实业的呼声正高,五洲新店开业了。新店推出不少新药品,这是他精心布置的一着棋,也是他日夜萦怀的一个梦。店里原有合药间,仅能配置一些中成药。他补充资金、增聘留学归来的技术人员,新添生产设备,推出了"人造自来血"这种新药。"人造自来血"色质鲜红,含有治疗贫血的配方,出品后得到中国政府和租界当局承认,一时大受欢迎。随后,他又在广告宣传、产品质量、包装装潢上不断下功夫,两三年中,该产品竟飘洋过海,先取得美国旧金山国际博览会银奖,后又获得日本东京大正博览会三等奖,真可谓旗开得胜,名声大噪。知名度带来了滚滚财源,"五洲"先后在天津、汉口等地设立了分店。

"五洲"生意这样红火,项松茂又喜又忧。喜的是良机千载难逢,忧的是日商虎视眈眈。日本药商原把中国看成是推销剩余商品的大市场。中国人自己生产新药,这是不是一个信号,要把它们从神州大地驱逐出去?于是,便千方百计破坏"五洲"信誉,从原料和设备上卡项松茂。然而,日本人意在灭亡中国的"二十一条",这时激起了全中国人民的反日浪潮。五洲产品以正宗国货,受到国人及海外华侨的多方照拂,日商难以下手。1919 年五四运动兴起,项松茂更决心向日商挑战,他不仅不怕他们卡压,还主动切断了原和日商野田洋行签订的代销医疗器械的合同,公开登报声明,"五洲"此后再也不进日货,以谢国人关顾。他在店里组织了救国十人团,向店员慷慨激昂地发表演说:"国家这样积贫积弱,病根之一就是实业不发达。像我们这样只能贩卖外货,拾人家残羹剩饭,何时国家才能富强?""只有自己想办法开厂,才能谋彻底抵制外侵之路。"自己办厂的念头深深地迷住了他的心。正好这时有人给他透信息,说闸北天通庵有一块土地要出卖。他去考察了一番,天通庵邻近铁路车站,交通便利,地价也适中,就决定买下。1920 年秋天,他在这块地皮上建起了五洲药厂。公司公开招股 50 万元,并经朋友介绍,他用 12000 元盘下了原德商生产臭药水的亚林化学厂。药厂添置新式制药设备,把研粉、煎熬、过滤、蒸馏、搅拌、制片、干燥等工序连成一条龙。设备能力增长,引进人才开发新产品就迫在眉睫。他"三顾茅庐"请来了留日专家李觐唐、留德博士叶汉丞、留美硕士徐佩璜,以及后来蜚声国际药学界的著名中国药物学家张辅忠。项松茂为他们提供了良好的科研环境,他们也不负厚望。几年中推出了乙醚、硫酸低铁、纳夫他林、煤馏油醇、防疫臭药水、牛痘疫苗、痱子粉、花露水、良丹、十滴水等上百个新品种。五洲资本扩大到150万元,奠定了中国新药业的基础,把原来几乎是日本西药商后院的中国市场大部分夺了回来。项松茂受到中国各业有识之士的尊敬,那些日本商人却气歪了鼻子。

盘皂厂　击败祥茂赢得国人钦佩

与此同时,项松茂还想夺回国内的皂业市场。1920年初的一天,原德商洋行买办张云江来找他。张接办的徐家汇原德商固本皂厂准备出手,问项松茂有没有意思。项松茂前去看了看,厂房坚固,机器完好,潜力不小,锅炉动力可以兼顾制药,有些动心。他和董事会协商,想不到却惹出了一场风波。董事会认为,张办了这么多年亏损不起要甩脱,我们制药和制皂隔行如隔山,接过来不是自找棺材睏?项松茂力排众议说:"制皂和制药属兄弟行业,不能说不搭界,况厂房设备完好,比自己造买合算得多了。"董事们才勉强同意。在"五洲"资金压力不大,对方也能受惠的情况下,双方达成了协议。不过,项松茂此举真也算骑到了老虎背上。对手是实力雄厚,称霸中国市场的英商中国制皂公司的祥茂皂厂。它资本足,设备好,技术强。固本皂和它交过几次手,但都头破血流,落了个连年亏损。项松茂盘下皂厂后,首先想弄明白的是,固本不敌祥茂的关键在哪里?他派制皂部主任隐名埋姓混进祥茂皂厂当差。这位主任在英国工厂里一干九个月,把对方的技术奥秘摸了个透。回厂再进行反复试验,力争在各项技术指标上压倒对手。祥茂皂含脂肪酸40%,固本提高到55%。祥茂含水为48%,固本减少到34%。这样,固本皂就以外表硬实、颜色纯一、体积稳定、擦洗后泡沫多、去污垢力强等优势,在质量上一举压倒对方。但祥茂皂原在上海、浙江、华南、华北、西北等地区有较强劲的销售网,面对固本皂咄咄逼人的挑战,它又新增寄售、放账、补价、赠奖等手段来对抗。况且,固本质量优于祥茂,一分价钱一分货,它每箱批发价6元,对方只要5元,这也让项松茂颇感为难。但他决心背水一战,发动五洲的各地分支店、代销点来共同推销,还请上海许多小烟纸店老板来帮忙。这些小烟纸店组成了专销固本皂的大成公司。大成和五洲商定,每推销一箱固本皂得佣金2钱,交货后放账60天,年终按实销数付给酬劳。而固本与祥茂的竞争杀价,却和他们无关。大成老板看到这些条款,不禁问:"项老板,这样拼下去,你吃得消?"项松茂一挥手说:"不碍事,这一仗早晚要打。"实际上,他已作好准备,最坏打算是用药厂利润来补偿皂厂损失。正当这两家紧锣密鼓、准备大战时,发生了租界英国捕头开枪打死中国市民的"五卅惨案"。它导致了全中国人民的抵制外货大风潮。项松茂因势利导,全线出击,祥茂竟致一蹶不振,被迫停机停产。中国厂家挫败大英帝国老牌货,大慰国人之心。固

项松茂（1880—1932）

本趁胜追击，又推出了"高花香皂"、"玫瑰香皂"、"檀香皂"等新品种。

项松茂继奠定中国新药业基础之后，又首开中国制皂业先河。同时，他虽一跃而成巨富，而生活之俭朴仍无改当年贫寒之本色。上海发起的每次大赈灾，他都怜贫惜苦，积极参加募捐，历年达20万元以上。他还办了一所松茂小学，专收免交书学费的贫寒子弟。

赴国难　遭敌嫉恨慷慨成仁无反顾

东北九一八事变爆发后，项松茂参加发起了黑吉辽三省抗敌大捐款，同时对报界人士发表谈话，强烈谴责日本侵略者明火执仗的强盗行径。上海人民组织了抗日义勇军，他在五洲率先成立一营，自任营长。他虽年过半百，还亲自每天督率进行军事训练。这年春节刚过，日军又突然挑起一二八事端，上海遭到疯狂袭击。战斗打响的第二天上午，项松茂就紧急赶到厂内，慷慨激昂地号召工人们多制军需品，支援前线。这时，位于四川北路老靶子路的五洲第二支店，离战区仅一箭之遥，有11名店员留守。这天清晨，恰巧有一队日本兵乘车经过店前，遭到隐蔽在弄堂里的中国抗日志士射击，有两名日军士兵被击中。第二天，日军宪兵到店中搜查，搜出了五洲员工所穿的义勇军制服，于是捣毁店堂，抓走了全部员工。项松茂在总店听到报告，明知日军残忍横暴，有朋友告诫他日军对你早已恨之入骨，但他仍不惜赴汤蹈火，慨然前往营救。结果不出所料，到日军宪兵队后就被羁押，然后又被绑架到江湾日本海军陆战队司令部。日军司令官亲自审讯，在审讯无果的情况下，恼羞成怒地下令将其杀害。杀害的手法，有文章披露是用麻绳勒死。另据知情者揭发是活埋。先他被捕的11名五洲员工也同时遇难。这一天，正是1932年1月31日。许多老上海对此刻骨铭心。

项松茂被日军拘囚后，他的长子项绳武曾积极营救，通过一位英国朋友找到租界日本警探向日本驻沪领事馆交涉。日本领事态度蛮横地回答说："项松茂提倡抵制日货，组织义勇军抗日，这是日军所不能允许的。此次是军部行动，领事馆无权干涉！项绳武听罢怒火满腔，但又无计可施。随后不久，就传来了项松茂和11名五洲员工同时遇难的噩耗，国人同声哀悼。章太炎、马相伯、黄炎培、史量才等爱国人士都深感悲痛。黄炎培亲书了他的治家格言为挽联："平居宜寡欲养身，临大节则达生委命；治家须量入为出，徇大义当芥论千金。"这副挽联的含义，就是史量才含泪所说的："我只知道松茂平素勤俭持家近于吝啬，谁能料到他临大义竟如此慷慨成仁。"

继父志　初展雄图又罹灾难饮恨亡

项绳武肩负家仇国恨,悲痛之余立志继承先父遗业;经董事会决定,继任五洲总经理职务。他曾在圣约翰和东吴两所大学取得商、法两科学士学位。毕业后,还一度开业当律师。他接掌"五洲"后,暗暗发誓一定要把它办得更好。于是,他立下了吸收人才、弥补空白、扩充基业三大宏愿。正巧张辅忠在德国深造后归国,带回了制造甘油的设备资料。甘油对国防、工业、医药的作用非同小可,没有它可以说连炸药也不会响,而那时全依赖外国进口。"五洲"在制皂过程中,因缺乏提炼设备和技术,只好让大量的甘油水白白流掉,公司同仁格外痛心。因此,张辅忠在上海码头一上岸,前去迎接的项绳武上去询问的第一桩事就是甘油提炼。1934年春天,五洲第二分厂在沪西安和奇路开工。这片厂,是由张辅忠一手设计的,它进口了德国先进设备,采用新生产技术,从制皂下脚水中提炼甘油。功夫不负有心人。经过鉴定,五洲所出的地球牌甘油质量竟一下子超出了老牌的英国三角牌甘油。这让项绳武大喜过望。实业部发来了奖状。甘油自制,不仅填补了中国新药业的空白,还降低了制皂成本,增强了同日货竞争的能力。

项松茂生前曾有一个凤愿,要在外滩的福州路口造一幢不仅是中国,而且是东亚最宏伟的药业大厦。项绳武决心了却先父遗愿。1936年春天,在他的主持下,五洲投资巨款,决然在这里动工兴建一幢10层楼的药业大厦。楼内电梯、空调等新设备一应齐全,经营成药、原料、化学试剂、医药原料、香料、卫生材料、医疗器械、化妆品、香皂、营养食品等所有与医药有关的商品。新厦落成,正值五洲三十年志庆。经三十年风雨和血的代价,五洲这时总资本已达300万元,成为国内最大一家医药企业。在楼厅里,五洲员工布置了一间静穆庄严的项松茂纪念堂。项绳武默默地在先父遗像前立誓,一定要把五洲办成亚洲最大的制药制皂企业。

然而,日军已视项氏父子和五洲为眼中钉。1937年八一三事变,地处闸北的五洲三分厂首当其冲。一夜之间,全部厂房、设备、半制品、原料都被炮火毁灭殆净。中国军队西撤后,日军又公然强占了徐家汇五洲一分厂,制药制皂原料全部被日本油脂会社用卡车强行装走。项绳武避进租界,依靠二分厂勉强维持,苟延残喘。但太平洋战争一打响,租界也成了日军膏药旗的天下,二分厂被日本油脂会社强行接管。这时,又有凶讯传来,五洲响应中国政府号召的内迁设备,在芜湖附近长江江面被日机炸沉,内地建厂计划也成泡影。

接二连三的打击,几乎把项绳武逼疯。他咬着牙,抓住战争缝隙,尽量在香港、上海等地生产少量药品维持公司生存。日军对他也准备下毒手,他们把他绑架去,阴谋以"合作"名义来吞并"五洲"。项绳武深念家仇国恨,秉父志至死不渝。日军碍于舆论，只好把他释放。但密探的影子却始终尾随着他。"五洲"由日本兴亚院派来的特务监督一切。他在黑暗中苦熬，盼望着中国人民的胜利。1945年8月，终于盼来了日本无条件投降的喜讯，项绳武和家人喜极而悲，泣不成声。几经周折，"五洲"终获发还工厂。随即，他呈文中国政府，要求向日本索赔"五洲"的巨大损失。本来这件事和所有中国受损企业赔偿已有一些眉目。不料，后来不知为何赔偿方案变更，此事被搁置起来石沉大海。工厂修复需要钱款，国民党政府又不肯贷给一文钱。勉勉强强开工，战后美国剩余药品又向中国市场倾销而来。项绳武终于病倒了。1947年5月，他饮恨而终，弥留之际，连声长叹。朋友闻讯无不扼腕叹息。

新中国成立以后，人民政府对"五洲"给予了很大的关怀，它已成为一家大型药厂。项松茂的事迹也被载入多种抗日英烈传记。上海有关团体为他举行过隆重的纪念活动。抚今追昔，"五洲"这几十年斑斑血史，足以警醒来者。至今，某些还竭力抵赖侵略中国罪行的日本人士，不该深刻反省吗？

"金子大王"王伯元

陈正卿

1929年开春后的一天,上海宁波路兴仁里弄口,鞭炮声震耳欲聋。一家新从天津迁来的中国垦业银行开业了。这家开在石库门房子里的银行貌不惊人,资本却高达250万元,而且有一半以上是出自王伯元之手。王伯元乃何许人也?原来,他是上海滩大名鼎鼎的"炒金子大王",社会上风传着他发家的种种奇闻。使人困惑的是,垦业银行开张以后,经营作风却和传说中的他判若两人。这就引起上海商民的极大兴趣。

一、小学徒平步青云开金号

1907年的新年正月初五,爆竹声洋溢着上海大街小巷,正是家家商号开门接财神的日子。河南路上的震丰永金号里,新来了一个满口苏州话的小学徒。他穿戴齐整,识字懂礼,经理跑街另眼相看,好像不是穷人家的孩子。店中伙计悄悄议论,他到底是谁呢?后来才隐隐听说,原来是苏州恒孚银楼经理王清芬的长子,叫怀忠,字伯元。因前年碰上个意外风波,父亲心灰意懒,才送他到金店学生意,日后好继承父业。说起这场风波,真也荒唐好笑。王家本是浙江慈溪人氏。王清芬少年离乡,在江苏海门、苏州一带经商十余年,才在苏州创下了个小康家业,举家东迁。1893年,小伯元呱呱坠地。他满怀期望,将来最好能进学中举,光耀门楣。6岁时,小伯元延师课读。12岁,由塾师陪他去应吴县县试,前三场都中了。临末一场复试,老塾师突然害怕起来,担心会因"冒籍"遭致大祸。死活拉住小伯元不准再考,眼看一个到手的秀才丢了。回家王清芬听说长叹了一声,再也不说二话。隔年就托人介绍他到上海金店学生意。

王伯元有这点来头,他在震丰永的待遇比别的学徒优厚得多。不要帮老板做家务,抱孩子,一来就上柜学接生意。他脑筋灵敏,勤快好学。老账房一把算盘,在一条路上出名。他在旁细心观察,勤打勤练,没有多久,也学到了这一手。金号靠买卖黄金赚取差价,最紧要的是市场行情。每家金号如何报价,这都属经营"秘密"。王伯元觉得当顾客面用算盘"噼噼啪啪"一打,难免会泄漏一些底细。于是,就摸索出了一套"心算"诀窍,比珠算还快,被老板和师长视为"神童"。他三年满师后,不久就被吸收为金业公会会员。这一头衔,当时在同行业中很受人称羡。因为只有取得这一资格的人,才能受聘为金号经理。23岁那年,王伯元碰到一个机遇,上海涵恒金号经理患病,老板徐伯熊看中了他,聘他接任。他正想大干一场,不料仅一两年,徐老板一病不起,涵恒歇业。他又转到天昌祥金号当副经理。

这时,欧洲大战正如火如荼,国际市场波诡云谲。黄金作为国际间硬通货,价格涨落一日数变,成为投机家们关心的热点。王伯元边为天昌祥经营,边筹集了少量资本炒卖。当时炒金子,流行的是做"套头"。就是瞅准金价跌落时,大量盘进;等金价高攀时,就抓紧抛出。低进高出,转手之间自然获利丰厚。不过,一旦行情看错,金价越跌越低,陷进深渊,破产自杀的也时有所闻。

暴利诱人,惨跌让人生畏。王伯元细心琢磨市场行情,发现一个秘密:金价与外汇价相斥相连,常常互为涨落。实际上,这件事说来也简单。纵横捭阖在这两大战场的,原来都是一批"弄潮儿"。他们看金子涨,就抢金子。看外汇价钱好,就炒外汇。王伯元灵机一动,来了个双管齐下,两种买卖交叉做。金价低于外汇时,他吃进金子,抛出外汇;外汇价低于金价时,他抛出金子,吃进外汇。一进一出,两头得利,倒也赚了不少钱。不久,黄金和外汇期货生意又在上海兴起。因国内外形势风云万变,现货和期货差价更大,套头得利愈厚。不过,要做好这个生意却不容易,首先要有准确可靠的信息。从此,王伯元和书报结下了不解之缘。他的卧室几乎成了学者书斋,备有国内外各种报刊。凌晨5点,他床头一阵电话铃响,花大钱聘用的在报社做夜班编辑的朋友,通报国内外政治军事形势变化和金汇行情。欧洲大战的每一城堡陷落,国内政局的每一人事变动,他都能及时掌握,并从蛛丝马迹中感受到对未来市场的冲击。因此,他白天上场交易,总是胸有成竹。这时,国内交易所还很幼稚,不论大小买卖靠口头当场拍定,没有办法实行契约和保证金制度。交易人一上场,就须绷紧每一根神经,脑筋稍迟缓一点,盘就被别人抢去。这下,王伯元就用上了他的"心算"绝招。价目牌上刚翻出一个新价,他便快速算出亏盈,抢先拍板。等别人算好,已慢了一拍,只得自叹不如。没有契约和保证金,王伯元也绝对讲信誉。即使赔钱,他也毫厘不爽地交割付账,令众人服帖。由于信用好,虽然他资本很少,但却做成了几笔大生意。德军在柏林城头飘起白旗,国内外市场都认为黄金和外汇将大泻,回归正常价位。王伯元别具眼光,认为即便泻,也必然一波三折。他乘低吸进,回升吐出,几吐几吸,在风声鹤唳的大跌势中,出人意外地赚了大钱,为他自立门户开金号奠定了基础。1921年新年刚过,上海商界因欧美商品还不及渡洋重来,还有些许祥和之气,王伯元的裕发永金号开张了。他认为，金价回归正常以后，随着各国经济升温，通货膨胀难以遏止，仍会再度上涨。因此，在金价受回归冲击继续下跌时，他突然掉转枪口做"多头"。步步下跌，步步补进。这年秋冬之交，上海黄金市场冷到冰点，跌进谷底。他为补空，以个人全部财产向银行抵押借款，将上海市面存金的相当一部分吸进肚内。没有多久，冬去春来。美元首先宣布调价，国际市场金价陡涨。王伯元大获全胜，一下子赚了几百万银元，由此得了"金子大王"的雅号。他发了大财，开了元余、元发钱庄。然后，衣锦还乡，在祖籍慈溪长石桥广置田产，修建豪华住宅。在上海，他也购地自建了花园洋房，进出自备汽车，俨然是一副大富翁派头。但在欣喜若狂之余，他仍时常惴惴不安。炒金子好比逆海行舟，难免有樯折船倾的一天。他想结束这种一夕数惊的生活，这就萌发了对中国垦业银行改组投资的念头。

二、炒金客突变为银行大亨

　　王伯元接办改组垦业银行，虽然他是最大股东，却甘当老二，只当常务董事兼经理，请出钱业大王秦润卿做老大，当董事长兼总经理。董事会里，他也请来了在银行界颇具德望的徐寄庼、李铭等人。他这样做，亲友们很为不解，说这不是买了爆竹让人家放吗？王伯元微笑不答。一天午后，他齐集家人和金号中重要职员，郑重其事地告诉大家，他决定日后金子和外汇生意不做了，集中精力办一家正宗银行。这时，众人才若有所悟，他甘居人后，是担心社会上还抹不掉他"投机家"的印象。实际上，他请动秦润卿，真也下了一番功夫。秦润卿平素经商稳健，人所共知。那日，这位比他年轻了近二十岁的"金子大王"主动登门邀他合作，使他吃了一惊。寒暄了一会儿，秦润卿问："侬晓得我在福源立的规矩吗？"王伯元答："晓得。""我有三不准：一不准炒黄金外汇，二不准股东和经理随便宕账，三不准银行放款超过自身财力。"紧接着，秦润卿又讲笑话似地补充一句："侬请我合伙，就要准备铜盆洗手了？"想不到王伯元大笑说："我已在铜盆里洗过手了，决定把金号生意歇掉。"秦润卿这才点头同意。

　　这样的两个人合作主持一家银行，倒是一件令人颇感兴趣的新闻。垦业银行名为垦业，实际上经营全部商业银行业务。经秦润卿出面到南京财政部协商，它还取得了纸币发行权。开业之日，虽没有很大的声势，却招来几家小报攻击。原来，这些小报消息灵通，听说它是王伯元开的，纷纷前来打秋风。暗示如给"好处"，他们一道捧场；如不给，就揭揭"投机"老底。王伯元决心让他们"碰壁"，日后靠稳当做生意创牌子，不和这些滋事之徒搅在一起。

　　垦业银行设有储蓄处、地产部、信托部，在北京、南京、宁波、余姚等地开设了分支行。储蓄处拥有专项基金10万元，办理储蓄灵活多样，面向广大市民。各分支行不仅设在居民集聚处，且都有储蓄所向下延伸。上海南市文庙里就开了一家。

这里居民多是小商小贩，存款零星细碎，营业人员照收不误，名气不胫而走。第一年吸收到的存款仅 60 万元，两三年后就达到了 700 万元以上！

王伯元直接掌管垦业的地产部。设立初期，它仅办理房地产押款业务，代收房租，不直接从事房地产买卖。王伯元把他个人的房地产租金，也交给地产部代收，经营十分稳健。垦业办得最成功的是信托部。王伯元和秦润卿商议，从行中拨出 50 万元专款独立经营这项业务。部内下设仓库、保管箱、存放等科。它对上海市郊棉农和纺织厂家抵押放款多方周济，很有口碑。当年和市区一江之隔的浦东，入秋是一片白花花的棉田。新棉上市，花行大幅压价。棉农只得把棉花暂存进仓库，等棉价稍扬时出售。但这样一来下一季作物的种子肥料款便没有了着落。他们只能在场院里长吁短叹。王伯元一为扶持他们一把，二为垦业拓宽业务门路，拿出 20 万元联合恒大纱厂在浦东兴建了十余座仓库，专门办理棉农棉花抵押放款。棉农把新棉存进仓库，银行以存单贷款。仓库收取少量租金，贷款利息也低于工商放款。棉农拍手欢迎，垦业这项业务额每年达到五六十万元。王伯元对工厂的放款，也首先考虑它在民族工业中的地位。胡西园办亚浦耳电器厂，外商压力重重叠叠，资金捉襟见肘。王伯元几次承放大额贷款，帮他冲出困境。其他如章华、振华、经纬等纺织厂，他都在危急时撑过一把。

王伯元办银行，没有丝毫"投机家"的影子，使人耳目一新。他和秦润卿配合得

公训团部分领导合影（右起）：严谔声、王伯元、葛杰臣、金润庠、王晓籁、陈小蝶、顾文生、郑鹤龄、刘鸿生

也十分默契,不生任何纠葛,这让暗中觊觎者大失所望。一天,垦业银行门口莫名其妙地排起了一条长龙。路人询问何事,有人摇着手中垦业纸币,说它不稳,纸币将要停兑了。这下,垦业各家营业所都被挤兑者包围。王伯元知道肯定有人故意造谣。他情急生智,和秦润卿一起向钱庄和烟纸店朋友求助。登报通告,凡兑现垦业纸币,不必直接到银行,各家钱庄和烟纸店都能兑现。一元纸币兑一块银元外,还奉送一枚铜板。这样,风潮很快压了下去。

垦业开设在小弄堂里,起初"貌不惊人"。局面打开以后,王伯元在繁华的北京路江西路口,耗资白银20万两,购地建造了垦业大楼。大楼高达八层,设计别致,装潢豪华。落成之日,上海各界头面人物纷纷前来祝贺,垦业的地位更加稳固。银行乔迁到新楼以后,王伯元接受秦润卿提议,每月检查公布一次银行发行准备,信誉隆隆日上。几年光景,垦业票发行额就达到750万元以上,跻身上海十几家大银行之列。

垦业业务发展几处得手,王伯元决定正式投资房地产业和有价证券。1935年前后,上海一二八事变创伤稍稍平复,他在虹口欧嘉路、北四川路和黄浦汕头路等人口稠密地段,投资七十余万元,购地四十几亩,建造了垦业里等一批石库门弄堂房子出租。由于地段闹中取静,房子造价适中,适应一般中等市民居住,造好没有几天就全部租出,垦业得益甚厚。垦业的有价证券投资,王伯元选中了上海电力公司、怡和酒厂、英联船厂、中国水泥厂、永安纱厂、新星药厂、《金融日报》社等一大批实力较为雄厚的企业股票。加上银行必须摊销的各类国家公债,垦业这一投资也高达数百万元。王伯元从金子大王一变为银行大亨。

三、守成业,固根基,渗透各业

王伯元拥有垦业半数以上的股本,还有余资投资其他各业。有朋友问他:"你既然对银行这么有兴趣,为什么不把资金集中到垦业一家?"他诙谐一笑说:"狡兔还要三窟,我何必把资金捆在一起树大招风。"他分散投资的第一个目标是房地产,投资的办法也颇与众不同。不大张声势地组织什么公司,仅以个人名义经营。在垦业成立之前,上海市西愚园路、静安寺路还很落乡,较为荒凉,他一下子用低价吃进地皮四块五十余亩。两三年后,上海正式建市,繁华日胜一日。闹市中心从东面的外滩向西延伸,他在这些地皮上先后营造了十几条新式弄堂房子出租。这时,这里地皮价格涨了五六倍。地皮涨,房租也涨,他每月房租收入高达9000元,房地产总值当时就值100万美元以上。

他投资垦业得手后,又投资了上海绸业、国泰、中和、通和、乾一、大华、瑞恒等十家中小银行和公司,他在其中都担任了董事长或董事。垦业银行邻近的几条小马路上,它们鳞次栉比,有如众星拱月,真让人不敢小觑他的声势。

涉身金融业,自然也要插足保险业。垦业开张后的第二年春天,上海新闻报上登出一家保险公司开业的广告。人们感兴趣的是它的名称竟叫"天一"。当时,不少店号开张,都要弄个古怪的名字做"噱头"。"天一"这两个字却实在太白了。实际上,它也真出于一个少年的手笔。他就是这家公司董事长王伯元的儿子。王伯元办保险公司,认为要求业务发达,离不开市民大众。名称起得太玄,只会把顾客吓跑。所以,读中学的儿子提出这个好识好记的名字,他十分赞赏。此后,天一保险花样繁多,面对各类保户,营业大有起色。"天一"办好,他又投资了荣华、长城两家保险公司,在保险业中后来居上。

国货工业一浪高似一浪。他也很为动心。应朋友邀请,他参加了不少工厂投资。中国纱布、水产、瓷业、丝业四家公司,他都任董事长或董事。他投资企业的目光还投向长江沿线内地城市。湖北沙市纱厂、镇江贻成面粉厂都在当地声誉卓著,他都拥有相当股本。对于家乡宁波,他更怀着桑梓之情,尽力于市政和工业建设,陆续投资了四明电话、永耀电灯两家公司和和丰纱厂、永昶铜厂。王伯元有些投资,完全是兴之所致,图存国粹。笺扇业是中国传统工艺,洋货入关后日见衰微。他和书画大家张大千等人交契很深。他们问他可否扶持一把,他一口应诺,拿出5万元在南京路开了一爿大吉祥笺扇店。书画家们的扇面画作顿时满堂生辉。据时人估计,王伯元在这些行业的投资,不下数百万元,他的家业日见根深蒂固,在上海商界名望也一时如日中天。

四、爱桑梓,助教育,客逝异乡

王伯元发迹以后,十分热衷家乡公益和教育事业。他回故乡省亲,听说慈溪长石桥到樟桥河道淤塞,县中航运受阻,便慷慨解囊,请人疏浚。宁波城里老江桥多年失修,他主动捐资修复。祖籍长石桥,以前只有老式村塾,他捐资一万元创立植本小学,吸收乡间不论贫富的儿童入学。王伯元还买下邻近荒丘做义塚,收埋那些死无葬身之地的贫苦者。他在上海捐资复旦大学、南洋中学、蒙藏学校、抗战遗族学校等教育机构,还设立了伯元奖学金,对高中毕业成绩优异者,每学期奖给100元至300元不等。先后领取这一奖学金的有近百人之多,其中最著名的有昆虫学家周尧。

日本侵华战争爆发,日军占领上海,强迫王伯元接受伪职。他蓄须装病不出,躺在床上抽鸦片,自称胃疼厉害,每天从半夜到天明都靠它压痛,实在难以问事。1948年冬天,他随长子一同到台湾,后又迁居香港。1954年,他到美国纽约和在联合国任职的长子同住。居美期间,他和侨美的金融界和书画界老朋友时相聚晤,自己也潜心于书法艺术。1977年,以八十四高龄在美国寓所逝世。临终之时,还念念不忘故土,声称自己不想做迁美的始祖。

"远东保险王"史泰的经营之道

石 磊

史泰(C. V. Starr),1892年10月15日出生于美国加利福尼亚州一个沿海小镇福特·布莱格。1916年,史泰孑然一身来到上海滩。谁能想到,若干年后,这位来时只挟着一只旧皮包的24岁穷青年竟会在上海开办起一个又一个保险公司,在中国、亚洲乃至世界各地拓展保险业务,成为赫赫有名的"远东保险王"。

史泰年青时就读于加州大学,未及毕业即开始工作,做过新闻记者、律师事务职员、保险公司经纪人等。这些工作经历,使他头脑灵活,反应敏捷,同时也积累了一定的社会经验。在史泰后来的发迹史上,美丰银行老板雷文(E. J. Raven)是一个重要的人物。凭着在美国做保险公司经纪人的经历和个人能力,史泰受到了雷文的青睐,很快被派在美丰银行负责管理代理美国普益保险公司的业务。

1919年12月,史泰在雷文的帮助下自己开办了美亚保险代理公司,公司规模很小,主要代理美国保险公会在中国市场的业务。但是,史泰以此为本,多方钻营,不断扩大业务。至1925年,美亚已经发展成为一个注册资金100万美元,经营火险、运输险、船壳险等多种项目的大保险公司;史泰不断地将资金再投入,先后创办了友邦水火保险公司、友邦人寿保险公司、美国国际保险公司(即AIU),并同英商、法商合资开设四海保险公司和法美保险公司,又收购了一家取名为"美国人寿"的保险公司。1932年8月,美亚与中国通商银行、浙江兴业银行、中孚银行共同组建了泰山保险公司,这家由华商出面创立的保险公司,资本额为国币100万元,虽然美亚入股

友邦人寿保险公司刊登的广告

只占其中的 30%，但是，美亚派出大量经理人员主管业务，并利用分保关系，迫使其依附于己。30 年代后期，美亚保险集团已在中国保险业市场中占据了垄断地位，并在世界各地 46 个国家和地区设立了分支机构。根据 1937 年的统计，我国每年向国外流出的保险费约为 230 万英镑，折合法币 3880 余万元，其中美亚集团经办的保险费总额占 30%以上，也就是说，美亚集团在一年内就获得了 1200 多万元的保险费收入。

要在保险市场获取利润，先决条件是必须有大量的保险业务，综观史泰的经营过程，不乏出奇制胜之处。

1. 重视广告作用，扩大公司影响

史泰十分重视广告的效用。他很欣赏美国一家保险公司的广告画，画面上有一个人从高楼跌下，当跌至三楼保险公司窗户外时，保险公司已将签好的保险赔款支票送到跌下来的人手中。虽然当时上海保险同业有限制广告的决议，但史泰总会想出种种办法来进行自我宣传，扩大影响。

当时沪宁杭一带的大中城市里，不时可以看到一块红字的双柱广告牌，上

史泰授意设计的广告

书"美亚保险公司总公司上海外滩 17 号"字样；上海各家电影院的银幕上亦天天出现"如要保险请到美亚保险公司"几个大字。1933 年初史泰创办了"大美晚报"作为宣传喉舌，《晚报》经常登载鸣谢赔款迅速的来函，这种信函，实际上早已印好，当保险公司出险之后，只需投保人在底稿上盖章签字，就可以立即登载出来。在强大的广告攻势下，美亚集团"名声鹊起"，自然迎来了不少生意。

史泰曾对他所经营的公司的命名下过一番功夫。1930 年史泰创办的友邦银行，英文名称为 Underwriters Savings Bank For the Far East Inc(Underwriter 是保险

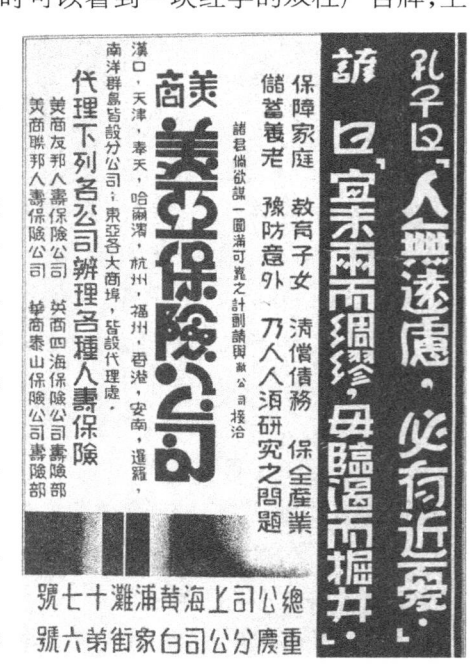

美商美亚保险公司刊登的广告

商的意思），这个名字乍一看来，显得与美亚保险公司的英文名颇有联系，而它的英文缩写 USB，又可混淆于美国银行的缩写，无形中起了一个欺骗性的广告作用，为史泰的保险集团吸纳了更多资金，这个名字，史泰自认为是"得意之作"，经常向人夸耀。又比如，史泰买进美国人寿保险公司，并非看重它的业绩，而是看中它响亮的名字。这个公司一到史泰手中，就大登广告说，总公司设在纽约第几大街，远东总公司设在上海外滩 17 号，实际上，纽约总公司只在一条偏僻街道上设了一个写字间，所谓远东总公司，亦不过在友邦人寿公司门口各挂一块招牌而已。

2. 采用灵活多变的经营方法，迎合客户需要

史泰经营业务，手段十分灵活。他在创办美亚、友邦人寿、友邦水火和收购美国人寿保险公司后，又投资组建了由英商、法商和华商出面开办的四海、法美和泰山保险公司，目的一方面是为了形成一个垄断集团，另一方面就是为了迎合客户需要，使美亚集团能够左右逢源，任从客便。如投保人需要美商保险单，就由美亚、友邦来签发；需要英商或法商保险单时，就可由四海或法美出单；若要华商保险单时，则由泰山承保。

1920 年初，上海北苏州路豫康公记等堆栈发生火灾，大量蚕茧被烧毁，美亚公司对此承保数目相当大。当时美亚公司开办不久，能否理赔，外界谣言很多。按常规，保险公司发出赔偿前，首先要查明责任，确定应否赔偿，然后通过公估行计算出应赔数目，最后再按规定理赔。美亚为了抢夺业务，扩大影响，不惜违反同业规章，抢在同业之前请客招待客户及经纪人，并在宴席上当众宣布如数赔款，并说在公估行未计算出应赔数目以前，投保户可先支取一部分赔款。实际上，因为美亚的赔款当时主要由美国保险公会承担，这样，美亚慷他人之慨却以"信誉可靠"而名声大振。

解放前夕，金圆券如同废纸，国民党政府则规定禁止发外币保单，保险业务一落千丈，华商公司大批停业。此时，美亚利用香港分公司运来大批空白保单，签发外币保单。这个做法一经推行，富商大贾蜂涌而来纷纷投保，史泰又获得了一大笔业务收入。

3. 敢于承担风险

美亚在开办之初，往往采用独立承保的方法，很少采用分保，也很少接受分保。不采用分保，是为了避免肥水外流；不接受分保，是因为它得到分保消息后，总是千方百计将整个保险业务攫取到手中，这种情况，尤其会发生在华商保险公司身上。以前保险公司的保单上，都有"别家保险公司"条款，条款规定如果保险单上承保的财产别家公司也承接时，必须通知出单公司将外保批明，否则保单无效。这一条款，原是为防止投保人投机取巧，以一笔数额保几笔险，而美亚公司看到这种批注时，往往要取消保单，这主要是针对实力较差的华商公司，使其无法独立承保。华

商保险公司一般由于历史短、资力薄,承保额较小(当时洋商公司火险承保能力比华商大 10 倍,水险大 50 至 60 倍),接受下来的业务有很大一部分要分保出去,有时一笔业务,合全部华商之力亦无法承保,不得不求助于洋商公司。而美亚则趁机派出保险经纪人至投保人处游说,要求承接全部业务。当时苏州河边的德兴堆栈房屋建筑很差,又易引发火灾,一般公司都不愿承保,因为危险性大,不仅自身承担风险,也无法分保出去。史泰了解到华商最大的保险集团吃额为 5000 元,全上海华商公司自留额总和亦不过 30000 元,就将保险总额定为 30 万元,如果有人向其投保德兴堆栈中货物的火险时,他就提出条件,必须将其他保险也由美亚来保。这种做法,风险很大,但是美亚也由此获得了不少业务,积累了大量资本。

4. 重视买办的作用

史泰深知,充斥于社会各阶层中的保险经纪人和买办,是最能为公司拉来生意的人,所以,史泰除了给他们优厚的薪金之外,还时常以各种恩惠笼络人心。他曾经花费 2570 美元为大买办赵伯秀修建坟墓;友邦人寿保险公司高级职员杨某经营失败,史泰便代其偿还债务;每逢节假日,史泰还要率领公司员工同游苏杭。这样,手下感恩戴德,自然加紧为其效力。当时外商保险公司的惯例,在签发水险保单时,由于航线、货物、船舶等级不同,水险保费没有固定费率,而是由各公司承保师根据经验来判断收费标准,这样,保单上就传统地不注明收费多少,而是用 Rate as arranged(费率如议)来注明。史泰由此对经纪人规定了一个最低费率,既可以使经纪人有一个最低收费标准与同业竞争拉来生意,又可使高出最低费率的那一部分保费归经纪人所有,鼓励经纪人格外卖力争取业务。

1949 年解放前夕,史泰与美亚集团离开中国大陆。时至今日,美亚集团已经发展成为一个拥有巨额资产,经营多种保险业务,在世界各地设有分支机构的保险集团——美国国际集团(AIG)。旧上海曾经是"冒险家的乐园",史泰则是"冒险家乐园"里的宠儿。但是,一个赤手空拳的人,在几十年里创立亿万资产的基业,这并不是仅靠冒险所能够成就的。

陈果夫在上海做经纪人

张 生

1920年秋,蒋介石在上海参加筹设"证券物品交易所"。开办后,一时生意颇为畅旺,蒋介石发了大财。陈果夫是蒋介石的把兄弟陈其美的侄儿,蒋有意提携他,就让他与朱孔扬、周骏彦、赵林士等人合组第54号经纪人,号名"茂新",做棉花期货和证券交易。

早在此之前,陈果夫就曾与蒋介石愉快地合作过,颇积累了一些投机经验:当时,陈在"晋安钱庄"做事,月薪12元,加上负担陈立夫、陈希曾两人学费,生活挺困难。蒋介石见状,借给他大洋1000元做举钿生意,陈三个星期内就赚了600多元。事后,陈送去大洋若干,聊表谢忱。

陈果夫

此番做期货、证券生意,陈果夫依然信心十足,只准备了3000多元资金。他自认为有蒋在暗中照应,不会亏蚀。没想到代理人太差劲,头两天开张,就亏了1700多元,"茂新"眼看要搁浅。

好在蒋介石和"晋安钱庄"又借给他一些钱翻本,陈果夫亲自操盘,稳扎稳打,渐渐地恢复了元气。

一天,陈果夫开了个盘子递上去,交易所却拍错了板,按账面结算,他要亏1000元左右。陈吓出一身冷汗,找到蒋介石,请他帮忙说话。直到下午,交易所终于同意更改,陈反而赚了1000多元。经过这次事故,陈再也不敢两处兼职,辞去了"晋安"的工作。当时,钱庄老板还有意挽留,陈果夫说:"昨天一天的出入,就要相差1800余元,如不幸而失败,岂不是在庄上再做10年,亦不能抵偿这一笔损失吗?"老板无话可说,放他走人。

"茂新"越做越好,股本先增到1万、1.5万,最终增到3万元。当时,每天开支不到 30 元,而生意即使在最差的时候,佣金也能收上 50 多元,最好的一天曾收到 2000 元。

"茂新"的成功,鼓舞了陈果夫,他又集合多人,办起了一家做棉纱与金银生意的经纪人,号名"鼎新"。"鼎新"的规模很大,到结束前共做了几亿元的生意,佣金收入优厚。

陈果夫做经纪人有他的一套:他的客户都是蒋介石介绍给他的"可靠"的股实商人;他提高伙计们的待遇,让他们安心,尤其是让他们不要掺在里面做股票;他还规定,当天的账必须当天结完,决不拖延,以免生事端;最聪明的一手是,他利用"茂新"、"鼎新"的亲密关系,拿客户委托他炒股的钱买期货,又拿卖期货的钱炒股,形成良性循环。

陈果夫发了财,也做了一些好事。当时,国民党的经费奇缺,一些党员生活无着,陈就三十、五十地送一些过去。有时,一些贫苦党员集资托他炒股,他不问赔赚,总是加一定的利润送去。据他自己说,两年中,他在这方面贴进了上万元之多,"可算无愧"。

1922 年,上海发生"交易所风潮","茂新"、"鼎新"自然没有幸免。不过,陈果夫颇机警,交割结束,仍赚了 60 多万元,而蒋介石却欠下一屁股债。于是,陈果夫与张静江一起,送他大洋数千元作盘缠,助蒋去广州"革命"了。

海上闻人黄楚九"创业"记

任 骛

旧上海工商巨子、实业大亨众多,腰缠万贯者更是不计其数,其中有黄楚九者,恐怕是传奇色彩和悲剧命运最浓的一个代表了。在他不长的一生中,经营过不下数千家企业,小到龙虎人丹,大至大世界娱乐场,均是此公的"杰作",几乎涉足了当时所有的新兴行业,如新药业、娱乐业、金融业、房地产业、卷烟业等,但最终因受不可抗拒的经济法则和黑暗政治势力的双重打击,演出了一幕"一双空手渡黄泉"的悲剧。在他生前身后,加诸他的各种褒贬之辞,已是纷纷扬扬,流风余韵,迄今未绝,褒者赞其为"商业之神",贬者骂之为"滑头大王",真所谓仁者见仁,智者见智。本文撷取黄楚九创业时的几段"神来之笔",聊供现代搏击商海者参考。

黄楚九(1872—1931)

放长线钓"大鱼"

黄楚九创业之初,真是困难重重。

自从在城隍庙摆药摊谋生后,他的脑子里就翻腾开了:摆地摊非长久之计,必得设法筹资开爿西药铺,方有出头之日。

当时,西药业在我国刚刚兴起,不少商人瞅准西药本大利厚、取效迅速的特点,不惜重金从外国进口大量西药,运用于临床,获得了远胜于中药业的丰厚回报。黄楚九想在开设西药铺的同时,自己研制成药,这样更有利可图,而且,他还看好了法大马路(今金陵东路)上的一处二开间门面,楼上楼下二层,楼下开店,楼上便用作工场间,研制成药。但说来说去,没有资金终是白搭,他连盘下一间门面的资金都没有，又如何着手筹划一切呢？钱，钱，关键的关键全在于此，他唯有借贷一途可走了。

谁知，借钱并不容易，有的是高利贷，借得起还不起；有的是钱少，根本不派用场；有的钱倒不少，但还款期限得太紧，借了不如不借。

俗话说：天无绝人之路。黄楚九绞尽脑汁，倒真让他想起了一个人，一个女人，名字叫王克琴。

这个王克琴还有些来历，她原是辫子军张勋的姨太太，张勋死后，来上海租界定居，手中有些私蓄，当不用说。王克琴嗜爱看戏，是个标准的戏迷，尤爱看著名昆曲艺人周凤林的《刺梁》、《刺汤》等剧，后来与同为戏迷的黄楚九认识，但交往并不深，平时一无来往。

黄楚九也顾不得交情深浅，决意向她借钱。这天晚上，他在床上翻来覆去，总结前几次借钱失利的教训，最后定下放长线钓"大鱼"之计。

第二天一早起来，黄楚九把自己打扮一番。翻出唯一的一套西装穿上，戴上领带；头上擦了生发油，小心翼翼将头发分成三七开模样；胡子本来不多，用小剪刀修饰几下，也够干净了。一双皮鞋上了油穷擦，却是不见光亮，索性扔了，路上买了一双新鞋穿上。

黄楚九兴冲冲赶到王宅，自报家门，倒把王姨太吓了一跳，心想这个小赤佬怎么找上门来了？表面上装作热情的样子，把他请进客厅坐下，沏茶奉上后，便问："小兄弟近来不大看见，在哪里发财啊？"

黄楚九便把自己想开爿西药铺的情况说了一遍，又把西药如何优于中药的道理渲染了一通，最后说："王太太，这西药房赚头是稳扎稳打的，我想改中药为西药的原因，就在于此。可是，现在手头一时周转不过来，还差几百块的洋钿，不好意思，想向你借几天。"

实际上，这几百块钱哪里够用，非有五六千元不能办，他看中的法大马路那处街面房，一年的租金也至少要几百元钱，何况还有买药这宗大头。但一开口就借上几千元钱，断无成功的可能，这是黄楚九的经验之谈，所以，才放长线钓"大鱼"。

王姨太见黄楚九衣冠楚楚，脸含凝重之色，倒不像油头滑脑之人。又听说他开了一家名叫"异授堂"的中药店，她有一个女友，就去那里买过眼药，疗效还真不错。看在同为戏迷的分上，王姨太说："小兄弟急需用钱，定当相帮。不瞒你说，我现在是坐吃山空，也只能吃点利息呵！"

黄楚九忙说："好说，好说。"

王姨太一边从抽屉里拿了300块钱，一边便请黄楚九写一张字据，表明何时归还，利息多少，心想你也逃不到哪里去。

黄楚九察言观色，接口说："王太太，承蒙你看得起小辈，感激不尽。这三百块钱，我暂借十天，到时连本带利奉还，请你放心好了。"

临行前，黄楚九又与王姨太聊了一通戏经，相约有便时剧场再会。

黄楚九拿到这笔钱后，锁进自家的抽屉内，分文未动。十天之内，取出这300块钱，自己添上利息，再赴王姨太家。

王姨太见黄楚九果然言而有信，约期不误，戒心去掉一大半，对他说："小兄弟，你不必客气，如还需要用钱，尽管再借好了。"

黄楚九不就等着这句话？表面上去不动声色，只是说："王太太，上次借钱已经麻烦了，哪能一借再借？"

"哎，好比存银行，有借有还就行。"

黄楚九于是说："西药房本大利厚，可是这西药我们还不能制造，只好买外国人的成药，洋人做生意是直来直去的，一定要现款交易。这样的话，还要垫进不少钱呢！"

王姨太又拿出了500块钱。

中法大药房

黄楚九仍是如法炮制，一俟到期，就连本带利悉数归还，外加自制的两瓶上等补酒。这一招果然灵光，王姨太对他益发相信，有求必应。如此一而再，再而三，在信用保证下，黄楚九终于达到了目的：从她那里借得一笔5000元的巨款，为期一年。

这一年，黄楚九刚满20岁。

不久之后，在法大马路浙江路口，一家风光十足的西药房沿街挺立，名为"中法大药房"。谁能料到十余年之后，这家药房将执上海西药界之牛耳，称雄一时，它的主人黄楚九也被推选为上海第一届新药业公会主席。

假戏真做的"艾罗补脑汁"

黄楚九空麻袋背米，白手创下这一份家业之后，就苦苦寻思自己研制成药，但试了几次，均告失败。一个偶然的机会，黄楚九从一个吴姓药剂师手中，搞到一张安神健脑滋补剂处方，自己配药试服之后，尚有一定效用，于是决定按此方制销补脑汁。

当时，这类补药尚属新奇，只要"包装"得法，不愁没有销路。

黄楚九素以"头脑灵敏，高人一等"出名，这次更是动足脑筋，力求一炮打响，图个开门红。他利用国人崇洋的心理,将此药定名为"艾罗补脑汁",称此药为美国医学博士艾罗所研制,由他出重金购得专利,在中国独家生产。在艾罗补脑汁推向市场前,黄楚九大做广告,整版整版包下报纸广告专栏,向读者灌输什么"健身必须健脑"的道理,最后九九归一,艾罗补脑汁是"滋养脑力之圣药",不但能"长智慧",而且可以"祛百病",常服能使人"精神健旺,筋骨强劲,面色红润,思想日富。"

那只装药的瓶子,也设计得新颖别致,像是从美国进口的模样。瓶贴印得花花绿绿,触目洋文,中间最显眼处赫然为艾罗博士头像,下面为博士的英文签名:Dr. Tc. Yale。

经过黄楚九的这一番宣传包装,艾罗补脑汁果然一炮打响,在市场上供不应求,每天的门市营业额高达千元以上。黄楚九掰着手指算算毛利,竟高达百分之四百,比如大瓶 168cc 售价 2 元,实际成本仅 4 角而已。中法大药房楼上的工场间,那只用来调制补脑汁的紫铜大锅,整天热气腾腾,没有歇搁的辰光。一年以后,艾罗补脑汁已经远销香港和东南亚一带。

艾罗补脑汁是黄楚九的"成名作",也是他的摇钱树。在他数十年的经营生涯中,这味新药创利之大,只有后来的"百龄机"可与之媲美。而且更为重要的是,黄氏企业后来的大发展,就是靠艾罗补脑汁奠下的基础。

可是,树大招风。

却说有一天,有个洋装笔挺的外国年轻人走进中法大药房,自称是美国艾罗博士的儿子,有要事求见黄楚九。

众人大惊,说声"奇了!"忙进去请老板出来相见。

黄楚九听得消息,冷笑一声,挥挥手让伙计出去。

中法大药房海报

稍顷,黄楚九不慌不忙从内屋出来,接见小艾罗。他使劲握着小艾罗的手,眼睛机敏闪烁,像是已经洞察了小艾罗的来意。

小艾罗寒暄几句后,开口道:"黄楚九先生,我父亲已于去年病逝。但他老人家生前有言,上海黄楚九先生尚欠着艾罗补脑汁的专利费,按照美国的法律……"

黄楚九一听,知道自己所料不差,遇上了一个外国骗子,按理说,要拆穿他的西洋镜十分容易,只要说明艾罗无并其人,纯属虚构就可以了。但是,仔细思量,问题似又不简单,如果否定了艾罗其人,就等于说艾罗补脑汁的处方是假的,哪岂不前功尽弃,何以向新老顾客交代?那岂不是说他黄大医师造假有方,昧着良心赚钱?

看来,这个家伙是来者不善,善者不来呵!

当下,黄楚九哈哈一笑,决定将计就计,假戏真做。他对小艾罗说:"唉,令尊仙逝,真是不幸得很呢。他来上海时,和我一见如故,这艾罗补脑汁秘方,也确是他转让于我。不过,我已一次性付清了艾罗博士的专利费,难道他临终时又糊涂了?"

说着,他匆匆返回内屋,又匆匆来到客厅,手里已多了一张收据,递给小艾罗,小艾罗接过一看,不禁目瞪口呆,只见上面用英文写道一行字:"收到补脑汁秘方专利转让费美金一万元整。艾罗博士。"

小艾罗虽说久经磨练,但也未防黄楚九有这么一手,心中顿时凉了半截。早就听说黄楚九精明过人,足智多谋,今日一见,果然名不虚传,要想讹诈他的钱财,自认倒霉吧。一边想着,一边准备拔腿开溜了。

黄楚九笃悠悠说:"小艾罗先生远道来此,鄙人当尽地主之谊。不过,这几天我忙得很,恐怕不能陪你,你就一个人先在上海玩几天吧。"随即吩咐账房先生开了一张 1000 元的支票,送给他花销。

那个外国骗子接过支票,心底里对黄楚九既敬且畏,暗暗叫声"高"!

黄楚九又说:"当然,要请你再写一张收据,写明自己是艾罗博士的儿子,艾罗补脑汁确已转让给中法大药房独家经销,别无枝节。"

黄楚九拿到这张证明,好像得了一件宝贝。后来,又把它装进一只精致的小镜框里,高挂在店堂墙壁上,似乎他真的成为了"艾罗博士"发明的艾罗补脑汁唯一合法的继承人。

第二天,某小报登出了一篇采访记,详述了黄楚九与小艾罗"欢晤"的情景,旁边配有小艾罗的亲笔"手迹",文章最后写道:"此次小艾罗远道来华,目睹其父研制的艾罗补脑汁之花,经黄楚九先生之手浇灌,在华绽蕾竞放。深受欣慰之至,亦深感乃父识人有方矣!"

经此一番出奇制胜的搏斗,艾罗补脑汁打遍天下无敌手,大名鼎鼎,再也没有宵小之徒来贪便宜了。黄楚九趁胜追击,又一举推出"艾罗系列"药品,如艾罗解毒药、艾罗疗肺药、艾罗精神丸、艾罗日光丸、艾罗月光丸等,蜂拥而上,结果销路都不差。

"百龄机"的广告术

黄楚九擅长经营,广告宣传更是他的拿手好戏,在上海滩无出其右者。中法大药房初创不久,营业收入平平,根本谈不上"近悦远来"。

一次,黄楚九花钱在报上刊登了一则广告,宣称中法大药房祖传药方灵验,西

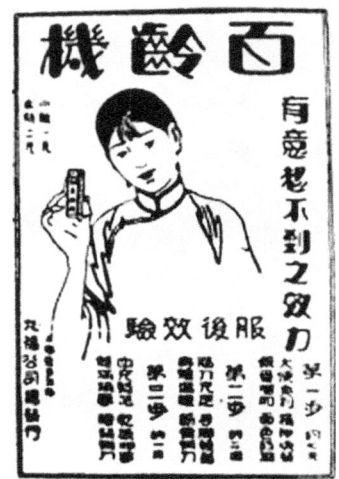

"百龄机"海报

药品种繁多云云,结果引来了众多的上门求购者,营业额直线上升,使他初尝做广告的甜头。要知道,当时我国广告业刚刚萌芽,许多商人都视此为洋人的噱头,根本不相信有何神奇作用,黄楚九有此广告意识,已是十分难能可贵。

发展到后来,黄楚九的广告术愈加炉火纯青,几乎到了随心所欲的地步,其中一味名叫"百龄机"的新药,便是被他那套独特的广告战吹上了天,成为超过"艾罗补脑汁"的王牌产品和又一棵本轻利重的大摇钱树。

还是从头说起吧。

满肚子生意经的黄楚九,患有便秘症,消化不良,食欲不振。他的长婿藏伯庸,是位留日学医归来的洋学生,见状便为岳丈大人精心试开了一方滋补型的"润肠开胃剂"。黄楚九配药服了几日后,觉得效果不错,心想若能将此药投入生产,对外销售,必定又是一味赚钱的新药。于是,他招来女婿商议此事。

黄楚九说:"伯庸,你为我开的这剂药效果不错,只是给我一个人吃太浪费了,哈哈。我想把它开发生产,你意下如何?"

伯庸自然赞同。黄楚九又说:"这件事就由你负责。为了保险起见,不妨另外虚设一个公司,试产试销,这样万一失败,也不致于牵涉到黄家企业的声誉。"

黄楚九考虑得真是周全,又将其他细节关照一遍。

不过,黄楚九是重名超过重实的人,对这味药的名称不太满意,"润肠开胃剂"毕竟太普通了。伯庸便请岳丈大人赐名,他想了一下,说:"我看就叫百灵剂好了,百病百灵,药到病除。"

伯庸对岳丈大人的生意经一向钦佩,但却觉得这个名字过于俗气,于是做了"一字师",说:"包治百病往往是什么病都治不了,掏钱买药的人反而不相信药的疗效,不如将'灵'改为'龄'字较妥。"

"百龄剂,百龄剂——妙!服之延年益寿,长命百岁。让顾客讨得这个口彩,必受欢迎无疑。"

百龄剂的名字就这样定下来了,但后来在报纸上刊登广告时,印刷工人将"剂"字误排成"机"字,后来也就约定俗成,世人皆以"百龄机"称之。地址在爱多亚路(今延安东路)浙江路口,名为"九福公司"。百龄机源源不断地在那里生产出来,运往市场,但开始时谁都不知道它的后台老板就是黄楚九。

黄楚九为使百龄机迅速走红于市场,专门聘请了广告高手周名刚筹划一切,于是一则则新奇别致的广告横空出世,对人形成一种"密集形轰炸"的效果。

报刊广告每日不断,图文并茂,宣称百龄机是"炼取百药之精华制成",可以"补血补脑补肾","有意想不到之功力",其中这句"有意想不到之功力",竟被人传诵一时,时常挂在人们的嘴上。并经常刊登"读者来信",称颂此药的灵验,有一位"老汉"言:"数十天之效力如此:今年没有冬天。"

在一次促销活动中,黄楚九让人在楼顶上放飞一只巨型风筝,风筝上挂着一只箱笼,下垂药线。当风筝放飞到一定的高度时,药线会自动燃尽,箱笼就会打开,这时就"哗啦啦"从里面飘下无数广告传单,飘飘洒洒飞落于地上。顾客和行人目睹奇景,争相抢阅传单,仔细一看,只见上面赫然写着百龄机的各式广告语,诸如:"百龄机人生五福寿为先"、"清补妙品人人宜服百龄机"、"同胞注意服百龄机十大保障:血液稠红、精神充足……"

又有一次,黄楚九突发奇想,对手下人说:"上海的电线木头就是最好的广告牌,给我统统贴满。"那天市民出行后,见大半个上海的电线杆上都贴满了精印的百龄机广告纸。这一招效果奇好,连从不看报纸的下层百姓都触目可见"百龄机"。此外,他还定制了一批"百龄机热水瓶"、"百龄机毛巾",均按成本价委托批发商廉价出售,藉以扩大影响。

对此,黄楚九犹嫌不足,绞尽脑汁出新点子,隔一段时间就造成一次轰动性效应,让市民不断笼罩在百龄机的影响下。他曾指派手下人四出活动,花费大力气寻觅了100位耄耋之年的老人,个个显得十分健康,鹤发红颜,须长及胸,然后假大世界共和厅宴请他们,号称"万龄大会"。宴后,让他们穿上长袍合影。这张照片就被当作活广告,刊之于报刊上,两旁还配有对联曰:"日服百龄机生奇效,百龄老人永远不老!"横批曰:"万龄大会"。

黄楚九不惜巨金大做广告,有人认为得不偿失。但他认为,开销愈大,广告就登得愈多,产品就愈能打开销路,这是一种良性循环,所以并不介意,一掷千金无吝色。

事实也确是如此。广告为百龄机的销售打开了巨大的市场,购者踊跃,营业鼎盛。不仅本埠,外地求购函也如雪片般飞来。黄楚九见状,索性再摆一记噱头,抓住顾客"一分价钿一分货"的购物心理,不仅不降价,反而故意抬高百龄机的售价,使顾客益发相信百龄机是高级滋补新药,因而更加乐意掏钱购买,结果生意愈做愈大。百龄机风靡全国,畅销东南亚,年营业额高达一百多万元,其赚头之大,连艾罗补脑汁亦难以望其项背,真是有"意想不到之功力"。

黄楚九被称为"滑头大王"

有人说，百龄机的成功，就是黄楚九广告术的成功。当然，黄楚九广告术也有言过其实，甚至弄虚作假的地方，这是不足取的。

偷梁换柱渡风险

20年代初，上海证券业蓬勃兴起，各类交易所如雨后春笋，层出不穷，竟多达一百余家，素以投机见长的黄楚九哪甘落后，急急拉人筹组了"上海夜市证券交易所"，自任理事长，以其所经营企业的股票为主要对象，干起了翻手为云，覆手为雨的买空卖空活动。另外，为了与证券交易所配套，又成立了一家"上海日夜银行"。

说起这家日夜银行，在当时也算别树一帜，有一套拉拢客户的手段，如开户不限金额，一元就可开一户头，存取十分自由。存款办法多种多样，分零存整取、整存整取、定期存款、随存随取等，具备了现代商业银行的一些意识，因而存款额直线上升。

不久，上海不少商人转而从事房地产投机，获利十分丰厚，头脑发热的黄楚九紧紧跟上，大炒地皮，竟动用客户在银行的巨额存款，"吃"下宁波路浙江路一大块土地，准备建房出租、出卖，在短期内捞回成本。

哪知黄楚九这一次却大失其手。1921年夏，一场世界性的经济危机波及上海，上海银根突然紧缩，百业萧条，金融证券业首当其冲，酿成历史上有名的"信交风潮"，交易所、银行纷纷破产倒闭，其比率高达百分之九十以上，上海夜市证券交易所也难逃厄运，但日夜银行却奇迹般保存下来，这在一般小银行中是不多见的。原来黄楚九采用了"偷梁换柱"的办法，才不择手段地保住了自己的银行。

"信交风潮"发生后，黄楚九的日夜银行门前，排起了长龙，储户们发疯似地要求提款。后来市面上又有消息说，日夜银行只是空架子一个，大部分存款已被黄楚九挪用去炒地皮造房子了，这一下更是火上加油，要求提款的客户从四面八方蜂拥而来，把个日夜银行围得水泄不通，非要面见黄楚九不可，好问个水落石出。

无奈之下，黄楚九只好卖掉自己的花园洋房和轿车，想暂度危机，但这点资金犹如杯水车薪，于事何补？他自己也知道，现在银行库存空虚，头寸周转不灵，终是事实，必须赶快补上这个缺口才好。否则难免破产倒闭。

黄楚九曾在一家"江南交易所"担任理事，这家交易所大多为文人入股参办，刚刚筹集了50万元股金，准备择吉开张，却逢上了信交风潮，算是不幸之中的大幸，但这笔股金已小有损失，余下的40万股金，一下子也不知如何处理为好。交易所负责人、诗人廉南湖前来请教黄楚九，乐得黄楚九心里直笑，真是一块送上门来的肥肉，焉能不吃？

黄楚九说："南湖兄，大势所趋，执拗无益，目前只有保本解散，把股本还给股东,可告无罪。不过,不过,"说到这里,他装出为难的样子,考虑片刻,又继续说:"要分期分批还,现要有人代你们暂时保管这笔资金,一般银行是靠不住的,不如全数划归我的日夜银行代为保管为妥。"

廉南湖是个文人,平时对黄楚九的生意经十分欣赏,在办交易所的过程中,也多有请教,听黄楚九这么一说,也就贸然点头答应了,将40万元股金全数划入日夜银行。

有了这么一笔巨资周转,日夜银行好似失血病人输入了新鲜血液,顿时转危为安,打起了精神,收支放款照常进行。不知情者还以为银行资本雄厚,实则是徒有其表,翻来覆去只是廉南湖那40万元在变戏法。

黄楚九至此松了一口气,在当时最有名的上海大雅楼菜馆定下两桌丰盛的酒水,款待廉南湖和江南交易所的其他重要成员,大家觥筹交错,一醉方休。

哪知几天后,廉南湖急急跑来找黄楚九,说:"不好了,不好了,那些债权人听说我把股本金统统存入了日夜银行,都组团来问我要钱,说要立即归还他们的股金。我已答应他们三天后听回信。"

黄楚九一听,大吃一惊,他连连摇着头,对廉说:"南湖兄,你到底是个文人!银行存款哪能睡死觉,否则你的存款利息从哪里来? 实话实说吧,存款我已抵作头寸,年内无从拨付。"

说完,盯着廉南湖的脸孔,看了半天。

廉南湖听完后,竟气得讲不出话来。半晌,才问黄楚九如何是好? 显然,事已至此,他束手无策了。

黄楚九察言观色,看看火候差不多了,就装作一副胸有成竹的样子,说:"南湖兄,我们都是老朋友了,我哪能害你呢?我借的钱,我自然会还,但也不能说还就还,如果那些股东一齐来取款,说不定又会酿成挤兑风潮,把日夜银行弄垮事小,说不定还要引起整个金融界动荡混乱呢!"

后经双方商定,股东倘有急用,可凭收据向日夜银行押款,照票面最高额付给六七成,最少不低于四五成。但是股东们真的去日夜银行押款时,又往往遭到刁难,七折八扣,所得无几,过了一段时日,索性弄成了一笔谁都弄不清楚的糊涂账,结果不了了之。

在黄楚九的"创业"过程中,曾数次陷于"崩盘"的绝境之中,但他大多

黄楚九经营的上海大世界

能铤而走险,不择手段地化险为夷,譬如在巨大的压力之下保全了日夜银行就是典型的一例。但在他生命最后的几年中,由于他过于追逐高额利润,从事风险投机活动不能量力而行,摊子铺得太开,场面做得过大,结果弄得底子空虚,资金不足,最终到了无以自拔的地步,落得一个悲剧性的下场。

开创中国人身保险业的吕岳泉

陈正卿

近年来,随着国家改革开放政策的日益深入,保险业在国家经济生活中的地位越来越重要。作为保险业主要分支之一的人身保险业,也逐步走向千家万户,发挥着极其广阔的社会作用。在这种时刻,人们就不禁想起中国人身保险业的创始人、著名爱国实业家吕岳泉。他创办的华安人寿保险公司在旧中国的金融保险业史上曾有过光彩的一笔。但人们又怎么知道,当初他只是一个贫苦船工的儿子,硬是凭着一股毅力的热血,才艰辛备尝闯出了这一片天地,而且终生热爱着自己的国家。回顾他的创业道路是颇为发人深省的。

一、贫苦男佣　开创华安

1877 年,上海浦东川沙的一个普通船家,生下了一个大眼大耳的男孩。父亲把他抱在手中,忧喜交加。忧的是穷,家里只有两间草房,全靠自己一双手给人撑船谋生。喜的是这孩子虽说瘦,倒有点福相。6 岁时,父亲咬咬牙送他到私塾去念书。但只读了三年,就无法再维持下去了。12 岁,大伯伯带他到上海一个英国人家里去帮佣。这家男主人就是英商永年人寿保险公司业务经理穆勒。他聪明伶俐,很快学会了不少生活英语。侍候穆勒洽谈业务时,他在旁观察,居然也懂得了一些"门槛"。一次,穆勒要招聘一名华人助手,应聘者川流不息。不过接触以后,他都摇头叹气表示不满意。突然,他开玩笑似地问:"吕,小家伙,你想试试吗?"谁知吕岳泉就像等着要他这句话似地大声答:"完全可以"!于是,穆勒弄假成真,让他代招一些业务看看。从此,这个机灵的年轻人就拿着主人名片,穿行在十里洋场,代为招徕寿险业务。但当他敲响一些固执的老人家门时,总被"替洋鬼子骗钱"的骂声拒之门外。吕岳泉耐心好,脑子灵,他先到比较开通的华人区去推销。功夫不负有心人。跑了几个月,他还真拉到了不少主顾。几年之后,穆勒正式介绍他到公司当营业员,一千七八年,后来永年公司把业务扩展到南京,他就当了当地分公司经理。走马上任之前,他为在当地如何打开业务,颇动了一番脑筋。

当年的南京和上海不同,没有那么多的洋行、公司和喝了洋墨水的人。只有统领东南数省的两江总督衙署和一大帮府道幕僚。吕岳泉寻思,要在这儿打开局面,恐怕还非要从总督衙署下手不可。不过,督署衙门警卫森严,又岂是一个普通商人可以随便进出推销生意的?这时,他听说两江总督端方喜爱结交名士,就请江南大文士夏午彝介绍晋见。端方同意接见。吕岳泉入署,先倒有几分拘束。端方却对人和气,一看到他,满脸堆笑说:"人寿保险是一桩大事业。我上两年到美国考察宪政,曾参观过纽约的人寿保险公司。规模宏大,真是惊人!资产达到数亿元。你可要好好干啊!"端方如此支持,这真大出吕岳泉意料之外。当下,端方不仅自己投保了寿险,还下令僚属一律投保,以为商民倡导。督署衙门带头,南京业务迅速打开。第二年春天,国内商界的一桩盛举——南洋劝业会,在南京鼓楼开幕,各省绅商云集。吕岳泉在会中辟专栏介绍国内外寿险业现状和前景,也结交了张謇、虞洽卿、朱葆三等一批商界巨头,他的生意更加红火。这时,又有一件事刺激了他的心。一天,一位新结交的朋友邀他到夫子庙酒楼小饮。酒近半酣,那朋友举杯问:"岳泉,你如此为洋人公司出力,心中就无半点愧疚?"他涨红了脸,低声说:"谁不想有朝一日为国家挽回漏卮?但眼下……"那朋友却又敛眉正色说:"血性男儿何必优柔寡断?"吕岳泉才知道他原来是革命党。当时的南京也正是革命党人藏龙卧虎之地。受他们感召,吕岳泉也参加了同盟会,希望有一天能用寿险业福国利民。辛亥年秋末,从长江上游隐隐传来武昌新军造反的消息,驻南京新军第九镇也闻风而动,血战三日,光复东南重镇金陵。民国奠基在这六朝故都,吕岳泉欢欣鼓舞,毅然辞去永年职务,跑到上海,先去拜访原江浙联军总司令徐绍桢。徐这时也刚辞去南京卫戍总督职务,响应孙中山号召,想在实业界有所作为。两人谈得十分投机,商定由徐出面,约请王人文、吕天民、朱葆三、桑铁珊等国内政界、商界名流,集资规银20万两,发起组织一家人寿保险公司。公司在筹备中,不料却发生了一场意外风波。吕岳泉和徐绍桢等人原商定,公司名称叫中华合群保寿。谁知桑铁珊在联系刊登招股启事时,竟擅自把"中华"二字改为"华安"。吕岳泉看到报纸,心头一阵火起。但转念一想,戏刚开锣,就闹起风浪,不是要把公司牌子抹黑?只好将错就错,让它去了。华安公司于中华民国元年(1911年)6月1日在上海外滩30号开幕。徐绍桢任董事长,吕岳泉任总经理。开张之日,孙中山、黄兴等开国元勋都派人来致贺,场面煞是热闹。吕岳泉从一个小男佣,一跃而成了国内首家寿险公司总经理,在商界成为一颗颇受人注目的新星。

二、聘用客卿"借鸡孵蛋"

华安开张后,吕岳泉才真正感到万事开头难。招徕业务,他轻车熟路。但寿险管理中的保险费率、责任准备金、退保金计算等，却感到难以应付。华安之前，国内也曾有华兴、华通、福安几家华商保险公司，都因业务原理不明白，加之管理不善，无一而成。这桩难题如何解决？他想到春秋战国时借用"客卿"兴邦的故事，也想尝试一次。他高价聘用了永年公司老搭档英国人郁赐当总司理，第弗利斯当计算师，自己兼任营业部主任，这"三驾马车"暂时使华安运转了起来。

华安公司大厦

见华安公司大门口进出的又是外国司理，股东们议论得沸沸扬扬，吕岳泉却似乎听而不闻。年中股东大会上，他把和郁赐所签合同的约定公开：聘用期5年，期满是否续聘另议；总司理须按和公司订明的职权范围、要求工作，不得擅权。股东们才心中疑窦释然。

郁赐和第弗利斯到华安就职，吕岳泉为他们精心配置了助手。营业员经乾坤年青聪明，勤奋好学；刚入公司的练习生周大纶是名牌大学的数学尖子。他面授机宜，让他们分别跟郁赐和第弗利斯边工作边学艺。几年下来，经乾坤悉心钻研，对寿险业管理颇有所获，先被提拔为坐办，后又升为副经理，逐步取代了郁赐。周大纶也脱颖而出，胜任了计算师工作。这时，大家才感到吕岳泉这着棋的老谋深算。他明修栈道，暗度陈仓，聘用"客卿"既解了一时人才匮乏之围，也"借鸡孵蛋"培养了本公司人才。

"借鸡孵蛋"虽说只培养了少量高级人才，但它却打开了训练大批营业人员的大门。以后，每当华安有新人进公司，吕岳泉都亲自主持短期培训班。班上，他主讲敬业课，总要回顾早年走家串户推销营业的甘苦，以"失败一百次，成功一次即为成功"相勉励。经乾坤等人则分别讲授寿险学原理等。华安有了合格的营业人员，更利业务发展。吕岳泉为加快业务人员培训，还灵机一动，经和各地教育机构联系，开办了华安人寿保险专业函授学校。他自任校长，以每六个月为一届，设置人寿保险原理、寿险种类、招徕学、商业道德等科目。教材由他和公司其他高级职员编写。招生之前，国内各大报刊都登载了华安启事。因启事中写明，毕业后有百分之十的优秀生可量才录用。所以，从上海等大都市到云贵边远省份和南洋各埠，报考者十分踊跃。几年里毕业学员多达600余人，有三分之一左右被华安或其他保险公司录用。大批寿险业人才的培养，为华安业务大腾飞打下了基础。

三、重视宣传　讲究信誉

华安聘用"客卿",业务开始运转,但成绩却不理想。一件事使他记忆犹新。一次,他到一位老人家去招徕业务,正好有几个老人在聚谈。刚坐下寒暄几句;其中一位就用怀疑他的口气责问:"人的寿数还能保?"他好一番解释,他们才晓得寿险保的不是"命",而是生命的价值。他想业务推广不开,这肯定和许多人还不理解寿险业务有关。抓紧宣传应是当务之急。从此,《申报》《新闻报》上常刊登生动活泼的介绍寿险的短文。吕岳泉还约请记者召开茶话会,座谈寿险业意义。黎元洪、冯国璋、陈其美、王一亭等各界名流,也应他请求在报上题辞撰文宣传寿险业和华安。

寿险业逐步被世人知晓。吕岳泉又邀请了几位文人相商,推出新的宣传计划。不久,不少市民案头添了一份封面精致、文字优雅的《华安》杂志。刊内围绕寿险和家庭幸福,既有理论阐述,又有文艺小品。杂志全部由公司赠送保户,或做营业员招徕业务之用,不收费。印数最高时达到上万册。

吕岳泉宣传寿险业务,受风起云涌的国货高潮启发,也紧紧贴住社会脉搏。1922年秋天,国内民众为收回被日本占领的山东胶济铁路,发起集资赎路。吕岳泉不失时机,一面登报启事认购赎路储金100万元,一面发起"华安储金赎路保寿"。他这一招很新鲜,保户们既尽了爱国义务,又获得了家庭保障,纷纷踊跃投保。1925年初夏,上海发生租界当局开枪射杀市民的惨剧,工商学各界一致罢工罢市罢课。华安除捐款抚恤外,还发起"经济救国保寿",以期早日还清外债,收回国权。在此前后,国内保护劳工的呼声也日甚一日。其中热门话题,就是劳动保险。吕岳泉撰文鼓吹,实行劳动保险,是社会文明进步的标志。因此,他制定了团体保寿章程。保额由公司和资方商定,保费由企业缴纳。率先投保的有商务印书馆、新闻报社、家庭工业社、内地自来水公司、光华火油公司等数十家企业。团体投保,不仅扩大了公司业务,还提高了社会影响。

吕岳泉为增强寿险业务在国内的影响,还积极赞助有关学术活动。1927年8月,美国保险学专家许本纳博士到日本讲学。吕岳泉闻讯,邀请他顺道来中国作学术访问。华安公司对他盛情接待,为他组织了讲题为《生命价值的科学管理》的专题报告。听众多达一千余人,包括工商、金融、文教各界。上海几大报都摘要刊载他的演讲,寿险一时成了街头巷尾议论的热点。

吕岳泉懂得宣传只有在过硬的信誉之上,才会真正有效应。信誉是华安的生命,这是吕岳泉的口头禅。确实,国内寿险业刚起步,保户受损能否照章获赔,大家都拭目以待。华安刚开业,上海一家商号跑街先生刚投保不幸外出遇车祸身亡,家属悲恸欲绝。一家老小正哀哀戚戚,不知日后如何谋生。华安马上派人登门慰问,送上赔款 1000 元大洋,家人真如救星从天而降。当时,上海绑票案奇多,一些富商大贾到保险公司投保,也为防备这类不测之祸。每有这些事件发生,吕岳泉和家属一起,想方设法使保户安全归来。吕岳泉善宣传,重商誉,华安业务一天天发达了。

四、业务日盛　遍地开花

经过吕岳泉一番辛勤耕耘,上海等国内大都市市民耳边,华安已名噪一时。1919 年的冬末,公司在上海一地的保户已到达三四千户,吸纳资金一百余万元。营业场所也已感局促,吕岳泉把它从外滩一处迁到居民稠集的江西路、新康路、北四川路三处,上海业务更加繁盛。他审时度势,又把它推向国内其他大中城市。华北重镇北平、天津、石家庄、青岛、郑州、洛阳;江南富庶之地南京、杭州、苏州、宁波;沿海沿江通衢大埠广州、汉口、福建、厦门;这些地方都聚居着一些绅商和中等人家,华安都在当地开设分支公司,向他们招徕业务,营业可说遍地开花。这些城市的车站、码头,华安广告触目可见。一时投保户迅速增加到上万户,吸纳资金高达二三百万元。

国内市场纷纷占领,华安又把触须伸向海外。1925 年春天,吕岳泉远涉重洋,亲自到爪哇岛上的印尼首都雅加达和苏门答腊岛上的棉兰,宣传招徕寿险业务。当地从中国沿海广东、福建去的侨民人数众多,吕岳泉和侨领们坦诚相见,结为兄弟。雅加达中华商会会长郭天如,答应出任华安在当地分公司总经理。棉兰中华商会会长徐华新,也表示愿意担任棉兰分公司经理。他们在侨民中颇具威望,经一番宣传鼓动,加上侨民本来炽热的爱国爱乡之情,投保者一时如潮。没有几年,南洋侨胞的投保额高达 366 万荷兰盾(当时每盾折国币 8 角)。分支机构遍设万隆、泗水、孟加锡等地。

资金大量吸进,如何有效投资和运转,这才是保险业真正立于不败之地的关键。吕岳泉生意做得越大,越感如履薄冰。这时,国内房地产业如旭日初升,上海、汉口、广州等大城市一日繁华似一日。华安的投资重点,就首先瞄准这几大城市的房地产开发。1922 年,吕岳泉用 50 万两白银,购下上海静安寺路一块约十余亩的土地。第二年,他又在汉口五族街购地十余亩。此后,他还在广州泰康路珠江大桥东堍买下一块 6 亩余土地。同时,在南京白下路等处,华安也零零星星吃进了少量地皮。

这些地皮买下,房地产行情不出他所料,逐年"升温"。汉口地皮吃下当年,华安就在那里建造了 1 幢 4 层楼房和 4 幢 3 层楼房,取名华安大楼,供当地公司营业和出租所用,收益十分可观。同时,上海静安寺路随着市中心西移,也日益繁华。

吕岳泉就决定在这里兴建一幢国内第一流的欧美风格大厦。他投资白银10万两，请美国著名建筑师哈沙德设计，招标委托上海江裕记营造厂承建。1926年5月，新楼落成，取名华安大厦。它以精美的构思，豪华的设施，轰动了大上海。落成典礼，上海各界名流纷纷前来祝贺。华安面临人声喧闹的跑马厅、紧邻首家游乐场新世界，真是繁华丛中又添一胜景。1931年9月18日，日军悍然占领了东三省。这年冬天，国联应中国方面要求，派团到华调查。调查团到上海前夕，几家日文报纸嘲讽地说："恐怕中国还找不到一所供他们活动的场所。"这时，吕岳泉就主动地提出把新大厦的顶层借给调查团使用。有人提醒他不要冒犯日本人，他却义无反顾地表示毫不顾忌。贵宾到达之后，很快被这幢大楼典雅的装饰征服了，说："在亚洲，只有菲律宾的国会大厦才可以和它相比"。国联调查，虽然没有遏止日军的野心，但吕岳泉的爱国之心确是可昭天日。事后，吕岳泉把底层出租给别家公司，2楼辟为办公处所，3楼以上开办华安饭店，作为公司副业。中国人办的寿险公司，弄到这么大的局面，在上海滩轰动一时。街头巷尾啧啧称赞："吕岳泉空手做成大老板，真是了不起！"他在上海商界的名声如日中天。

吕岳泉像

华安大厦造好，公司业务更加红火。几年中，投保户增加到几万户，吸纳资金达五六百万元。这样巨大的资金，实行单一投资，全部投进房地产，自然风险过大。因此，吕岳泉又购买了数百万元公债和优异企业股票，投资收益良好。1930年，吕岳泉把华安大厦东侧余下的一块空地以白银61万两卖出，售价超出整块地皮总买价的16%以上，公司又赚了一大笔钱。第二年，华安把原资本规银20万两折成银元，增资到50万元，公司营业进入了鼎盛时期。

五、战乱破坏　事业荡然

1931年9月18日，日军突然偷袭东三省，隔年开春，又在上海挑起战火，这给了华安当头重重一棒。华安老投保户，多半是上海工商业者和中上层地方人士。战争焚毁了家园产业，他们被迫暂离上海，投保客户直线下跌。另外，吕岳泉把吸纳的资金多数投向了房地产和有价证券。战火一开，房地产和有价证券抛售成风，市价大跌，公司投资效益几等于零。上海行情令人担忧，广州市面稍稍稳定，吕岳泉就转移重心南下，想挽回这一颓势。他在当地建造了一幢6层华安大楼，除分公司业务所用外，还出租一部分给当地商人开饭店。同时，又再度飘洋过海，亲自到雅加达和棉兰两地视察营业情况,策划扩大营业。这几处的业务额一度上升,但由于全公司盈不抵亏,只等于杯水车薪。

1937年7月,日军大举侵略中国,华北、华东相继沦陷。公司在当地分支机构全部停业,几乎陷于灭顶之灾。上海总公司虽栖身在租界"孤岛"之内,但四周日军大兵压境,营业也完全停顿。1939年,吕岳泉把华安大厦租借给香港商人开设金门饭店,议定租约三条:(1)租期15年,期满得协商续订;(2)承租人在8楼上加一层开餐厅,期满后无偿归原主;(3)租金为3至7楼的旅馆收入的30%。上海华安大厦出租的协议墨汁未干,广州、汉口、重庆等地分公司告急电函又频频飞至,相继停业。原来,自开战以后,不仅战火随时能夺走无数和平居民的生命和家庭幸福,还促使了币值迅速跌落。原定的保户保费和公司的满期款和赔款,都因币值变化太快,根本无法计算。吕岳泉痛苦无奈,只得下令关闭,坐待抗战胜利,东山再起。这一期间,日伪方面几次派人来拉他以所谓"优惠条件合作"重新开业,他都斩钉截铁地拒绝。不料抗战结束,内战重开,法币通货膨胀,更加江河日下。吕岳泉根本无法恢复营业,只好把广州、汉口等地房地产陆续出售,维持员工生存。吕岳泉的梦彻底破灭。1948年冬,他到香港后就患病不起,于1953年11月,在香港寓所病逝。患病期间,他表示公司应接受人民政府的领导,进行清理。1954年末,华安按照国家财政部的有关规定,进行了这一工作。清理结束,共清偿价值户8500余户,金额值人民币3099000元。其中登记要求领款的保户为3300余户,应偿付金额为170万元。而未登记领款户的给付金额,按当时国家公布的办法上缴国库。由于华安亏损颇巨,清偿资金经政府协助,将华安大厦及毗连房地产拨付148万元收购,实付应偿付户金额人民币142万元。此外,华安在汉口、南京的房地产及其他零星资产,也陆续变卖抵交应上缴国库欠款。国外印度尼西亚分公司(即前雅加达和棉兰分公司)当时尚在营业,后也由中国人民保险公司与印尼方面磋商,于1961年12月8日以印尼币500万盾售给印尼。出售价款也上缴国库,抵充国内未登记清偿户的欠款。至此,华安公司结束了它的历史使命。

当年的华安保险公司(今日金门大酒店)

实业大王刘鸿生

王慧青

刘鸿生

刘鸿生由一个从事十年买办生涯的商人,成为集"煤炭大王、火柴大王、企业大王"于一身,在旧中国数得上的民族企业集团的大资本家。除了具有精明练达的经营才干和独具一格的管理方式外,更由于他在和洋货争市场,与官僚资本巧周旋的过程中,时时以"实业救国"为己任,处处表现出一个实业家的爱国之心。

做买办销煤炭,穷学生成富翁

刘鸿生生于1888年,原籍定海,早年受过中国的私塾教育。由于当时西方文明已逐渐输入中国,学习外国语文已受重视,遂进入圣约翰大学读书。因为家道中落,1906年在他大学二年级时就中途辍学,另找谋生途径。时年19岁。离校后的他即到当时上海工部局老闸捕房当教员,教外籍巡捕学上海话。两年后,时值上海会审公廨需要翻译,他遂离开老闸捕房,去会审公廨当翻译。他在会审公廨工作中,认识了一些外籍律师。因此半年后,又转到意大利籍律师穆安素事务所工作,主要是兜揽诉讼案件,赚些佣金。然而,刘鸿生的兴趣不在于此,所以只干了三个月便又另谋生计去了。1909年,刘鸿生经上海某德商洋行买办黄可方和工部局翻译周良卿的介绍,进入英商上海开平矿务局当"跑楼"。所谓"跑楼"就是跑到茶楼推销煤炭,因为当时上海的煤炭交易主要是在青莲阁等一些茶楼中进行的。早期,开平矿务局由于所产煤炭质量欠佳,销路不畅,亟欲利用中国人代为推销。这样,刘鸿生便跨入了经营煤炭业的大门。

他最初推销煤炭的对象,主要是上海的老虎灶和华商纱厂。随后,刘鸿生又将开平煤的推销业务扩展到宜兴、溧阳等地的烧窑中去。为了打开销路,刘鸿生绞尽了脑汁。他到外埠去推销煤炭的时候,常常带着泥水匠为人家设计或改装炉窑。当时,江浙一带的石灰、砖瓦窑炉,都用芦柴、山柴烧窑,刘鸿生劝说一家石灰窑主改装炉排,试烧开平煤。并允诺客户如试验有利,归窑主享有;如试验失败,由刘负担。经过试验,效果良好,刘鸿生顿时名声大噪。由于这家窑户烧煤成本比烧柴草低,其他窑户也就纷纷自动改烧开平煤了。刘鸿生的销煤工作做得很有成绩,使开滦(开平矿务局于1912年与滦州矿务局合并,组成开滦矿务总局,仍由英商控制)的煤在长江流域打开销路,也使上海开平矿务局经理巴汉大喜。1911年当他24岁时,遂被提升为买办。刘鸿生当上买办后,除按月领取薪金外,还有销煤的佣金收入。但他并不满足于此。他到外埠推销开滦煤,往往先找当地的煤号老板请客吃饭,在欢悦融洽的气氛中再谈及正题。当一些煤号感到资金不够无法经销时,他便投入资金,作为合伙,将该煤号攫为己有,经理仍由原来的老板担任,并增加薪金。他就是用这一手段控制了许多外埠煤号。同时他又与上海最大的一家煤号义泰兴煤号合作,以义泰兴煤号的名义,与开滦矿务局接洽、经销开滦煤。这么一来,他既可取得推销佣金,又可从煤号的经营中直接获利,可谓一举两得。

在第一次世界大战中,由于外国工业被战争破坏,各国工业都受到战事影响,国内工业包括外商工业有了惊人发展,煤的需要量大大增加。因此,开滦的煤大量倾销。由于煤的销售量增加,刘鸿生的收入也突然大增。同时,战争期间,轮船缺少,他租了轮船运煤,获利很大。短短几年的推销煤炭工作使他陡然从一个贫寒的大学生成了百万富翁。

刘鸿生是个很有远见的人,并不满足于眼前的小利,感到要扩展煤炭的经销业务,非有自己的码头堆栈不可。于是他利用英商壳件洋行经理克拉克的关系购进了董家渡北栈、南栈,又与义泰煤号经理杜家坤合作以义泰兴北栈和义泰兴南栈的名义经营码头堆栈事业。他之所以要用洋人的关系,除了他本人有崇洋心理外,更由于当时上海的航运业控制在外国资本家手里,洋人开具的栈单常被认为是最可靠的,并可在市场上作抵押。刘鸿生委托英商壳件洋行在码头上做账、出栈单、收支、联络外国客户等,吸引了大量客户前来洽谈生意。刘鸿生以后又陆续在上海设立过好几个码头堆栈,还在南京、江阴、镇江等地设立码头。1927年初,他又在上海发起设立中华码头股份有限公司。至此,刘鸿生一跃而成为上海商界中的"闻人",踏进了上海的"上流社会"。

抵洋货争市场,从买办到大王

刘鸿生是个精明的实业家,更是个热情的爱国者。

第一次世界大战后,国内出现了轰轰烈烈的爱国运动,整个中国的民族资本有

左起：国民政府行政院善后救济总署渔业专家王人麟、欧约翰、苏公隽、
王以康、刘鸿生及鲁沙利诺在讨论制法捕鱼木船设计

了很大的发展。刘鸿生毅然抛弃了英商买办的巨额佣金，针锋相对地走上了"实业救国"的道路。他觉得投资纱厂或面粉厂，需要的资本多，风险大，获利的把握也不大。而投资火柴工业，不仅所需的资金少、风险小，而且火柴工业机器设备简单，大部分采用手工劳动，筹设比较容易。再则，火柴是日用必需品，有关国计民生，但单价小，稍稍加价，小钱可变成大钱。此外，还有一个原因就是刘鸿生妻子叶素贞是燮昌火柴厂老板的女儿，与火柴业有一定的联系。因为有这些缘故，1920年1月1日刘鸿生与杜家坤等人签订合同，创办了刘鸿生的第一个企业——鸿生火柴厂。

鸿生火柴厂在开办的头几年，因为出品的火柴是新牌子，销路没有打开，营业毫无起色，以致连年亏本。但刘鸿生依靠自身具有的庞大财力，终于在1924年间，合并了营业欠佳、资金短缺的燮昌火柴厂，使鸿生火柴厂减少了一个竞争对手。

为了同外国火柴争夺市场，刘鸿生用高价请来了林天骥博士兼任鸿生火柴厂火柴师，并改进安全火柴，压低价格。同时和火柴同业组成全国火柴联合会来共同抵制外货。经过一年多的斗争，国货火柴在市面上取得了优势。但真正使刘鸿生企业成功的主要原因，还是因为那时的爱国运动推动了企业的发展。

五四运动的爆发，抵制日货的浪潮风起云涌，火柴的进口数量，始渐降落，我国火柴工业得此时机，渐有相当发展。每年产额因此骤增，大有力挽狂澜之势。

鸿生火柴厂的产品，在此时终于在市面上打开了销路。然而好景不长，欧美国家的资本又卷土重来,新兴的瑞典火柴公司产品大量倾销中国市场,大有一举吞并全世界火柴业之野心。

为了保护中国的民族工业,刘鸿生强烈地感到唯有同业合并才能挽救国产火柴业。他在致贲敏伯的函中呼吁"兹因外来火柴充斥,营业竞争,危机潜伏,再三思虑,惟有合并数厂为一,以原集资力才力,藉图竟存……"他们把希望寄托在国民党身上。刘鸿生率团到南京请愿,寄望国民党政府试办火柴公卖,然国民党政府只是敷衍行事,请愿一无所获。刘鸿生进一步认识到只有自救,才是唯一的出路。于是他积极投入了鸿生、荧昌、中华三火柴公司的合并活动。于1930年6月正式合并三公司,成立了大中华火柴股份有限公司。

大中华火柴公司的成立,在中国整个火柴工业史上是个新纪元,它挽救了当时摇摇欲坠的国产火柴工业。同业合并的成功也使刘鸿生有了控制中国东南各省火柴市场的雄心。随后几年他把公司业务扩展到了江苏、浙江、福建、安徽、江西等地,可见其势力范围之大。当时参加梵皇渡俱乐部聚会的人,看见刘鸿生在俱乐部出现时,都不约而同地向他叫着"火柴大王来了"。至此,刘鸿生被整个工商界公认为火柴大王了。

继火柴工业以后,刘鸿生又于20年代一连办了几个企业和发展企业有关的码头、仓库和银行保险事业。到了30年代,他又创办了大型煤矿,成为英商开滦公司的劲敌。抗战前夕,刘鸿生又担任了国营招商局总经理,为中国争回了一部分沿海航权。抗战时期,他拒绝了日本侵略者要他出任上海市商会会长的要求,离别了他多年苦心经营的企业,毅然踏上了赴香港的旅途。尔后又前往重庆,把一部分企业迁往内地,在艰苦的条件下创办了火柴、化学、毛纺织和水泥等业,为战时后方的供应作出了贡献。抗战胜利后,刘鸿生被全国工业界推举为中国工业联合总会理事长,成为全国实业界的代表,一个真正的"企业大王"。

助教育重人才,荣获博士头衔

刘鸿生作为一个著名的实业家,还热衷于教育事业,他在家乡定海办了两个学校,一个是定海中学,一个是定海女子中学。此外,他还对母校圣约翰大学特别关心,几次捐款建筑校舍。1922年为了便于圣约翰大学同学的联络,还创设了梵皇渡俱乐部。1929年圣约翰大学成立五十周年之际,授予了他该校名誉法学博士学位。圣约翰大学培养的许多学生也为他的企业提供了不可多得的经营管理人才。如吴清泰主持了上海水泥厂,林兆棠担任了章华毛纺厂会计主任,范季美、叶起凤担任中国企业银行经理、襄理,黄锡恩担任中华煤球厂的厂经理等等。

刘鸿生不仅注重教育问题,而且更注重培养本国专家。

1931年华商上海水泥公司因解雇德籍工程师汉谋引起诉讼后，刘鸿生深切体会到本厂生产技术专门依赖外国人的弊病，决心逐步培养本国水泥专家以代替。他派人专门到日本、德国学习水泥制造的新技术，逐渐培养出了自己的技术人员。

浪迹天涯细思忖，几番踌躇终归来

1946年以后，国内形势起了很大变化，解放战争在全国各地展开。刘鸿生感到非常矛盾，他既不想跟蒋介石跑，又怕共产党来找他清算，同时也不想流落国外做"白华"。种种矛盾心理使他犹豫徘徊。然而不容他多加思索，上海解放前三天（即1949年5月22日）的夜晚十点多钟，国民党京沪杭警备总司令汤恩伯派了军用车来押解他，要他立刻离开上海。此刻的刘鸿生连行李都来不及收拾，就被押上了军用飞机，到了广州。为了防备自己再被送往台湾，他立即从广州溜到了香港。到了香港他急于打听解放区的消息，得知解放军进驻上海后各方面都有所发展的情况。老百姓一致公认新政府十分廉洁，埋头苦干，讲求实际，因而肯定是好的。他儿子来香港接他告诉他，他在上海的企业正在恢复，此时他很想回国，当时在香港的一些资本家都在彼此观望，谁都不愿意先走一步，他踌躇起来。回想起自己办实业这些年，经受了帝国主义洋商和官僚资本的双重压迫，在夹缝中求得生存，要保住自己的民族资本企业是多么的不易。几经思忖，最后他终于决定把他未来的一线希望寄托在共产党身上，在他儿子返沪的最后一刻，决定和他一起乘船返回上海。

刚刚解放后的上海，由于国民党走的时候的破坏和经济封锁，一切都很困难，但是共产党很快解决了"二白一黑"（米、棉花、煤）与人民生活最密切的问题，刘鸿生的企业也在困难中得到了人民银行的贷款从而稳定了企业。

经过了几年的努力，到了1953年，刘家的企业普遍有了好转，章华厂出厂的呢绒出口了，这是刘鸿生作为一个中国民族资本家一生所梦寐以求的事。过去章华厂的产品只能靠冒充外国货以求销路，今天他终于盼到了章华呢绒能到国际市场上去比一比的时候了。只有中国共产党才能使中国变成工业化的国家。刘鸿生在他七十岁时对《人民中国》杂志记者讲述到，作为中国人、中国资本家他感到骄傲、快活和感激。

最为可贵的是刘鸿生这样一位大实业家，能在解放后积极而愉快地走上社会主义道路，担任全国人大和全国政协委员，以及上海市人民委员等职，还在1956年初将他自己两千多万元资本的全部企业都公私合营，用实际行动表明了对共产党的拥护。1956年10月1日正当举国欢庆之时，这位受人尊敬的爱国实业家的心脏停止了跳动。我们用胡厥文先生的话作为他一生的评价："明察秋毫，恢恢大度，创业惟新，不封故步。细大不捐，勤攻所务。爱国心长，义无反顾。"

旧中国银行家张嘉璈的别样人生

祁 谷

一

1916年5月20日,上海《新闻报》刊登了一则"北京特别通讯"报道:中(中国银行)、交(交通银行)两总行在停止兑现、付现的院令发表前,曾电向各地分行征询意见。交通各分行皆无异议;而中国各分行均不赞同,尤以上海、镇江、南京、汉口等分行反抗最烈,慷慨陈词:"交通银行自杀,系属自取,中国银行陪杀,于心难安。

中国银行的前身——大清银行第一次官商会议合影

宁可刑戳及身，不忍苟且从命。"此后不久，北洋政府又收到一纸措辞激烈的电文："为对持票人负责，无论处在任何困难的环境中，愿尽一切力量，将库中现金兑至最后一元，始行停兑。"不难看出，透过字里行间，拟电人的慷慨激昂之情溢于言表。

原来 1916 年 3 月，袁世凯被迫取消帝制后，段祺瑞由国务卿改任国务总理，由于连年征战，当时政府财政面临严重困境，为应对局面，操纵财政的梁士诒建议，政府应该通令中国、交通两家银行立即停止兑现付现，现在中国、交通两家银行已发行了 7000 余万元钞票，库存现金只有 2000 万元，除放出商款约 2000 万元外，历年贷给政府的约有 8000 万元，如再增发钞票，势必会引起挤兑，银行很可能会立即倒闭。

对此建议，北洋政府尚有顾虑。

当日历翻到 1916 年 5 月 10 日，果如梁氏所料，济南、天津、上海等地已不同程度地发生了民众涌向当地银行提存、挤兑的情况。在此情况下，段祺瑞遂于 5 月 12 日以北洋政府国务院的名义，通令各地中国、交通银行，暂时对两家银行发行的纸币和应付款项一律停止兑现付现。

此令一下，中国、交通两家银行却出现了截然不同的态度：交通银行上海分行令行禁止，并于次日登报公示；而中国银行上海分行却坚决抵制政府的这一停兑止付令。13 日那天，他们以商股股东联合会的名义对外宣告："上海为全国金融枢纽，且为中外观瞻所系，故以为保全中国银行，必先自上海分行始"，不仅公然拒绝执行国务院和北京总行的停兑令，照常营业，还公布了 5 条办法：(1) 由股东联合会推选监察人到行监察，将全行财产负债及发行准备金移交外国律师代为保管，再由外国律师委托宋汉章、张嘉璈二人继续营业；(2) 所发钞票，随时兑现，不得停付；(3) 一切本行存款，均届期立兑；(4) 政府以后不得提用款项，一切均按普通银行营业办理；(5) 将来商家如遭损失，均由本会向南北政府交涉。

一家银行，居然敢对抗政府命令，实属非同小可。而公然抗令并电复政府的，便是时任中国银行上海分行经理宋汉章和副经理张嘉璈。

二

宋汉章，原名鲁，浙江余姚人，1872 年出生于福建建宁。早年随父到上海，就读于中西书院。后经北京度支部派赴香港办事的要员陈陶遗推荐，任北京储蓄银行经理，后又调到上海主持大清银行整理工作，不久任经理。辛亥革命后，大清银行改组为中国银行，宋汉章遂被任命为中国银行上海分行经理。

张嘉璈，字公权，1889 年 10 月出生，原籍江苏省宝山县（今属上海市）。张嘉璈 1901 年入上海广方言馆，17 岁进北京高等工业学堂就读，翌年赴日本攻读货币银行和政治经济专业。期间结识梁启超。后因留学经费发生困难而结束学业提前回国。之后相继任北京《国民公报》编辑和邮传部《交通官报》总编。1911年辞职离京,于上海光复前夕抵沪。在上海,他与友人发起筹组政治团体"国民协进会"。民国成立后,先后在民主党、进步党中活动,1912年7月任浙江都督府秘书(在此期间,张嘉璈偶然发现了徐志摩的才华,遂将妹妹张幼仪介绍给徐志摩做妻子)。当时任中国银行总裁的进步党人汤觉顿对张嘉璈颇为赏识,恰巧这时中行上海分行经理项馨调总行任副总裁,副经理宋汉章升经理,宋原来的副经理位置,经汤推荐,便由张嘉璈担任。

张嘉璈

宋汉章年长张嘉璈17岁,具有丰富的银行工作经验,张嘉璈聪明好学,不乏近代银行知识和学养。两人惺惺相惜,遇事相商,共同筹划。震动当时中国朝野的抗令兑现事件,便是他们深具影响的一次合作。决定抗令兑现后,宋、张二人便分头采取行动,宋汉章去会审公廨询问应付停兑令的法律依据;张嘉璈则前往拜会浙江兴业、浙江实业、上海商业储蓄银行的老总,以取得他们的全力支持。张嘉璈他们呼吁商股股东,以股东的力量抵制北洋政府的停兑止付令。张嘉璈还因此去找了著名实业家张謇,决定以中国银行商股股东联合会的名义对外声明:上海中国银行全行事务悉归股东联合会主持,所有资产负债已移交外国律师代表股东进行管理,上海分行钞票随时兑现,所有到期存款均立即照付。

从宋、张的举措看,作出这一决策并非一时冲动,而是经过深思熟虑的,甚至还设想到了可能产生的后果。

宋、张的决策得到股东们的大力支持,他们纷纷响应道,突然停兑会使金融秩序受到巨创,因此"中央命令万难服从,沪行钞票势难停兑"。

停兑令的出台,还是对金融市场造成了巨大冲击。张嘉璈曾在日记中记载5月12日这天出现在中国银行上海分行门口2000余人挤兑的情景:"余自寓所到(银)行,距行址三条马路,人已挤满,勉强挤至门口,则挤兑者争先恐后,撞门攀窗,几乎不顾生死。乃手中所持者,不过一元或五元纸币数张,或二三百元存单一纸。"为应对这一局面,中国银行上海分行员工只得放弃休息,加班加点,这才终于度过危局。事情过去后,上海中国银行的信誉在民众中一路飙升,储户骤增,业务大为拓展。一些中外报纸纷纷刊文,称道宋汉章、张嘉璈为"有胆识、有谋略的银行家",

是"不屈从北洋政府的勇士"。

说宋、张二人抗令一点没有犹豫当然不是事实，谁都知道，抗拒政府命令，弄不好就是掉脑袋的事。不仅宋、张，当时中国银行上海分行所有中上层职员都提心吊胆，神情紧张。宋、张则不是跑进跑出，就是焦急地和股东联合会成员打电话，互相联络。这样的情况整整持续了约一星期才有所缓和。

张嘉璈曾从事过政治活动，深谙经济（包括金融）与政治之间有着千丝万缕的联系。中国银行的前身是大清银行，中国银行上海分行的成立早于其北京总行，资格老，且有相对独立性，加上与江浙财团关系深厚，融资渠道较畅，这些都远非交通银行能望其项背，所以交通银行的令行禁止完全在情理之中，并非"交通银行自杀，系属自取"。再说张嘉璈与进步党和新闻界关系不错，后来江苏冯国璋、湖北王占元等人通电赞同中国银行上海分行抗令兑现办法，与张嘉璈平时和他们的联络极有关系。

宋汉章

三

抗令停兑事件发生后不久，张嘉璈即开始酝酿，并于 1917 年 5 月在银行家徐寄庼、李馥荪、陈光甫等人的响应和协助下，创办了在旧中国金融界广有影响的《银行周报》。这也是近代中国发行最早，发行时间最长（直至 1950 年 3 月停刊）的一份金融专业刊物。时过境迁，如今这份刊物为我们留下了不少珍贵的近代金融档案史料。而它的创刊，同样凸显了张嘉璈的识见与才干，即可以藉此为同业的信息交流和业务发展提供一个互通有无的平台，以利资源共享，共同切磋，相互促进。

《银行周报》创办两个月后，张嘉璈即赴北京任中国银行副总裁。此行便有了他作为旧中国银行家的又一大动作，那就是"整理京钞"。当时张嘉璈目睹京津地区发行、流通不兑现的所谓"京钞"，政府垫款却不断增加，深堪忧虑。他深知对于整理京钞，只有收缩京钞和停止为政府垫款双管齐

中国银行纸币（1914 年发行，像为袁世凯）

下,方能见效。经一番深思后,张嘉璈遂向财政总长梁启超提出三条整理京钞的办法,并得到梁启超首肯。这三条办法为:(1)修改《中国银行则例》,使总裁、副总裁不随政局变动而更迭;(2)限制中国银行对政府的垫款;(3)下决心整理京钞。

史料记载,当时中国银行为政府垫款已达4630万元,而1元京钞,市值仅6角。张嘉璈趁庚子赔款展期5年的机会,要求政府发行7年短期公债4800万元,用以收回的京钞抵消中国、交通两行代垫政府之款,且以后不再为政府垫款。此时财政总长已换曹汝霖。此时曹正好向日本借到"西原借款",财政情况尚可,便答应了这一要求,并用财政部公函声明:"自(民国)7年(1918年)10月12日起,不再令(中国、交通)两行垫付京钞。(中国、交通)两行除付京钞存款外,亦不得以京钞作为营业基金。"

此后在1920年,又发行整理金融短期公债3600万元,用以收回京钞,同时规定如果不愿以停兑京钞换购公债,可换取中国银行的定期存单,且利率与公债相同。这样,历时5年的京钞整理终于在张嘉璈手中宣告完成。

1921年上半年,主持中国银行日常行务、业务的副总裁张嘉璈曾有过一次重要的上海之行。此行他向江浙财团和各大商业银行、交易所,以及申新、宝成纱厂等募集股份200多万元,其他各业和私人投资等,至年底共募集到近600万

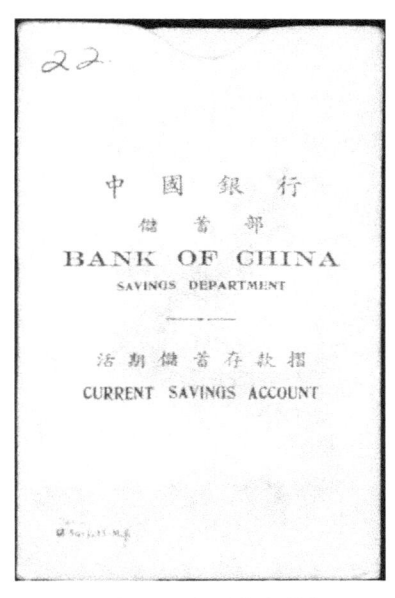

中国银行活期储蓄存款折
(选自上海市档案馆藏)

元。到1923年,商股已达1971万元,占全部股份99.75%。至此,心高气傲的张嘉璈必欲摆脱北洋政府对中国银行控制的计划终告实现。

四

难能可贵的是,张嘉璈不仅有精明的金融头脑,还有清醒的政治头脑。1926年,南方革命军北伐前,张嘉璈就觉得应该和南方势力进行联络。他自己最好也坐镇南方,这样以利他指挥南方各行行务,最终促使南北资产阶级合流。

于是他先是提出总行领导人应分驻京、沪两地,此时恰巧他母亲在沪病危,需要他在身边。这样,在北方呆了10年的张嘉璈便理所当然地如愿回到上海。

北伐开始后,蒋介石即向张嘉璈提出要求资助现款,张嘉璈勉强答应了。1927年四一二政变后南京政府成立,亟需经济支柱的蒋介石又向中国银行要求垫借大

笔款项。这让张嘉璈感到了很大的压力,以致他忍不住在日记中写道,这是"南京政府压迫中(国银)行之第一次"。并批评蒋介石"军人不明财政,而处处干涉财政,前途悲观在此"。

不知此时的张嘉璈是不是已有预感,来自南京政府的"压迫"既然有了"第一次",那就必定还会有第二次乃至第 N 次。只是此时蒋介石需要利用中国银行的财力,更需要利用张嘉璈替他联络列强各国;而张嘉璈也不想得罪蒋介石,所以双方还能相安无事。当时英美两国尚未承认蒋介石的国民政府,张嘉璈即利用自己银行家的身份与地位,从中穿线,在为国民党政府争取英美两国支持方面,发挥了他人无法取代的作用。此时他还不知道,蒋介石和宋子文其实已经对中国银行心存觊觎。

1928 年初,宋子文就任南京国民政府财政部长后,向张嘉璈提出把中国银行改组成为中央银行,政府的股份要多于商股。但蒋介石要张嘉璈速筹 1000 万元,否则查封中国银行库存,并对其通缉。张嘉璈在日记中流露:蒋介石如此做,分明是"非所以对赤诚拥护国民革命军之金融之道"。而张嘉璈觉得中国银行的影响力和号召力早已名声在外,突然改组换名,会有损银行信誉。经一番深思,他还是提出了几条拒绝的理由,如政府股份超过商股,弊端多多,更"诚恐中央银行制度未立,而中国银行原有基础将被摧残无遗";不能因贪中央银行的虚名而将中国银行改组,这样做对商股股东无法交代,对国家亦不利。

不过,张嘉璈是聪明人,他知道在此问题上,他如果不作出点让步,对方没有台阶好下,势必会对他耿耿于怀。于是他也拿出姿态,建议不妨改中国银行为"特许之国际汇兑银行",交通银行为"特许之实业银行",以表明自己一不会与中央银行争权,二诚愿与中央银行合作,三甘居中央银行之后。他还进一步表示,政府如需现款充作中央银行股本,中国银行愿尽力分担;如政府能将过去中国银行所垫政府用款归还,中国银行自愿放弃发行权,使全国的钞票发行权早日集中于中央银行。

张嘉璈既然有此态度,宋子文只得于 1928 年 11 月 1 日在上海成立中央银行,

**原德国总会,该址 1917 年被
中国银行收购作为行址**

他以财政部长兼任中央银行总裁。张嘉璈在中国银行成为特许国际汇兑银行后不久,赴欧美日本考察银行制度、筹集外汇资金、设置海外机构,致力于使中国银行走向近代化和专业化。

对宋子文,张嘉璈还建议他不要"斤斤于库券垫款问题",而要在发行公债上寻出路,公债期很长,金额大,比银行的暂时垫款更能解决面临的财政问题,"公债信用一佳,则百事迎刃而解"。此建议得到蒋介石赞许,并准予运行。

张嘉璈曾这样说过,"欲经营国际汇兑,非发展国际贸易不可;欲发展国际贸易,非发达国内贸易不可;欲发达国内贸易,非辅助工商业不可"。其中他尤注重发展铁路运输,因为这样一来,既有利于农产品运输,又可以减少粮食和棉花等进口。在他主持中国银行的最初几年,在浙赣铁路 610 万元贷款中,即承贷了 460 万元。

蒋介石一直觊觎着攫取中国银行的时机,在 1935 年终于等到了。此时蒋的政权已非 1927 年可比,而且这一年又是四大家族实施和加强金融垄断的一年,对中国银行下手,可谓正逢其时也。

分明是因为蒋介石发动内战,使社会经济遭到破坏,民不聊生,他却辩称是"金融币制与发行之不统一"造成国家经济困难,而且指责中国、交通两银行"不听命于中央彻底合作"。明眼人一看即知,这其实是冲着张嘉璈主持的中国银行来的。蒋介石在给孔祥熙的电报中更直接指出,张嘉璈必须"完全脱离中国银行关系",就任政府其他职务或中央银行副总裁。

1935 年 3 月 27 日,国民党政府立法院通过 1 亿元金融公债发行案,实际上也就是四大家族的一个垄断步骤。用公债预约券强行充作中央、中国、交通三家银行增资款。

第二天,国民党政府强行通过改组中国银行,任命张嘉璈为中央银行副总裁的

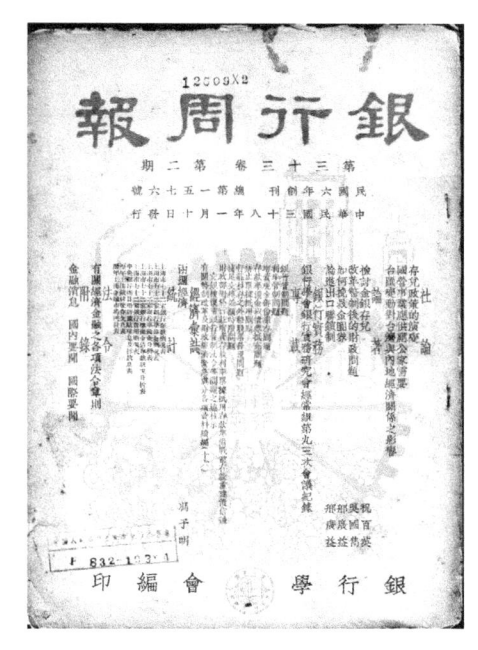

《银行周报》

决定。在次日召开的董事会上,张嘉璈被迫提交辞呈,辞去中国银行总经理一职,中国银行从此落入了四大家族的股掌之中。

1935 年以后,张嘉璈任国民政府铁道部、交通部部长。1947 年 3 月至 1948 年 5 月,任中央银行总裁兼中央信托局理事长。1949 年迁居澳大利亚。后赴美研究中国金融。1979 年 10 月 15 日在美国加利福尼亚病逝。

中国保险业先驱胡咏骐

裘争平

著名作家郑振铎先生写过一本《蛰居散记》,其中一篇回忆了一个叫胡咏骐的商人,郑先生说:这不是一个为利是图的普通商人——"他看得远,见得广,想得透彻。他知道一个商人在这国难时期应尽的责任是什么。他的一切措施,一切行动,都是以国家民族的利益为前提的。他从事商业近二十年,但他的经济情形也仅足够一家温饱而已。而对于爱国事业,则无不竭力帮助着;比千万百万富翁所尽的力量更多,更大!"

中年胡咏骐

这位得到郑先生如此评价的胡咏骐到底是何许人呢?胡咏骐(1898—1940),浙江鄞县人,是中国保险业奠基人之一。胡咏骐早年就读于上海沪江大学,毕业后回宁波创建青年会,任宁波青年会总干事。1926年,去美国哥伦比亚大学进修,学习人寿保险和商业管理。1929年回国后,他出任宁绍商轮公司保险部经理,后任宁绍水火保险公司经理,1931年创办宁绍人寿保险公司。

1935年中国第一个保险学术团体——中国保险学会成立,胡咏骐任常务理事。

1935年以后,胡咏骐出任上海保险业同业公会主席,其间,他主持翻译了保险单上长期沿用的英文条款,结束了我国民族资本保险公司在保险单上没有中文条款的历史,对中国保险事业有着特别的贡献。他还历任青年会全国协会、上海沪江大学、宁波华美医院的董事、理事;1939年中国共产党中央委员会特别批准胡咏骐加入中国共产党。1940年,被聘为上海公共租界工部局工务委员;抗战时期,他组织成立了保险界战地服务团,开展抗日前线服务。1940年11月5日,胡咏骐因患癌症逝世,终年42岁。上海保险业余联谊会创办的《保联月刊》为其印发了纪念专刊。胡咏骐在给妻儿的遗嘱中这样写道:"余信仰为人在世应为大多数人民谋福利,生为中国人应先中国而后世界。余不赞成私有财产制度,家人日常生活应求俭朴,只求合乎卫生,切勿奢侈。每年全数收入,除俭朴生活所必须之外,应用于为大多数人谋福利之事业。"这一遗嘱充分体现了胡咏骐的政治信仰。

早在1909年,宁波籍的上海商界巨头虞洽卿、朱葆三等人为了打破外国轮船公司对沪甬航线的垄断而创办了宁绍轮船公司。不久,公司成立保险部,该保险部与宁绍水火保险公司和宁绍人寿保险公司有非常密切的关系。前面已经提到,胡咏骐1929年回国后,出任宁绍商轮公司保险部经理,后任宁绍水火保险公司经理。1931年11月1日,胡咏骐发起创办宁绍人寿保险公司(Ning Shao Life Insurance Co., Ltd.),这是一家专营人身保

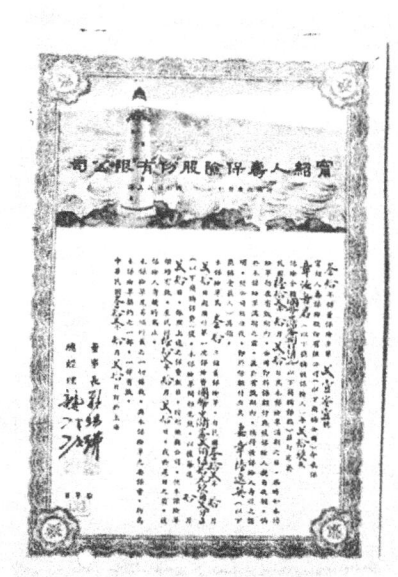

宁绍人寿公司保险单

险的公司。总公司设在上海,公司起初位于江西路(今江西中路)59号,后迁至北京路(今北京东路356号)国华银行大楼。公司刚开设时由邵长春任董事长,后由乐振葆任董事长,胡咏骐自己任总经理。公司在广州、北京、汉口、青岛设分公司,九江、重庆、南京等地设代理处。股东大多是宁绍帮寓沪富商,资本收足规银25万元。

公司在广告中强调:人寿保险对于社会国家之贡献——提倡节约,安定社会;提倡卫生,促进康健;保障身家,实行互助;挽回利权,辅助建设。宁绍人寿保险公司营业方针——科学方法,管理业务;教育方法,推广营业;赔款迅速,注重服务;投资迅速,保障巩固。公司非常注重:以"稳实审慎"为管理业务基础,以"被保险人利益为前提"为服务方针。

1933年4月10日,宁绍人寿保险公司主办《人寿》季刊,每三个月出版一次。这是中国保险界第一次出版定期刊物,而且

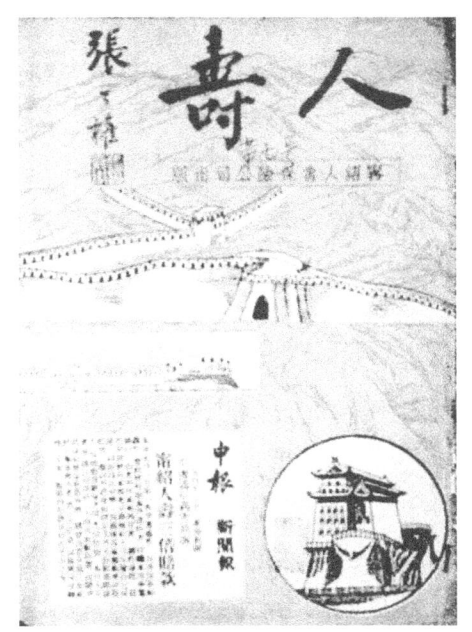

宁绍人寿创办的刊物

是唯一研究人寿保险学理的专门刊物。该刊于 1941 年 11 月停刊。作为一个受过专业培训的保险公司经理,胡咏骐积极主张大力开办团体人寿保险。1934 年 9 月 22 日,中国工商管理协会召开第五十一次聚会。胡咏骐在会上作了关于团体保寿问题的讲演。他指出,"我国现有保团体寿险的机关有商务印书馆、中国银行、新闻报馆、家庭工业社、中国红十字医院、光华火油公司等,为数甚少。此外美国寿险公司已有 300 余家,而我们只有 10 家。我国保寿险者只有 12 万人,美国则有 6000 万人投保寿险,占全国人口数的 60%。"1935 年,宁绍人寿保险公司制定了《承办沪江大学团体保险办法》(共 10 条)。同年 7 月 10 日,胡咏骐应邀到复旦、沪江等大学演讲人寿保险问题。

宁绍商轮公司保险部全体同仁合影(前排居中者为胡咏骐)

1936 年 10 月,胡咏骐在《人寿季刊》第 15 期上发表文章指出,中国寿险公司现在保额约国币 4000 万元,即每一个国民仅摊到 1 角钱。而与此同时美国每人约 1600 元,日本每人 100 元,故呼吁加大人寿保险的力度。

在 1934 年,宁绍人寿保险公司已征得保险金额为规银 300 余万;1939 年 11 月 1 日,宁绍人寿保险公司成立 8 周年之际,已拥有有效保额 800 万元。1940 年胡咏骐因病在上海逝世后,宁绍人寿保险公司由副总经理陈已生继任总经理,由于时局动荡和通货恶性膨胀,严重影响寿险业,公司渐趋停顿。解放后,根据《解放前保险业未清偿的人寿保险契约给付办法》,公司全面清偿后宣告结束。

上海钱业第一人秦润卿

李 燕

旧上海钱业历史悠久,远在清乾隆年间已产生了同业组织,及至开埠后,由于外贸的发展,外国银行资金的支撑,钱业更形发达。进入 20 世纪,国人投资的银行业方兴未艾,而钱庄仍有势力。至 30 年代,它们的同业组织钱业公会与市商会、地方协会、银行公会合称上海社会团体的"四大金刚"。钱庄学徒出身的秦润卿于 1920 年当选为钱业公会会长,连任七届。在此期间,上海钱庄多次遭受金融风潮。秦润卿带领钱业屡次渡过难关。即使 1935 年他激流勇退之后,遇有大事,钱业同人仍向他请教。秦润卿以他在近代上海钱庄业的地位,及其一生为上海钱业发展所作的贡献,堪称上海钱业第一人。

秦润卿

一

秦润卿(1877—1966),名祖泽,晚年号抹云老人,宁波慈溪人。他出身贫苦,自幼靠母亲做手工维持生计。1891 年父亲病故,15 岁的秦润卿经表叔林韶斋介绍,进上海协源钱庄当学徒,从这里开始了钱业生涯。1906 年协源改组为豫源钱庄,秦润卿因勤慎能干,受东家赏识,升任经理。1919 年豫源改名为福源,他续任经理,后又兼任福康、顺康钱庄负责人。1920 年秦润卿当选为上海钱业公会会长,同年当选为上海总商会副会长,又先后出任工部局华董、宁波旅沪同乡会副会长、中央银行监事、上海交通银行经理、四明银行常务董事、上海垦业银行董事长和上海银行公会理事等职。抗日战争爆发后,秦润卿不愿事敌,辞去各种社会职务隐居。抗战胜利后,他复任上海钱业公会理事,1947 年 10 月,全国钱商业同业公会联合会成立,他被推为理事长。1950 年,他主持的福源钱庄与其他11家银行、钱庄成立第一联营集团,1952年,私营金融业全行业改造,任公私合营银行上海分行副董事长,后任上海市政协委员。

秦润卿学业的协源钱庄(最初是苏州著名的典当业巨商程衡斋的四子程卧云创办的)是上海诸钱庄中办得较有成效、规模和影响较大的一个,这为秦润卿施展才能提供了一个良好的平台。初入钱庄当学徒的秦润卿非常勤奋好学,是当时学徒中最认真的一个。1897年才21岁的他就升任跑街。

钱庄的跑街专在外面招揽生意,接洽存款、放款,是钱庄与顾客借贷往来的居间人,由于当时的钱庄实行信用放款,贷款人无需抵押品,全凭信用,即可得到贷款。跑街一旦判断失误,放款收不回来,就会给钱庄造成巨大的损失。跑街称职与否直接关系到钱庄的营业和生存,地位十分重要。秦润卿自当上跑街后,"夜以继日,终岁办公,足有二年未曾告假回里"。在同业中脱颖而出,1906年,秦润卿担任豫源钱庄经理。

二

秦润卿在钱业崭露头角之年,正值钱业多灾多难之际。有感于此,秦润卿开始对豫源钱庄业务进行大刀阔斧的改革。

为了追求丰厚的利润,当时上海大多数钱庄都做"缺单",即放出款大大超出本身资金及存入款,不足部分向同业或外资银行拆借,甚至动用资金大做投机生意。这种做法有很大的风险,一遇风浪就难以应付。秦润卿严禁做"缺单",坚持做"多单",即放出款不超过本身资金和存入款,留有回旋余地,决不为眼前的利益而破坏钱庄的信誉。

同时,秦润卿改变了片面注意商业放款的做法,对工业也积极放款。当时上海几家纱厂受到日本纱厂的排挤,在经济上遇到困难,他全力支持,为这几家纱厂渡过难关出了力,钱庄也得到了相应回报。

钱庄资本少,营运资金多倚重外国银行的拆款,这种经营方式隐含危机,一旦外国银行紧缩银根,就会发生倒账风潮。秦润卿上任伊始,在资金的运用上,就主张不依赖"外滩银行"(开设在外滩的外商银行),少与它们往来。他的钱庄从不向外国银行借款或存款,余款也只存在国内银行,这在上海钱庄中是少有的。

当时钱庄成规有所谓的"宕账"。钱庄学徒、栈司的待遇不高,年薪偏低,往往透支,通常称为之"宕账"。钱庄大小执事往往以"宕账"为名,借机挪用资金做投机生意,一旦失败钱庄就会受牵累。秦润卿深明此理,一面着手改革职工薪俸制度,将三年一次分派红利改为一年一次,提高职工待遇。他还规定不论股东和经理均不得向钱庄借款或"宕账"。这些措施不仅保障了钱庄的正常运作,而且股东多余的现款都存在钱庄生息,增加了钱庄的资力。

在秦润卿的锐意经营下,豫源钱庄的业务不断发展,1919年豫源改名福源,存放款业务日见发达。在1925年至1933年9年间,各项存款总数增加了一倍左右,各项放款总数也逐年增加。他自己也因业绩卓著而深得同业的称赞和东家的赏识。1923年程觐岳(程卧云嫡长孙)去世,临终将程氏钱庄(包括福康、顺康钱庄)全盘托付给秦润卿。秦润卿以福源钱庄经理兼任福康、顺康督理,统一领导三庄的业务经营,在同业中被称为程家"三联号"。1925年福源等三钱庄的盈余总额高达31万两,这是程家最兴盛的时期。秦润卿主持程氏钱庄三十余年,年年有盈无亏,一直维持到中华人民共和国成立。

上海钱业公会

三

1917年,上海南北市钱庄合并成立钱业公会,秦润卿从第一届起历任副会长、正会长、总董等职。1928年钱业公会废除董事制,改为委员制,他又被推选为主席及常务委员。至1935年主动辞职,他主持钱业公会前后达18年之久。

他领导钱业,度过了历次风险。

秦润卿认为,投机是屡致失败的重要原因。他不仅自己不做投机生意,而且他领导下的钱业公会也禁止会员进行投机。1921年,上海信交业一度畸形发展,投机者趋之若鹜,酿成巨大的信交风潮。秦润卿不为"信交"股票狂热所惑,并预见到"信交"风潮即将来临,积极组织同业采取防范措施,制定防范信交风潮来临的具体措施,从而使钱业避免或减少了损失。

1924年,由于江浙战争引发上海金融恐慌,市民纷纷提取现银,裕丰、永春、庆丰、永昶、隆裕等数家钱庄先后倒闭,钱业界惊恐。秦润卿一面积极协助裕丰等钱庄清理账务,一面召开钱业公会紧急会议,决定实施临时自卫办法十天,"凡同业有轧缺银单可报告会长,经会长察其底蕴非虚者,所缺之银,由全体同业公共分析",

集合全行业力量使整个钱庄业不致遭受拖累。

一二八事变爆发，上海再度发生金融恐慌，工商停顿，市面衰落不堪，估计损失总数达 20 亿元以上。战祸影响所及，金融冻结，银根短缺。秦润卿号召钱业公会成员合作互助，并设立钱业联合准备库，以防不虞。1932 年 10 月上海钱业联合准备库成立，使得各庄拥有了共同的准备金，便以应付金融市面的变局。

在他的倡议下，上海钱业公会于 1920 年创办了《钱业月报》，披露原来秘不示人的钱业习惯，登载同业现状和相关的钱业知识，使之成为同业之间交流的论坛。秦润卿经常在《钱业月报》上发表文章，提出了不少有创意有价值的观点。他提倡改革旧式簿记法，主张钱庄应多行抵押放款，少做传统的信用放款，以增加保障，建议废除送现以减轻风险，改良票据以有利轧账，指导同业的正常经营，规范营业。

四

随着上海外贸、商业的发展，钱庄那套封建家族式的组织经营方法，越来越不能满足社会需要，在与银行的竞争中渐渐处于劣势。秦润卿清醒地认识到，钱业要生存和发展，必须尽快改革业务，以增强竞争力。

存款是金融业营运资金的重要来源。钱庄资本少而且历来都不怎么注重吸收存款。20 世纪 20 年代及 30 年代，上海钱庄的定期存款利率，最低是月息二厘，通常是年息五六厘。相比之下，银行不仅利息优厚，维持在七八厘以至一分以上，而且手续简便，较钱庄稳当，故游资多为银行所吸收，钱庄原有的存款也大量流入银行。为了争取存欺，1930 年秦润卿在福源钱庄增设了各种活期和定期的储蓄存款，以及"特种往来存款"，即不需熟人介绍，商店、行号、工厂及个人均可直接开户存款，利息每月结算一次。他还废除了钱庄"存款利息九五折扣"的规定，将存款利率提高到 7 厘至 12 厘。

钱庄作为传统金融机构，与银行显著的不同点之一，在于注重信用放款。钱庄的业务，不论存款放款，都是以信用为标准。信用放款由于不需要抵押品，一旦遇到经济恐慌或天灾人祸，损失必然惨重。秦润卿在运营中渐渐认识到抵押放款的优点，改变了一般钱庄只做信用放款的成规，扩大抵押放款，压缩信用放款，率先在程家钱庄试用抵押放款形式，并逐年扩大比例。

与此同时，他又博采银行之长，改进钱庄的管理方式。第一，改进内部的管理机制。钱庄的账册种数很多，各种主账、辅账加起来有几十种。这也反映出钱庄制度的繁芜杂乱，店员的工作量是惊人的。秦润卿主持的福源钱庄率先采用新式簿记法记账。第二，打破钱庄的资产和营业保密的惯例，公布营业报告和资产负债表,让钱庄人员了解本庄的实际情况,鼓舞起同舟共济的责任心,也有利于外界明了福源的信用,使客户具有信心。第三,转变钱庄经营方式。一般来说,钱庄的放款对象和营业范围都比较狭小,大多局限于一些熟悉的客户,既无法满足市场需要,也无力与银行竞争。1930 年,秦润卿又率先在福源钱庄仿效银行,添设抵押放款、工厂放款、信托、汇兑等部,扩大经营品种。除存放款等主要业务外,钱庄还模仿银行的连带业务,设立存款抵押品仓库,公债证券保管库,代客买卖有价证券、保管贵重物品等,增加钱庄的营业量和利润。一些较有识见的钱庄业者也纷纷跟随秦润卿改革钱庄经营方式。据统计,1936 年在上海钱庄中仿效银行办法的钱庄,已占总数的三分之二以上。第四,树立形象,赢得良好声誉。旧时上海钱庄用房通常是利用弄堂、石库门房屋或沿街店面的原有建筑物,因陋就简,素来不甚讲究门面。秦润卿认为钱庄的建筑形象是其财力的象征与标志。1933 年他择定宁波路 70 号地基,建造了可与银行大厦相媲美的四层福源营业大楼。新楼落成后,福源钱庄声誉大为提高,当年年底的存款余额从上年的 330 多万两,激增到 534 万两,跃居同业之首。第五,发起组织研究会,扩大钱业改革的影响。1933 年,经秦润卿积极倡导,成立了上海钱业业务研究会,宗旨为"提倡改革与钱庄业务之扩张",并通过各种媒体加以大力宣传,颇有绩效,不少会员钱庄纷纷革新原有业务。这又是他的一个创举。

这一时期,为适应金融机构向现代化机制转变,秦润卿参与了银行业务。他在 1929 年同王伯元接办垦业银行,任董事长兼总经理。他在职期间通过采取完善银行内部管理、拓展储蓄业务、投资有价证券、扩展经营品种、整饬纪律等措施,改善了银行的营业状况。

五

秦润卿毕竟是钱业中人,在涉及钱庄根本利益的问题上,也有固守传统的一面。那时,市场上银元银两并用,货币杂乱的问题存在已久,亟需改革。1933 年实行"废两改元",统一货币有利于市场稳定和商业发展,但秦润卿背时代潮流而行,反对"废两改元"。原因在于一旦停止使用银两,一律改用银元,那么钱庄界掌控了数十年的"洋厘"(银元折合银两之市价)、"银拆"(银两借贷之利率)行市将不复存在,由此而获得的种种利润也将随之丧失。

钱庄业有数百年历史,但它毕竟不是现代金融机构。秦润卿几十年来于稳健中求创新,积极引导钱庄业应时而变,从一个侧面为上海的现代化进程作出了贡献。

顾准，大上海 1949 年的经济符号

海巴子

1949 年初，上海面临解放，如何接管和改造好这个远东第一大都市，成为摆在中共上层领导眼前的一大难题。早在 1948 年，陈云和中共中央东北局的其他领导人就一再强调，目前党的"工作重心开始由乡村向城市转移"。要像在农村搞土地改革那样，加强和配备干部力量，前往城市从事工业建设。

顾准

也就是在这个大背景下，一大批在北方城市有工作经验的中共干部随军南下，成为一个颇具时代特色的"南下干部"群体。1949 年 2 月前后，华东局从华东财政委员会所属的财办机关及其下属的机构和山东军区后勤部抽调了近 2000 名财经干部，作为华东地区组成的干部纵队南下，代号"青州总队"，顾准任总队长，石英任副总队长，黄耀南任总队政委，下分财政、银行、外贸、商业、工业、交通、公用事业、房地产、劳动工资、农林等十余个大队，分头接管上海财经各个部门。

摆在新政权领导者面前的首先是物价飞涨及财政紧张。这座中国最大的工商城市的一切，已经濒于崩溃的边缘。顾准通过一系列税收政策，极大地改善了处于危局中的上海财政状况，还将其改造成为新中国中央政府最大的财源，在改造上海时积累起来的经济经验，也成为日后管理整个国家经济的经验来源，为日后的计划经济体制奠定了基础。但顾准本人却在随后发起的"三反"运动时期被撤职、调离，并在日后成为体制内最早的计划经济体制的反思者之一。

1949 年 5 月 27 日，人民解放军彻底攻占大上海。解放军战士尚在露宿街头，市区里硝烟与零星枪声还未散尽，身穿草绿色细布军装的中共上海财经接管委员会财政处处长顾准已经率领他的部下，在武装护卫下，来到国民党上海市政府财政局实施接管。

接管上海之前，顾准对上海的情况进行过大量研究。他这支准备接管上海财经系统的"青州总队"在江苏丹阳集训时，曾看过地下党递交过来的大量情报，内容无所不有：国民党要员的家庭住址、寓所电话和家庭成员，国民党各类公私物资的存放地点，特务机构内部的组织结构……

中共地下党财政局纠察队长王伟鼎站在门口欢迎他，并把顾准带到了豪华的局长室。待顾准在办公桌前坐定后，财政局的地下党支部书记程子嘉向顾准引荐了静候在一旁的国民党上海市财政局长王维恒，接着几位主要官员上前依次移交权力——这些官员早在两天前就已接到国民党上海代理市长赵祖康的紧急指令，要求市属各局必须确保档案和财产名册完整齐全，准备向中共方面移交。

在交接中，王维恒私下悄悄地向顾准表明了身份。令顾准大吃一惊的是，眼前这个拥有国民党少将军衔的财政局长竟是位老资格的地下党员，党龄比自己都长。原来，王维恒早在1925年就已经加入了中共，1927年底，他奉命潜入国民党军队内部后不久，一度与党组织失去联系，直到1937年11月，才又和中共社会部副部长李克农取得联系，并开始源源不断地为中共方面提供各种情报。1949年4月，他从台湾回上海"养病"，按照上级指令，准备策反当时担任上海市府秘书长的陈良（陈同时代理上海市市长），却阴差阳错，被陈良委任为上海财政局长兼上海地方银行董事长一职。

接管仪式在谈话以后继续进行，接管一结束，顾准就派人把王维恒秘密送往上海军事管制委员会，并直接与军管会秘书长潘汉年接上了头。不久，王维恒的地下党身份解密，组织上根据王维恒本人的要求，让他转到地方工作，并成了顾准的一名得力副手和亲密同事。

此时，不满35岁的顾准已经被任命为新上海的首任财政局长兼税务局长，忙得不可开交，他太需要人手了。

新政府的旷世"人精"

1915年7月1日，顾准降生于上海陆家浜一条小巷里。他的父亲陈庆华，是从苏州移居到上海的棉花商人，兼做中医，娶了一对亲姐妹为妻。顾准是二房长子，作为母系的传宗人，故随母亲姓顾。由于家道中落，生活日下，顾准读到初二便被迫辍学，去现代会计学之父潘序伦的事务所当小学徒。顾准在那里为潘序伦油印讲义时，刻苦自学，以天才少年的聪慧脱颖而出。

顾准1935年加入中国共产党，同年冬参加了北平一二九运动。1936年2月从北平回到上海，先后担任过上海职业界救国会党团书记，职员支部书记，江苏省职委宣传部长、书记，江苏省委副书记。在文化委员会工作期间，与经济学家孙冶方

(当时为文委书记)认识并共事。1946年1月调到华东局,先后担任中共华中分局财委委员、淮阴利丰棉业公司总经理、苏中区行政公署货管处处长、山东省财政厅厅长。

作为土生土长的上海人,顾准当年离开这里投身苏南共产党根据地时,坚信总有一天这里将会是共产党的天下,他将重返故园。但他没想到会这么快。

上海是中国最大的经济城市,它的重要性,不仅因为它当时是中国人口最多的城市——600万人口,而且超过全国二分之一的贸易额和工业产值集中在上海。上海的重要性和复杂性,使一些中共领导人曾想过要晚一点去解放它、接管它——因为有人曾回忆说,接管上海的实际时间,要比预计的至少提前了一个月。

希望晚一点接管上海,是与吸取了当初接管石家庄等城市的教训有关。当时出任中共中央财政经济委员会副主任的薄一波,日后在《若干重大决策与事件的回顾》中披露,解放大军攻克石家庄以后,"有不少士兵随意拿取东西,他们还鼓动一些城市贫民去拿。开始还只是搬取东西,后来就演变成公开哄抢私人财物,以至于不得不采取戒严的措施,甚至枪决了一些人才制止了乱抢现象"。而后来由曾山主持的接管济南、陈云主持的接管沈阳等城市时,就显得比较有秩序了,也被事后总结为"济南经验"和"沈阳经验",陈云还特意撰写了《关于接收沈阳的经验简报》报送中央,后被转批至全党号召干部学习。具体说,这一经验主要就是"各按系统,自上而下,原封不动,先接后分"。陈云在文章中写道:"接收一个大城市,除方法对头外,需要有充分的准备和各方面称职的专业干部。依照目前形势看,中央和各战略区野战军,均需准备有专门接受大城市的干部班子。"

1948年10月28日,中共中央在《关于准备夺取全国政权所需要的全部干部的决议》中提出,在未来两年内,新解放区五级政权及各大城市中,共需各类干部约为5.3万人,其中将从华北地区抽调1.7万人,华东1.5万人,东北1.5万人,西北和中原地区3000人。

倾全党之力组建历史上著名的"南下干部"队伍工作,就这样开始了。

接管上海的准备工作是从1949年2月开始的。当时,中共华北局和解放军第三野战军共抽调了近2000名干部组成了即将接管上海财经系统的"青州总队"。培训的主要内容包括:毛泽东、刘少奇在中共七届二中全会上的讲话、《入城纪律守则》、《接管城市工作学习提纲》和《城市政策》等文件,同时,上海地下党还转来了经济情报和城市组织常识,例如:什么是工会、公会、租界和公共租界,如何跟外国人打交道等等。这支队伍中的许多人都有过财经工作的经验,在整个南下干部队伍中显得特别精明强干,即将出任上海市市长的陈毅称"青州总队"的人"个个都是人精哟"!而当时刚满34岁的顾准,19岁就写成了自己的第一本专业书籍《银行会计》,已经是名倾一时的上海滩会计学专家,并在几所大学经济专业和会计专科学校兼职；后来到了根据地，很快也显示出他过人的财经才干，这些都是最终被委任以"青州总队"总队长的重要因素。尽管当时陈毅下了死命令，不允许部队进入民宅，只能露宿街头，但这位军中儒将却尤其偏爱这些"人精"，命令他们：一进大上海，就去住高级饭店！"新中国等着用钱噢！"陈毅特别对着顾准强调了一句。

经济上的"淮海战役"

当年共产党接手的上海滩，是一个从未碰到过的烂摊子。缺米、缺煤、缺棉纱、缺电、缺机械配件……一切都缺。米，不够供应全上海半个月的，煤，不够烧一星期的，占全市总产值74%的轻纺工业已经处于半瘫痪状态，棉花只够主要纱厂开工一个月的。全市1.2万家工厂，只有不足30%的车间在勉强开工。据上海市档案馆资料，当时混迹在普通百姓中的国民党散兵，至少有三四万人，估计潜伏在上海的敌特人员也有一两万人；而上海滩的难民、乞丐、游民、小偷总数不会低于12万人。

新的人民政府刚进入上海滩时，手里没有一分钱，只是当时陈毅从华东局财经委员会借来了一笔钱，才使整个接管工作运转起来。刚开始工作的第二天，便对外宣布即日起开始使用人民币，谁也不曾料到，人民币进入流通还不满10天，恶性通货膨胀就开始上演。人民币币值在市场上一路狂跌，从1块钱银元兑换100元人民币，跌到1个银元兑换1800元人民币，到6月8日，银元价格已经突破2000元人民币的极限。当时的上海市民只要一拿到人民币，第一件事就是赶紧去买米、买煤、买棉布等紧俏商品，暂时不需要买东西的，就去兑换成银元；以至出现了早上人民币从人民银行发行面世，到晚上，又全都回到了人民银行。

如果人民币在上海站不住脚，那就意味着共产党在上海滩也无法立足。为了挺人民币，人民银行曾在6月6日抛出10万银元，希望制止住人民币的狂跌，但这10万枚银元竟泥牛入海，没听见一丁点响动就被吸干了。银元价格岿然不动。

6月7日深夜，中共华东局召开紧急会议研究对策。最后决定采取强硬措施——以武力查封银元交易的中心场所：上海证券交易所。陈毅在会议上不无激动地说："一定要把这次行动当作经济战线上的淮海战役来打，不打则已，打了，就务必一网打尽！"6月10日上午8时整，华东军区警卫旅派出一个营的兵力，分乘10辆美式卡车直扑位于汉口路的证券大楼，迅速将其包围，另有一万多名工人和学生在外封堵。此时，刚上任的上海市公安局长李士英已经带领二百余名身着便服的公安人员潜入大楼，外面的包围一完成，这些公安人员同时亮明身份，喝令所有在场人员"不许动"！大楼里的投机商们顿时呆若木鸡，束手就擒。

那一天，当场抓捕了238人，收缴黄金3000余两、银元3万余枚、人民币1000

多万元。第二天,《华东区金银管理办法》适时公布。此一役,用薄一波的话来说,就是"人民币从此占领了市场!"他还说:"从事经济工作的同志一定要有这样一种观点,首先要从政治上去看待问题。如果只是埋头于具体的经济事务……就可能变得头脑不清醒,甚至迷失方向。"

银元风波被压制下去以后,新政府紧接着就面临粮食和棉纱的物价飞涨。6月24日,涨价风潮先是从棉纱开始,米价再随后跟上,涨到最高潮时,已经是5月底时的13倍之多。

而共产党政府对付涨价的方法是大量调集物资,并同时抛向市场。7月中旬,国营的上海粮食公司向市场抛售的粮食总量,已经超过交易总额的36%以上。然而,政府方面这头抛,粮食商们就那边屯,抛多少就屯多少,一时间上海的粮价依然有涨无降。

但令那些粮食投机商们没料到的是,他们要对付的绝不是某个商业公司,而是一个政府,这个政府有能力迅速调集全中国的资源,而且可以不计成本。这也难怪,这些奸商即使翻遍史书,也找不到在哪一页书上曾写过,在中国的历史上,竟然能有这样一个有着高度集聚社会资源能力的政府。1949年11月的一个月里,上海市粮食公司抛售的大米总量,相当于8、9、10三个月里抛售总量的350%以上,是8月的10倍。粮食投机商们终于顶不住了。同时,上海市政府开始采取收紧银根的政策,征收税款、收缴公债,公家的钱只能存进国营银行,不准向私营银行和私营企业贷款。用薄一波的话来说:"投机商这是两边挨'耳光',完全失算了。"

物价就这样被慢慢稳定下来。"当然我们也付出了很大代价。"薄一波在回忆录中写道,"那时,从四川调运大米到上海,运价和粮价差不多,销售价要是不提高,国家就必须往里贴钱。赔钱做买卖,私人是不会干的。"

新上海的"税收魔鬼"

1949年中共面临的通货膨胀等问题,不只是发生在上海,在天津、武汉等城市也不同程度地发生着。此时,解放战争尚未结束,军费开支异常浩大。共产党政府的财政压力完全可以想象。这时政府可以有两种选择:或增加货币投放量,或加大税收额度。12月19日,中共中央财政经济委员会第八次常务会议,讨论如何弥补财政赤字的问题。权衡的结果,大家一致认为加大税收额度是可取的方式。为此,陈云认为:"世上没有点金术,也没有摇钱树,又要解决900万人的吃饭问题,路可以有两条:印钞票或是加大税收,靠印钞票这条路,看来行不通。"此时,顾准就曾给中央财委和中共中央写过书面报告,说:"两者比较,在可能的限度之内,多收一点税,比多印货币,危害相对较小些。这样做,工商业的负担虽重一点,但物价能得以平稳……"

中共中央很快同意,并批复了这份报告。

这样,作为上海财政局长兼税务局长的顾准,任务就非常重了。进入上海之初,顾准严格遵循"原封不动,先接后分"的财政原则,宣布国民党政府原有的国税、地方税征收方式,暂时维持不变,只取消了"保卫团税"等六项明显不合理和重复的税种。旧政府里的税务人员,除少数部门被裁撤,并开除了几十个劣迹斑斑的人以外,其余基本都接收下来安置工作。采取"自报交实,轻税重罚"的收税原则,全上海的大街小巷都贴满了征税公告,顾准和当时的公安局长李士英一时间成为上海滩"出布告最多"的两个局长。虽然政府比较宽松,但从 6 月到 8 月,全上海的税收收入相当可观,征收实绩要比国民党时期高出了好几倍。到了 8 月底,上海市政府财政已经可以做到收支相抵。

作为当时共产党政府里面的高级官员,顾准和家人住在愚园路上的一幢高级洋房里。他的生活方式很奇特,住宅极其高级,生活却十分简朴,身边秘书、警卫、司机、保姆等九名工作人员,彼此间以同志相称。作为接管大上海财政的主要领导人,顾准身兼很多职务,每天奔波在多处办公地点之间,经常忙得连饭都顾不上吃。但这样的忙碌和紧张的工作状态,却让他斗志昂扬。经过他的努力,终于实现了政府所需的财政收支平衡后,顾准忽然又有了新的想法,他建议与上海地政局长王维恒联手,用地产税去回收"跑马厅"等大批当时由外国人占用、使用的著名建筑和土地。尽管在解放前,1943 年汪伪政

新上海市民购买公债

府就已经"收回"了部分上海的租界用地,但却无法真正解决大量的遗留问题,也就是说,那些建筑和土地,依然由洋人把持。二战以后,同盟国签署了相关协议,上海的租界已经不存在了,但经济濒于崩溃的国民政府,还是利用向外国政府开征地价税的机会,借以扩充财政收入,还常常迫于压力,不得不减免或拖延收税。顾准此时的想法是:现在完全可以对这些黄金地段上的建筑,按照新的、比原来高得多的标准,开始征收地价税。

这些著名的外国建筑,昔日都是些灯红酒绿的繁华场所。解放以后,客源逐步

变得寥寥无几,经营上已难以为继,而新政府的新标准税单却源源不断地发来,加上拖欠的罚单和滞纳金的日涨夜高,逼得那些曾经在十里洋场上大发横财的外国冒险家们苦不堪言,纷纷找到上海地政局专门为这类事务设立的"中华企业公司",一面咬牙切齿地痛骂共产党是"税收魔鬼",一面无可奈何地交出地产,抵作税金。经顾准之手先后收回的地产包括跑马厅(今人民公园)、跑狗场(今文化广场)、哈同花园(今上海展览中心)、华懋公寓(今锦江饭店)、法国俱乐部(今花园饭店)、沙逊大厦(今和平饭店)……

顾准的"两难"问题

尽管从 1949 年 10 月份起,上海市就已经开始向中央财政上缴巨额资金,但是中央对上海的期望一直是有增无减。1950 年 2 月,中央财经委在北京召开全国财经工作会议,当时给上海的任务是:在当年 3 月的一个月里,要求征收公债和税收达到 3000 亿以上。当时,上海刚刚经历了轰动一时的"二六大轰炸",国民党飞机炸死了 500 多个上海市民,供应上海 80% 电力的杨树浦发电厂遭到毁灭性打击,工业电力供应几乎完全丧失。当时上海市委曾致电中央,请求减少一点税收和公债的征收数额,被中央复电严厉批驳。后来,上海市委从陈毅那里得知,经过"二六大轰炸"以后,经中共方面请求,苏联空军正准备进驻上海,而费用需要上海方面的财政支付,由中央统一收取和管理。

对于中央严格要求"一分都不能少"的 3000 亿公债和税收,顾准日后在他的《顾准自述》一书中回顾道:"用正常方法不能完成这个任务,只能通过重罚之类的方式来完成它了。我将其称之为'非常税收'。具体来说,就是派税务工作人员到厂家去查账,查出问题后就从严解释税务法规,从重进行罚款。"顾准当年的老战友后来对《顾准全传》的作者高建国回忆,顾准当时总是皱着眉头对他们说:"这次,我算是在税收任务和对资(产阶级)政策之间夹扁头咯!"

当然,尽管被"夹扁了头",顾准仍然忠实地执行了中央的决策。而这种"非常税收"的直接后果,就是那些被逼红了眼、走投无路的上海资本家向外界放出话来,他们准备雇人杀掉顾准。为此,上海市公安局不得不专门为顾准配备了两名专职警卫员。

而且,这种不得已而为之的"非常征税"也把顾准与中央财经委员会在征税方式上的矛盾给激化了。中财委一向主张以"民主评议"的方式来确定征税额度,这种方式最早从夺取济南、石家庄两座城市以后开始使用,即,先确定这个城市在某个时期内所要完成的税收总额,再把这个税额摊派到全市的各行业,再从行业范围内分解到各个商户。摊派的依据,先是各行业、各商户自报,通过民主公议,最后确定具体税额。这便是征税的"民主评议"。

顾准自进入上海以后,就一直反对在上海也搞"民主评议"。他的理由是:上海的工商大户如永安公司近似垄断资本,小的就是那些路边烟纸店,多如牛毛,彼此间的差距如此之大,要在同一个行业公会内搞"民主评议",显然是不合理的。这样的评议,如果在经济还不十分发达的中小城市里搞,副作用相对会小些,但要是照搬到上海,"可能出现的就是两种结果:一是征税实额低于税法规定的税率,这会使资产阶级资本家占尽便宜;二是征税数额高于税法规定的税率,这就变成了一种不够严谨的'摊派'……"

上海跑马场外景,解放后上海几个跑马场所分别改建为人民公园、人民广场、上海图书馆和上海体育宫

在上海,大一点的商户都有较为健全的账簿,完全可以做到依税计征。所以,顾准所采用的方法是:"自报、查账、店员协税",后来又成立了"特约查账员"队伍,针对重点商户进行"专户专管",这其实已经是一种现代化的税收手段了,我们现在所执行的税务管理,基本还是沿用这种方式。

两种税收方法,现在看起来似乎只是方式之争,而顾准作为一个比较了解上海,同时又是一个懂得经济的年轻专家,在推行这种方式时,却颇给人以"恃才傲物"的感觉。

应该说,"民主评议"这种征税方式,从来就没有真正实施过。即使是在顾准离任以后也如此。但是上海的财税对于中央所作出的巨大贡献,无论是顾准还是他的后任,中共中央几乎从来就没有否定过。《顾准全传》一书中,作者引用了一个数字,那是1950年底的一项统计:当时的上海税收总额已占全国税收的22%,而据一些当年亲历接管上海的中共老干部的回忆,当时来自上海的财税收入,占到了全国税收总额的三分之一至四分之一强。

一个时代的经济符号

1952年2月,上海在党政机关工作人员中开展的"三反"(反贪污、反浪费、反官僚主义)和在私营工商业者中开展的"五反"(反行贿、反偷税漏税、反盗骗国家财产、反偷工减料、反盗窃国家经济情报)运动拉开了帷幕。顾准作为"五反"运动的负责人,频频出现在各种集会场所,指挥和布置运动的进展。然而,到了2月29日晚上,当顾准坐在市府大礼堂里,瞠目结舌地听到了市委书记宣布:上海的"三反"运动开展以来,已经从我党的高级领导干部中"捉出了八只'大老虎'",顾准也名列其中,而且高居第二的位置。这一天,顾准被当场撤销了一切领导职务。

这是顾准经历的第一次重大政治打击。此后,他在1957年和1965年被两次划为右派,"文革"之中更是遭遇了残酷的迫害和批斗,家庭被搞得妻离子散。但这一系列的打击并没有使顾准消沉,而是促使他开始了对党内民主的思考,对当年计划经济体制下的社会主义经济进行反思。他大量研读中外思想史著作,写下了《希腊城邦制度》、《从理想主义到经验主义》等名篇。"文革"后,这些著作成为大学经济类学科的经典读物,他一度被海外学术界奉为"20世纪下半叶中国大陆思想界的先驱"。

直到1985年,顾准的冤案得到彻底平反之时,经办人员才发现,顾准虽因"三反"运动受到处理,但在当年中共上海市委的档案里,却找不到任何有关处理顾准的正式书面文件。这,也成了一桩悬案。

从所谓"杜月笙故居"说起
——祖父章荣初的"实业救国"之路

章济塘

绍兴路之为文化街,已是上海人共识,这条百米小街,至今依然梧桐婆娑、绿树荫翳,不像其他有些马路拆得你不认识。绍兴路的魅力,恰在这蔽空浓荫下的书香、闹中取静的幽雅。

在绍兴路度过了童年的我,自然倍感亲切。

从香港回上海,航机刊物有介绍上海旅游点,"绍兴路54号"的标题吸引了我的眼球,看下去不禁笑出来。

现在那里叫作"笙馆",说是"海上闻人"杜月笙的故居。更多传言称是杜先生四姨太或五姨太或九姨太的住处,更有说前身是张群宅邸等。前些年同济大学出版的《老上海花园洋房》中《绍兴路54号住宅》一文,则说是"有人送给杜母吃素念佛"之处。以讹传讹,无奇不有。

其实,这所房子和杜月笙根本不搭界,而是我家旧居。

绍兴路54号,原为美国领事馆兴建的侨民俱乐部,1940年落成后未曾使用就因故出售,由我祖父以4000两黄金购得,直至1952年由国家收购,成为上海人民出版社社址。

创民族实业 与外资斗法

我祖父章荣初(1901—1972),原名增骅,字荣初,祖籍浙江省湖州荻港。荻港章氏名人辈出,如民国初期外交家章宗祥,中国地质学先驱章鸿钊(李四光的老师),教育家章开沅等。章吴两姓为当地望族,民谣称:"章百万,吴无数。"直到现在,以石板铺设的荻港老巷,横铺的是吴家所铺,直铺的是章家所铺。

但到我祖父在菱湖镇出生时,家道中落,境况清寒,他只读过五年私塾。1918年冬刚满十八岁,身揣两块大洋,跟姑夫来到上海打工。

章荣初，摄于 1960 年代初

中国工业现代化与农村和土地有着千丝万缕的联系，直到今天还是如此，我祖父就是一个 20 世纪初的"农民工"。

不知是个人幸运还是社会风气使然，他在学徒生涯中遇到一个好老板，每天店铺打烊后，老板督促他写大小楷 10 张，学珠算心算，教育他"客人乃衣食父母，做生意童叟无欺"。祖父一生重情义、知报恩，写得一手好字，心算和记忆力极强，为日后创业打下扎实基础。

十年辛劳，十年拼搏，从学徒工、布店伙计、合伙人，到自己创业。1928 年买下上海华德路（现长阳路）17 亩地，开设中国第一家华资印染厂（上海印染厂），也是中国第二家印染厂，此前英资伦昌印染厂独家垄断中国印染业。

当时的中国，国弱民穷，民族资本犹如巨石下的幼草，在我祖父拒绝英资兼并后，伦昌发起削价攻势，两个月内将出厂印花布从每匹 4.5 两白银，降到每匹 2.8 两白银，导致上海印染厂每日亏损 1000 两白银。1930 年 5 月 16 日祖父在《申报》发表《告本埠匹头业勿定外货宣言》："在此千钧一发的中国里，大家须要觉悟了，我以十二分的诚意忠告诸公几句话……将提倡国货的心，常印在脑海里。"1930 年 9 月上海印染厂终于被英资伦昌压垮倒闭，布价随即被伦昌提高到每匹 7 两白银。

半年后，祖父在上海商业储蓄银行总经理陈光甫和宁波银行家郁震东支持下，重新站起来，1931 年 7 月上海印染厂复工。1932 年，他买进隔壁的 50 亩土地，工厂扩大到纺纱、织布、印染，成为全能纺织厂。

面对中国民族资本的崛起，外资是不甘心的，伦昌凭着财大气粗，故伎重施，再次将出厂布价由每匹 7 元跌到 3.7 元（1933 年国民政府实行币制改革，废止银两，改流通银元——编者注），上海印染厂苦撑半年，1934 年 6 月再度倒闭。

经过风雨飘摇的两年挣扎，1936 年又顽强挺立，易名为上海纺织印染厂，更上一层楼，增加纱锭和机器，员工达三千多，成为上海滩最大纺织企业之一。可叹 1937 年"八一三"日军进犯上海，处在炮火下的企业终告结束，被日商裕丰纱厂接管。

十年间，三次倒闭，三次爬起，祖父在 1938 年另设荣丰纱厂，终于在上海纺织业界站稳脚跟。

谈起祖父的往事,有人问我,你祖父在解放前夕回归上海,你父亲解放初由美国返回祖国,结果却经历了意想不到的磨难,一定后悔莫及。我要说的是,没有人比和国家患难与共的一代更深爱自己的祖国,没有谁比与民族共度艰辛的一辈更爱自己的民族。中国民族资本,在一开始就和国家民族的命运紧紧联结,拳拳爱国心,铮铮报国情,"实业救国"绝不是一句空话,用阶级斗争理论是根本无法解释的。

找靠山拜师杜镛　入恒社堪称中坚

20世纪30年代初的十里洋场,鱼龙混杂,黑道白道横行,即便有一定身价地位,依然如履薄冰。祖父为了找个靠山,1933年初经黄炎培推荐,拜杜月笙为师,加入了1932年成立的"恒社"。

杜月笙出身十六铺地痞流氓,拜青帮通字辈"套签子福生"陈世昌为老头子。四一二事变投靠老蒋,获封陆海空军顾问、少将参议,俨然社会名流了。

"杜月笙现象"是特殊时代环境所造成的,当年租界分治,各自为政,上海这个东方第一商业都市,竟没有统一的法律、统一的管治,这种无政府状态,造就了杜月笙这样黑白两道通吃、正邪左右逢源的势力,凭杜氏"闲话一句"摆平各种社会纠纷、调停八方利益争斗,可谓乱世出"英雄"。

1927年后,杜月笙为进入上层社会,需要改变黑帮形象,大弟子陆京士(国民党上海市党部委员)提出成立一个合法社团"恒社",设立高门槛,入社者需具中学

1938年,章荣初(右)和荣丰纱厂总经理韩志明(左)

以上学历,文职人员科长以上、文化教育界中学教师以上、军人少校以上,或者拥有自己的企业,如此一来,把杜的帮会弟兄全挡在了门外。

恒社成员中商界占54%,香港回归后首任行政长官董建华的父亲董浩云、香港立法会前主席范徐丽泰的父亲徐大统,都是恒社成员。恒社核心是十九人理事会,其中九人为常务理事,杜月笙自任名誉理事长。1934年我祖父成为九名常务

理事之一。①

陆京士主持编写的《杜月笙传》有这样的记叙:

恒社八百弟子中,各式各样人物都有……杜月笙常说他的学生子中有三匹野马,他自己拉不住他们的缰。事实上则其言若憾焉,而心实喜之,因为这三匹野马大有乃师之风,他从这三个学生子身上看到若干年前的自己……三匹野马跟杜月笙都很亲近,洪雁宾这个招商局船务科长,根据杜月笙的说法,洪雁宾的法道比我还要大!……张子廉不在洪帮,却替杜月笙担任洪帮的联络者,仅此一点,可见张子廉噱头不是一眼眼……本事最大,手面最阔,尤能超过乃师杜月笙,上海人讲究的三头:噱头、苗头、派头一概占全的,首推杜月笙的爱徒,恒社中坚分子章荣初。②

八一三事变后,上海沦陷,杜月笙为避日军逼降,经香港转赴重庆,在上海留下他的亲信万墨林、徐采丞做他的代表,当时杜门有"内务万墨林、外事徐采丞"的说

1944年4月我父母的婚礼

① 参见《恒社月刊》第10期,转引自《上海青帮》,上海三联书店2002年版。
② 见《杜月笙传》,台湾传记文学出版社1967年版。

法,留守上海杜公馆人员的开销,大部分由我祖父负担。

1938年祖父在徐采丞、万墨林协调下,以开工后生产的棉纱作抵押取得汇业银团贷款,在大西路(现延安西路)84号开设荣丰纱厂。原为祖父独资,徐采丞来参观后,表示杜要入股,于是改为有限公司,杜出资一万,徐采丞和徐寄庼各出资三万。祖父乃奉杜月笙为董事长,两徐、他自己和总经理韩志明为常务董事。杜月笙也因此成为中国纺织业联合会理事长。(徐寄庼也是杜月笙亲近者,20世纪40年代任浙江兴业银行董事长、上海银行公会理事长和上海商会会长。)

1947年我父母赴美留学前和我在绍兴路54号

我父亲章志鸿出生在湖州老家,中学毕业后来到上海就读圣约翰大学,当时我母亲就读东吴大学商科,外公是浙江兴业银行董事经理,1943年春祖父亲自到浙兴银行,托浙兴董事长徐寄庼作媒,向我外公提亲。1944年4月8日父母的婚礼在上海丽都花园举行,男方证婚人徐采丞,女方证婚人徐寄庼。

以我家当时的经济及地位,婚礼完全可以极尽奢华,但尽管华丽隆重,却只有茶点招待,不设酒席。此一是蒋介石提倡节俭的新生活运动,二是杜月笙带头的风气。

杜家总账房黄国栋有如下记载:

杜月笙六十寿辰,也在丽都花园举行。杜要求节约,每席仅六个素冷盘和一大锅光面，饮料由可口可乐公司和中国啤酒厂奉送。那天除来宾六千余人之外，来要饭的乞丐也有三千多。又在牛庄路中国大戏院义演三天，开支由杜负责，南北京剧名角全部尽义务，全部收入捐赠慈善机关。①

父母婚礼上，母亲的伴娘是她表妹张雪勤，其丈夫王光复——王光美的五哥——当年是驻沪国军空军军官，1949 年去了台湾，因他们是中共"皇亲国戚"，在台倍受猜疑，终于 20 世纪 50 年代移居美国。度尽劫波，柳暗花明，父母和他们在达拉斯重逢，已是相别六十三年之后的 2007 年。

1944 年初，钱塘江海宁大堤年久失修，终于垮塌，汪伪政府哪管百姓死活，海水淹没了县城和农田。海宁是杜月笙祖籍，杜家祖坟此刻也在水中浸泡，当地士绅代表来到上海，但杜已去重庆，我祖父闻讯担起了修复大堤的使命。1944 年底钱江大堤竣工，次年初我出生，祖父为我取名"济塘"，以纪念此善举。

抗日寇身陷囹圄
棉纺业黄金时代

"八一三"后抗战全面爆发，烽火四起，但日本尚未对西方宣战，不能进入租界，租界成为沦陷区内的孤岛，到 1941 年 12 月 7 日珍珠港事件之前这几年称为"孤岛

1964 年 9 月我支边去新疆，祖父章荣初到车站送行

---

① 《杜门旧话》，刊《中华文史资料文库》，1969 年。

时期",文化经济畸形繁荣。

1938年10月荣丰纱厂开工,初期比较顺利,但处在日寇魔爪之下,朝不保夕。1939年10月,一个日本军官来到愚园路联合坊我家找祖父谈话,自称是极司菲尔路76号(汪伪特工总部"76号",今万航渡路435号)的,不知他葫芦里卖什么药,几次之后,他说出真意,原来他们要抓一个住在法租界的医生,要祖父请他出诊引出租界。祖父想,这医生显然是抗日志士,怎能帮日寇为虎作伥?他对日本军官说明天要去杭州,后天致电医生吧,日军走后,全家立即动员,在环龙路(今南昌路)租了一所房子,半天内就把家搬到法租界。

2007年我父母和王光复夫妇在美国达拉斯重逢

后得知爱麦虞限路45号已落成要出售,于是以我父亲之名,以4000两黄金买下来,这就是今天的绍兴路54号。

该宅正楼原只两层,后来在我父母结婚时又加了一层,并在正楼后面的游泳池旁扩建一座曲尺形两层楼房,供佣人住宿,楼下是厨房和洗衣房等。

现在绍兴路54号内有两幢房子,两幢之间原先有隔墙开一小门,解放后墙被拆去打通为一个院子。隔壁那幢名义上是杜月笙买下孝敬师傅——青帮大佬陈世昌的,却抵押给我祖父,因此实际上也由祖父出资。

1944年4月,国民党组织部副部长吴开先、第七战区司令吴绍澍等曾在此以万墨林请客为掩护,召开国民党敌后工作会议。到6月,吴开先被叛徒告发,国民党在上海的电台被日军破获,万墨林等人被捕,祖父受牵连也被抓进日军宪兵队。

但祖父毕竟不是国民党人,徐采丞花了 30 根金条把他保出来。在回家路上,祖父问徐:"吴开先也被抓了吗?"徐采丞笑说吴开先是不会抓的。徐采丞奉杜月笙命留在上海,开设"民华公司",将上海的棉纱纸张等物资运往重庆,再将后方的桐油牛皮运来上海,大发国难财,利益归杜月笙和戴笠两人。祖父不解日本人怎么睁眼闭眼让他进行这样的战略物资交易,徐透露日寇知道杜在中国政界举足轻重,要拉拢杜,劝蒋介石放弃抵抗,对日投降,因此允许徐以生意为名保留一部电台和重庆联络。

徐采丞与日本特务头子阪田诚盛少将关系密切,持一张"田公馆"证件在上海通行无阻,成为日军和重庆之间的联络人(徐采丞 1952 年在香港自杀)。

万墨林被送到极司菲尔路 76 号汪伪特务机关,受了重刑,更被 76 号汉奸吴四宝敲诈了几十万,经唐生明、潘三省等疏通释放后,无法在外面活动,在绍兴路 54 号隐居到抗战胜利。

抗战胜利后,首先进入上海的是美军,祖父包下"伟达"、"祥生"两家酒店,办起"章氏招待所",免费接待美军官兵。美第七舰队进驻上海,司令金凯德四星上将(Admiral Kinkaid. C. I. C.)代表美国政府到我家致谢,祖父在花园草坪设宴招待盟军,陈纳德将军到上海也来我家拜访祖父。蒋介石知道后,也送了一张亲笔签名照片给祖父。

上海绍兴路 54 号现貌

1947年初,解放军节节胜利,蒋介石要搜捕国民党左派领袖李济深,我祖父从李的幕僚李乙尊(程派京剧艺术传人李世济的父亲)处得知后,让李济深在我家躲避数月,其间李患盲肠炎,祖父请上海最著名的外科医生任庭桂在家里为他动了手术,将他秘密送往香港。

上海纺织印染厂收回,改为荣丰二厂,1947年与大西路荣丰一厂合并为荣丰纺织厂股份有限公司上市,注册资本国币100亿元。

抗战胜利后的几年,经济迅速恢复,纺织业连番增长,据"苏浙皖京沪机器纺织工业同业公会"1945年至1949年初的统计,荣丰在上海纺织企业排名第6至7位[1]。1948年上海有大中企业101家,其中纺织企业34家,这101家中,上市公司21家[2]。中国民族资本的力量,积聚了近百年,终于在20世纪40年代后期造就了昙花一现的黄金时期。解放时,我祖父是浙江籍民族资本首富。

办青树致力教育　报桑梓建设家乡

我前面说过,中国民族企业家的根在农村,祖父1918年到上海,1928年开始办企业,事业刚起步,已"迫不及待"报恩乡里,回馈桑梓。

1933年在家乡菱湖购地20亩独资创办了青树小学,七百多名学生完全免费,贫困学生更给予奖学金。为不忘国耻,校内道路命名为"九一八路"、"一二八路"、"五卅路"等。林森题校训为"诚毅",陈立夫题辞"宏开广厦",王世杰题辞"桃李成荫",潘公展题"青天白日,树之风声",陈布雷题"树人百年"。

但这样蓬勃的青树小学,竟在1937年11月日寇占领湖州后,被日军放火烧毁。

抗战一胜利,祖父第一件事就是恢复办学,购置43亩土地重建青树学校,规模比1933年的青树小学更大,同为菱湖人的国民党中央执行委员、上海市参议长潘公展任董事长。校舍由留德学建筑的吴绍麟设计,校园内一座我曾祖父章清儒的青铜塑像,是中国雕塑大师张充仁的作品(毁于1957年"大炼钢铁")。

教育事业外,祖父更大力投资故乡经济建设,成立"青树基金团",以荣丰10亿元股票加筹集10亿元,共20亿元为基金。1945年11月,他和潘公展联名发起筹建"菱湖建设协会"。他说:"我务必为桑梓有所建树,方无愧于先祖和后人。"

---

[1] 转引自王菊:《近代上海棉纺织业的最后辉煌(1945—1949)》,上海社会科学院出版社2004年版。

[2] 见《上海工商经济史料》。

1946年起，祖父先后兴建发电厂、化工厂、缫丝厂、医院，创办现代化农场，改良蚕种，无偿向农民发放抽水机、桑秧等。

祖父对家乡的关爱可以从一些默默无闻的贡献中看出，20世纪30年代以来，他重修了菱湖90%的街道，30多座桥梁，建立了菱湖第一个消防机构，设置50个垃圾桶，每月提供城镇清洁费10万元。

黄炎培得悉我祖父的事迹后，为他写下"忍人所不能忍，为人所不愿为"。

中国最早的传染病防治医院"时疫医院"，1908年由万国红十字会（中国红十字会前身）设立在上海天津路316号，20世纪40年代初，祖父在附近的258号兴建了他企业的总部丰业大楼，自此，时疫医院的经费就由我祖父独立承担。

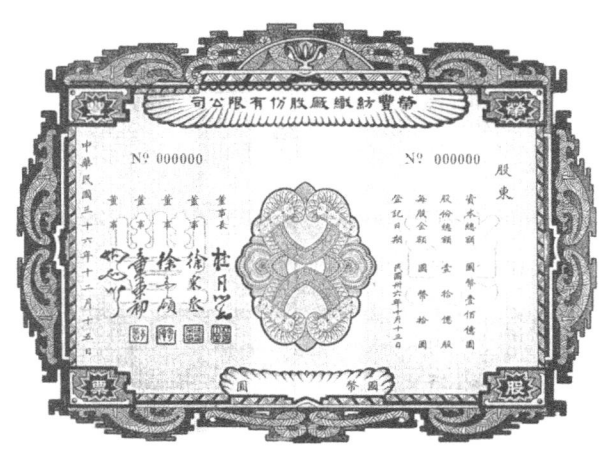

荣丰纺织厂有限公司1947年股票样张

由青树学校衍生出来的青树助学金，1945年起在上海由《新闻报》社长严谔声、教育家舒新城负责，为贫寒大学生发放助学金，到1949年前共有400名大学生由青树资助完成大学学业，他们组织了由我父亲为主席的青树同学会，出版进步刊物。解放前夕，其中七十多人被国民党列入黑名单，汤恩伯下令逮捕我祖父，经杜月笙、潘公展出面周旋才得幸免。

交大共产党员穆汉祥、进步学生史霄雯，在解放军炮火映红上海西郊天空的时候，终被国民党杀害，现在两烈士纪念碑耸立在交大校园，1952年我父亲由美国回来特去祭奠，他们都是青树同学会的菁英。

现在的菱湖中学（即青树学校）是浙江省一级重点中学，青树当年的一位扬州学子辛德俊，凭青树的资助完成了学业，1949年后在香港船运业功成名就，他时刻记得祖父当年"希望每位青树同学在走上社会后能帮助另一位青年完成学业"的嘱咐，改革开放后帮助了几位家乡中学生赴美留学，2001年出资委托美国加州金门大学教授赵耀渝女士办了一个教育基金，致力帮助中国偏远地区的教育事业，这个基金沿用了青树的名称，更延续了青树的精神，这就是美国旧金山的"青树教育基金会"（Evergreen Education Foundation）。

2007年美国青树教育基金会来到菱湖中学寻根的佳话，在教育界广为流传，青树精神永存，我想，没有什么比这更令祖父在天之灵宽慰的了。

心彷徨走避台港
归上海迎接解放

1948年我祖父携资金前往台湾,同行的有杜月笙的关门弟子、蒋纬国留德同学吴绍麟。抗战胜利后吴回国曾在我家寄住两年,蒋纬国给他一艘登陆艇,装满吴的私人财物,我祖父和吴乘飞机到台北,蒋告知吴,一船财物被解放军击沉,吴明知被蒋私吞,哑口无言,说台湾不可留,和我祖父到了香港。

是年李济深在香港召集国民党内反蒋人士组建"中国国民党革命委员会"(民革),李为主席,宋庆龄为名誉主席,准备北上参加新政协。

1949年4月30日李与我祖父一夕长谈,诉以中共保护民族工商业的政策,次日一早,李济深与郭沫若等三十多位民主人士,以庆祝"五一"为名,登上停泊在维多利亚港的一艘苏联货船,驶出公海直上大连。1949年5月20日,我祖父携带资产回到上海,七天之后迎来上海的解放。

吴绍麟留港未返,出生在绍兴路54号的他的独子吴光正,后成为船王包玉刚二婿,1997年曾为香港第一届特首候选人,回归后任香港贸易发展局主席,现为香港九龙仓集团、汇德丰集团等企业主席。

统购销公私合营
大动乱"文化革命"

1953年起,中国经济最大的变化是统购统销政策,规定农产品和工业品都须由国家收购,再供应市场,实际上已开始由市场经济向计划经济转化。祖父在20世纪40年代建立起来的"农产原料—工业生产—市场销售"一条龙体系,无法再运作,14个企业全部陷于停工状态。家乡的企业逐一抵押给银行换取贷款,无力偿还之下被没收。

1950年祖父到北京向中央人民政府副主席的李济深申诉,李当即亲书一函呈毛主席,随后毛主席给李济深回信:

李副主席:你的朋友章荣初的事我知道了,已告诉总理和一波同志给予照顾。

此信由祖父珍藏,直到"文革"被造反派抄走。

当时我父亲在美国刚完成MBA,祖父在沪独立支撑深感吃力,只得召他回来。1951年父亲放弃在美继续读博士的计划,偕母亲一起回国。绍兴路54号出售,所得24万人民币(当时币值24亿)全部用于填补企业的无底洞。

"三反五反""打老虎",资本家全是该痛打的老虎,经历过政治运动的人都能想象这是一种怎样的境况。1956年公私合营后，荣丰一厂改为第七纺织机械厂，现为华敏世纪住宅小区和华敏国际商厦；荣丰二厂改为上棉三十一厂，现为长阳新苑和荣丰花园两住宅小区。

不断的运动、不停地折腾，是当年的基本生活内容。"文革"期间祖父被勒令到上棉三十一厂劳动，以六十七岁高龄，来回路程要四小时，在厂里劳动八小时，打扫厕所、在车间收集下脚花。中午在食堂只许吃青菜，不许吃荤菜，有次一个老工人偷偷塞给他两个肉包子，轻轻说："章老板，想开点，保重身体要紧！"

1967年8月，由上棉三十一厂造反派头目、王洪文"五虎"之一的黄金海，伙同上棉三十厂王秀珍，在杨浦工人体育场召开上海第一次八千人大型批斗会，主角是我祖父、父亲、荣鸿仁、荣漱仁、刘念义和市委统战部长王致中、副部长赵忍安等，散会时，王致中跟紧两步，走到我祖父身边轻声说：

"章老，多保重。"

祖父终于大病一场，1968年之后虽不再去劳动，但不断地外调，反复查问两件事：青树奖学金和章氏招待所。很多由青树奖学金资助完成学业的大学生后来都成为新中国重要的建设者，或中高层干部，按照阶级斗争的原理，造反派有充足理由确信青树奖学金和章氏招待所是特务机构。

"文革"前祖父靠定息生活，"文革"中完全没有了经济来源，祖父的身体迅速衰退。1972年12月他身患肝炎，当时富有经验的医生不是去了五七干校，就是战战兢兢，一名医生为祖父插导尿管，病房门口立即贴出大字报，批判这位医生为资本家服务，在这样的气氛下，祖父根本得不到应有的护理。12月13日清晨，祖父在新华医院逝世，享年72岁。

祖父逝世时，我在新疆接受监督劳动，无法回来见最后一面。

祖父没为我留下分文遗产，恰如他生前文章所写："讲到子孙观念，我敢说绝对没有，金钱问题，决不留剩一分，使儿辈享受，总期取之于社会，悉数用之于社会。"

他说过多次"与其积财予子孙，不如积德予子孙"的教导，深深铭刻在我心中，成为我人生价值观的基石。

肃贪，无奈的民国故事

尤 乙

一

1948年1月21日深夜，香港飘起濛濛细雨，位于荷理活道上的中央警署的一行人马，在威廉臣警长的率领下，正驱车沿薄扶林道自北向南疾驶。同行的还有几位身份特殊的人物，他们是国民党上海淞沪警备司令部侦缉处副处长郑重为、侦缉大队长罗静芳及其随员冯仲连、赵广禄等人。

由于郑重为等四人的同行，使中央警署的这次雨夜行动显得非同寻常，平添了几分神秘色彩。

车过玛丽医院，警车骤然减速，车灯也随之熄灭。待车停稳，威廉臣再次低声叮嘱："注意，不得惊动周围居民。"说罢，率先闪身下车，扑入夜幕之中。

为了不打草惊蛇，警车在距目标数百米外熄火停驶。威廉臣等越过玛丽医院后面的一面山坡，直逼目标——薄扶林道132号。这是一幢依山坡而建的小洋楼，环境幽雅且隐蔽。不出几分钟，警探们已将小洋楼团团围住。

郑重为抬腕看表，时针指向11时整。想到楼内的那个要犯，曾经官居邮政储金汇业局局长宝座的大人物即将束手就擒，郑重为不觉心跳加速。为了完成蒋介石"着即将徐继庄缉捕归案"的手令，郑重为及其同僚们，已经辗转奔波了三个多月，其中辛苦，岂一言可以道尽……

二

1947年10月，国民党上海中国邮政储金汇业局局长徐继庄贪污案发，由于金额巨大，使蒋介石十分恼怒。然而，就在上海地方法院即将对徐提出公诉之时，徐却事先获悉风声，偕爱妾王白梅，悄然离沪，失去踪影。徐继庄的失踪，惹

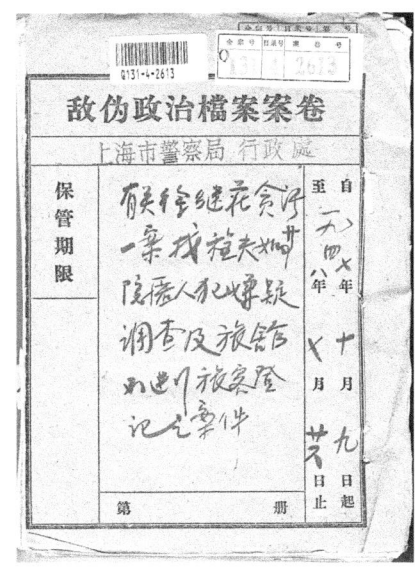

上海市档案馆所藏有关徐继庄贪污案的调查笔录

得蒋介石越发怒不可遏，亲下手令，命令淞沪警备司令宣铁吾限时缉捕归案。尽管宣铁吾的干将把上海像梳头发似地梳了一遍，也没找到徐继庄的人影。迫于无奈，11月17日，宣铁吾逮捕了继续留居在泰安路22号的徐继庄的妻子徐金珊，从她口中获悉，徐继庄已带着王白梅逃往香港。至于具体地址，徐金珊坚称不知。看她指天咒地的那副模样，不像是知情不举，宣铁吾只好停止审讯，派干员南下香港追寻。经国民党外交部两广特派员公署部郭德华特派员联系，沪港警方联手行动，以期手到擒来。孰料，一个多月竟了无所获。那么，徐继庄到底藏身何处？

三

徐继庄确如徐金珊所言南下避祸，然而并不在香港，而在九龙，后又往澳门。若不是徐继庄后来移居薄扶林道，这场追捕说不定还将旷日持久地延续下去。

10月上旬，徐继庄在上海探得凶讯后，当即携五姨太王白梅离沪。是日，徐继庄化装成平民模样，登上赴港轮船，为了保险起见，他和王白梅屈尊混在三等舱内，熬过了那段艰难的历程。

徐继庄时年44岁，浙江镇海人。其父徐青甫是浙江财团实力派人物之一。徐继庄小学毕业后不久，即进中国银行做练习生，后赴美国加利福尼亚留学，改读金融专业。学成归国，恰逢北伐战争爆发，他便投入后来担任首任上海特别市市长黄郛的麾下，在北伐军经理处供职。黄郛与徐青甫系师生关系，对师长之子自然格外关照，不久，俩人便以义父子相称。北伐战争结束后，徐继庄进入中央银行，从此官运亨通。先后担任过济南、九江、汉口的中央银行分行经

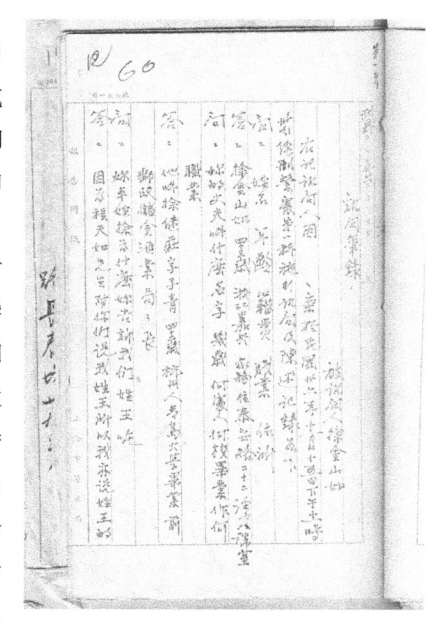

讯问笔录

理。1933年4月,国民党在汉口成立以特税(鸦片税)为基金的豫鄂皖赣四省农民银行。1935年,又将该行迁往南京,易名为中国农民银行,总行设在上海外滩中山东一路16号。任命郭外峰为第一任总经理,可惜郭的官运不佳,不久便因病暴卒。徐继庄得以继任,登上总经理宝座。

初涉宦海的徐继庄,血气方刚,加之曾留学美国,对西方文明十分倾倒,上任不久便以呱呱干才之名扬声国内金融界,被称为是清廉、严谨、有为的后起之秀。在其任内,农民银行稳步发展,终于成为可与中央、中国、交通银行并驾齐驱的四大官僚资本银行之一。当时的金融界,对徐继庄的清廉有口皆碑。有一年,农民银行在英国德纳罗公司印刷钞票,英方为酬谢徐继庄为他们揽来的这笔业务,照例要送一笔巨款给总经理,徐继庄却将巨款原封退还。徐继庄的清廉还表现在不用私人,就连他亲叔叔介绍来的人,也被他拒之门外。

就是这样一个"出类拔萃"的干才,谁知最终却堕落为贪污巨款的通缉犯。这是因为旧中国的官场是罪恶的渊薮,非常人所能抵御的大染缸。凡意志不坚者,只要沾上了,无不被染得墨赤污黑。

1934年,徐继庄易任中国邮政储金汇业局。或许是由于对调动的不满,他从此变得放荡不羁,与前判若两人。此时的徐继庄,最热衷的有两件大事。

一是沽名钓誉。为显赫其名,他不惜花费数千万元巨款,买来一个国民党候补中委的名衔。他还对体育表现出异乎寻常的热情,在邮汇局内雇用了一批专职球员,打着他的旗号四出参赛,为他扬名。1940年,正当抗战硝烟烽起之时,他却亲率东方足球队远征菲律宾、南洋一带,挥金如土,出足风头。

二是玩女人。他的"抗战夫人"换了一茬又一茬,有"黑市"、"明市"之分,桃色纠纷屡出不穷。一次,为偿付某太太的赡养费,他总共付出600万法币才算了结。谁也说不清他究竟有多少"太太",但以他拥有30多个子女,便不难作出想象。

擅名问柳,这两大嗜好都需要以金钱作底衬,否则绝对玩不转。徐继庄贪污已成必然之势。

四

初到九龙,徐继庄偕王白梅匿迹于万邦公寓之内,不久,又移居澳门。不过,港澳只是徐继庄的暂栖之地,他的目标是逃往美国当寓公。住在澳门,对他办理护照、签证都带来不便。为此,他托一位做船务生意的朋友,在香港薄扶林道132号新找了一个住处。此处背傍铜线湾,环境幽雅且隐蔽。小洋楼内仅住着一位老太太,形单影孤,甚为寂寞,因此也很欢迎徐继庄夫妇迁来与她做伴。

重返香港后,徐继庄深居简出,十分谨慎,无奈爱妾王白梅耐不得寂寞,经常出入社交场合,终于给他惹来祸端。

王白梅原为上海米高美舞厅的红舞女。抗战胜利后,邮汇局从重庆迁来上海九江路 36 号。徐继庄到沪不久,即与王白梅混在一起。1946 年 5 月,原国民党上海市长兼淞沪警备司令钱大钧离任,空出极司斐而路(今万航渡路)上的一所官邸。徐继庄为金屋藏娇,以 280 余条黄金的代价,买下别墅。又出巨资装修,使内部陈设极其豪华,徐王二人同居于此,过着奢侈糜烂的生活。

在此期间,徐继庄的贪污达到登峰造极的程度。1947 年,国民党政府发行美金公债,他经手售出 500 万美元,竟然中饱 400 万美元。此外,他还担有贪污公款 1000 亿元以上的嫌疑,及其他渎职罪嫌。

由于徐继庄罪行严重,使国民党当局忍无可忍,于是才下决心翦除他。然而,徐继庄宦海浮沉十数载,已经有了相当深厚的根基,就在他案发之前,还在传说他即将任中央银行发行局局长哩!案发后,自然有"耳报神"及时向他通风报信,使他得以从容离沪,而宣铁吾却扑了个空。

舞女出身的王白梅生性浮浪,耐不得寂寞,匿居香港仍频繁出入社交场合,终于被猎犬般四处嗅其踪影的郑重为手下的侦探在公开场合发现,并一直盯梢到薄扶林道 132 号。对此,王白梅竟了无知觉。

从 1 月 17 日开始,徐继庄暂栖的寓所便陷入了威廉臣警长和郑重为的严密监控之中,直到 1 月 21 日正式发出拘捕令。

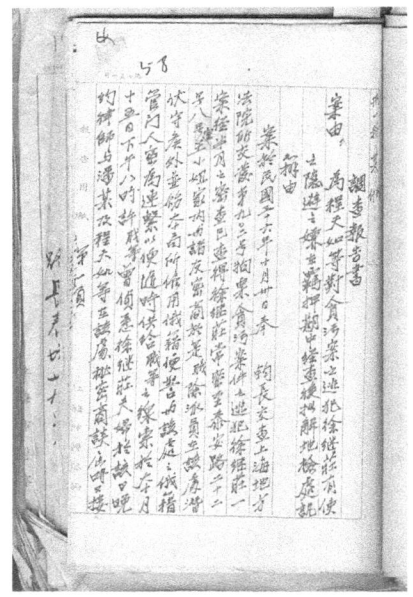

调查报告书

五

烟雨之中,郑重为向威廉臣微微颔首示意。威廉臣于是上前叫开房门,众警探随之一拥而进,将徐继庄"请"了出来,送进囚车……

徐继庄被捕后,先押到荷理活道中央警署。由金融界的显贵陡降为阶下之囚,徐继庄万念俱灰。当晚,他在狱中曾三次试图自杀均未得手。港署恐生意外,第二天即将其移押赤柱监狱,格外小心看护。

国民党政府得知徐继庄被捕后,即向港方提出引渡要求,并委派郑重为等静候香港,以期完成法律手续后将徐押回上海。

与此同时,王白梅投入了营救徐继庄出狱的活动之中,她延聘香港著名的施露华律师为其辩护。深谙香港法律的施露华律师,经深思熟虑后,向法院提出了一个十分具有诱惑力的提议:交纳保释金500万港元,将徐继庄交保释放。施露华的提议使香港司法当局十分动心,且提议合于英国方面的法律规定。在当时,500万港元折合美元达125万元之巨。如此巨大的保释金额,在香港尚属首例。经过几度庭审辩护,香港方面终于接受了施露华的要求,徐继庄准予保释。

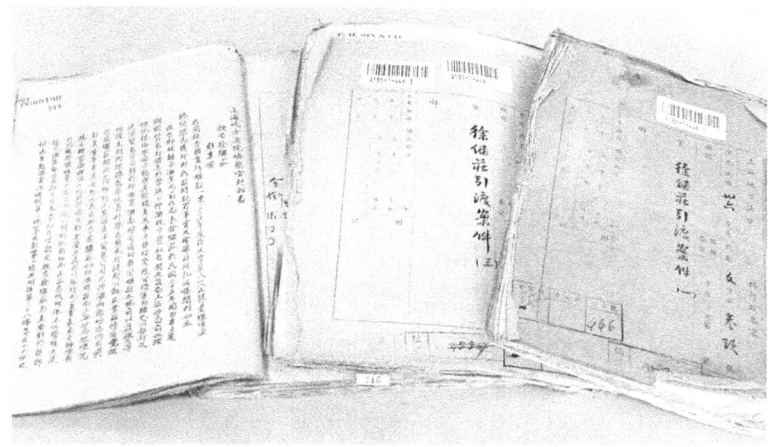

引渡国民党邮政储金汇业局局长徐继庄失败的档案

1948年2月4日,淞沪警备区司令部郑重为等人两手空空飞回上海。国民党长达五个月之久的种种努力,在500万港元面前,统统化为泡影。

1941年上海银行大血战内幕

喻春生

汪伪强推中储券

1940年11月30日,大汉奸汪精卫在日本侵略者的扶持下,在南京成立傀儡政权——伪国民政府。汪伪政权为了自身的生存,培植自己的经济命脉,于翌年1月设立伪中央储备银行,由伪财政部长周佛海兼任总裁,发行中储券,以期代替法币、军用票、华兴券和联银券的流通。汪伪希望以中央储备银行为中心建立全国新金融网,并设立省市县银行、农业银行、商业银行,形成统一的管理系统。同时,汪伪政府极力推行中储券,在上海外滩设立了伪中央储备银行上海分行,试图在中国的经济中心上海推行中储券。但是,上海银行钱业两公会一致决议,坚决拒绝与伪中央储备银行上海分行来往,全市大小商店也一致拒绝使用中储券。汪伪为了达到推行中储券的目的,要求坚守在上海的重庆政权中央、中国、交通、农民四大银行撤离公共租界。鉴于汪伪特务尤其是"76号"(特务组织)总部在上海令人发指的恐怖行径,为安全起见,中国、交通、农民三行都迁往法租界霞飞路,因为法租界的中立态度比较强硬,不像公共租界那样畏首畏尾。中央银行作为"银行的银行",碍于面子的关系,不愿迁移。此时,伪中储银行上海分行向四行提出中储券各10万元开户往来的要求,均遭婉拒,或勉强寄库,由此引起日伪不满,祸根也就悄悄种下。

伪币中储券样票

与此同时,在重庆的蒋介石焦虑万分,他深知:四行在沪艰苦支持,与国家整个金融计划关系至巨,沪四行一旦撤退,不仅法币、外汇市场将发生剧烈变化,还会立即破坏后方金融经济之安定,且东南数省之金融经济权,亦不免为敌伪唾手攫取,于己殊多不利,还会影响国际视听。因此他一面命令四联总处——重庆国民党政权战时最高金融经济管制机构(蒋介石亲任四联总处理事会主席)要求沪四行"坚守立场,不能丝毫让步",一面指示戴笠要求潜伏在上海的军统特务对伪中储银行职员,不惜采取袭击、恐吓和暗杀的手段,企图阻止中储券的发行。

上海银行大血战

1941年1月30日,汪伪调查处专门委员李明达被军统特务暗杀;2月20日,伪中储银行上海分行本部遭到两枚手榴弹的突然袭击;3月3日,中储沪分行办事员富荣炳遭枪击受伤;3月21日,伪中储银行第五次理事会调查处副主任楼恫又被刺毙命。在此情况下,周佛海大为震怒,公开声明"如果一人被害,必拿四行十人抵命",并令汪伪"76号""力谋反攻"。特务头子李士群立即拘捕四行职员作为人质,施以报复。震惊中外的"上海银行大血战"便由此发端。

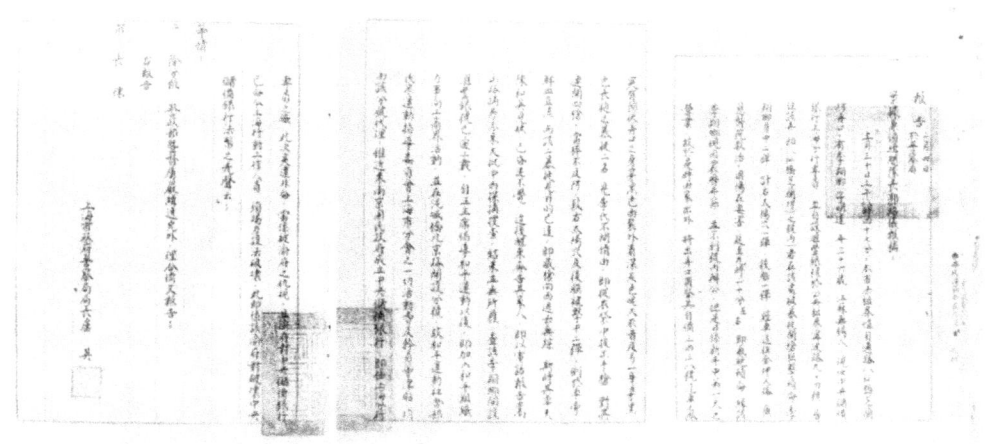

关于伪中央储备银行上海分行专员季翔卿被暗杀事件的档案记载

1941年3月21日深夜11时许,"76号"的一批特务分乘两辆汽车,来到霞飞路赛仲路口江苏农民银行宿舍门前(汪伪特务误以为这里是中国农民银行),将车横在弄口,架好机枪,狂按宿舍门铃。宿舍茶房以为是巡捕房人员,急忙将铁门拉开,特务们一拥而入,并胁迫茶房引导上楼。当时该宿舍中的职员们从梦中惊醒,始知为汪伪特务所执。六七个特务手持二十响快枪,将室内十二人绑至二楼。约十分钟后,迫使他们分站两排,突然特务一人在三楼向职员举枪射击。瞬间,血花飞溅,惨呼连连。事后得知仅三人幸免于难。一人一见开枪,立即卧倒,滚进床铺底下,未被发觉,另两人躲藏门后,未被搜获。

次日凌晨,"76号"特务吴四宝带领大批特务,包围极司非而路中国银行职员宿舍(即"中行别业"),凡是银行职员,均被抓进"76号",先后180余人。

23日汪伪警政部在沪《中华日报》上发表谈话,说明拘捕中国银行行员原因,并称渝方对被捕者及其命运,应负责任,要求渝方立即停止暗杀行为,否则对在沪四行金融机关负责人员及一般从业人员一律予以同样处置。该报还公布被捕中国银行行员128人名单。

周佛海却假惺惺地表示对此事"颇为悲痛,互相残杀,于情于理,均不应该,惟渝方对我中储下级行员如此残害,我不报复,无以对同仁而安人心,其责应由渝方负之也"。

虽然汪伪特务制造这两起骇人听闻的大案,但驻上海中央、中国、交通、农民四行仍然奉命照常开门营业。

汪伪特务见不起作用,于是变本加厉,又对上海四行行屋进行滥炸,造成行员多人伤亡。

24日,上海中央银行法租界亚尔培路分行被炸,死亡7人,伤20人;公共租界白克路分行也被炸,死亡3人,伤26人,其余6人重伤;公共租界静安寺路分行被炸,死亡6人,伤60余人,其中多人未及医治,相继毙命。中央银行因两处行屋被炸,无法营业,只好暂停。交通银行公共租界南京路分行被炸,前日驻极司非尔路该行职员两人在家被捕。农民银行方面被绑女行员1人,同日又在行中发现定时炸弹,唯因机括损坏,幸好未能爆炸。

周佛海事后声称,"心极不安,对死者尤觉抱歉。惟始作俑者乃渝方,我中储如不为渝方袭击,余亦不采此报复行动,故其责应由渝方负之也。"对上海外国银行界的抗议,周佛海表示,"余已电令停止行动",但"今后如何,仍视渝方也。"

紧急应变抑暴行

在上海接二连三出现这些骇人听闻的血案之后,上海四行纷纷致电蒋介石表示:"全市人心极度恐慌,除恤死救伤并谋照常营业坚忍支持外,尚乞指示应付机宜","似此沪地情势益加险恶,此后沪四行业务应如何处理以策安全之处。仍祈裁夺电示祗遵"。蒋介石责令四联总处:"对于四行驻沪各行,应由四联总处从速召集紧急会议,决定在沪营业方针与行员安全办法之处置为要。"

四联总处理事会奉蒋介石电令立即于26日下午5点召开了紧急会议,商议应

1941年4月16日被汪伪特务杀害的上海中国银行出纳股副主任张筱衡(左)、
上海中国银行新闻办事处主任曹善庆(右)

变方案。这也是四联总处成立后召开的唯一紧急会议。

紧急会议由孔祥熙亲自主持,出席人员有财政部及中央、中国、交通、农民四大银行的要员钱永铭、张嘉璈、徐堪、陈行、周佩箴、顾翊群、徐继庄、戴志骞、周守良、霍宝树、郭景琨、赵仲宣、张嘤、戴铭礼、徐柏园等。会议最后决定:(1)关于上海四行营业方针,要求"四行同仁仍应不避艰难,坚守立场,照常营业,以尽为国家社会服务职责,并请财部发表谈话以安定人心"。同时,为妥善应付防患未然起见,要沪四行应设法紧缩存款、汇款业务;紧缩人员,其干练机警者留沪办事,不必要者,陆续设法后撤,力予减少重要库存,公债继续打洞,一切账册应留存副本,但必须设法旋转安全地点。(2)关于被绑及死伤人员的善后办法,对被绑人员,一面咨请外交部转商英、美、法各大使交涉释放,一面由各行就近相机设法营救,并劝慰其家属;对被害人员,由各行优予议恤,并由各行查明姓名开单报告,俾便呈请政府核议抚恤褒扬,以慰忠魂;对受伤人员,由各行派员负责监护,妥为医治,并由各行负担全部医药费用,伤愈并从优晋叙。(3)关于今后沪行暨职员的安全问题,由财政部咨请外交部转商英、美、法各大使转饬沪领馆切实保障租界内商业及从业人员之安全;沪行同人嗣后应缜密戒备,加强警卫,以免类似事件之发生;各行应在美军防区内为行员预备宿舍,以策安全。

会议结束后,孔祥熙即向外交部发出急电,说明"日伪此种蔑视租界治安不法手段,实属破坏租界法权","四行职员在沪维持业务,纯为保障中外商人利益,倘任令其暴力摧残、影响实非浅显,租界当局有保障租界商业及居民安全之责任",指示外交部:"迅予照会英、美、法使馆,迅电上海领馆暨法租界及公共租界工部局,将被绑及被捕人员设法引渡或予保释,并切实交涉,保障租界内商业之安全。"

同时,孔祥熙还急电香港中国银行总经理宋汉章等,要求:"迅电沪行照常营业,镇静应付,并先就近相机设法营救,一面派员劝慰被绑职员家属。"

会后第二天,即27日,国民党财政部在重庆通过记者发表谈话:"上海中、中、交、农等行历年艰苦支持,努力服务,原为维系国际金融市场及顾全东南数千万同胞生计起见,凡稍有人心者,不应仇视。各行从业人员服务银行,忠于职守,从不外鹜,亦为中外人士所共见,乃敌伪对于此种无辜从业人员,竟肆行绑杀,此等凶恶残暴行为,即交战国家所不为者而竟为之,适足以暴露其卑劣无知。推其用意,无非欲企图破坏各国在华商业暨断绝沦陷区域同胞之生计而已。此次被难人员,政府至为哀悼,业令各行优于抚恤,以慰忠贞。至上海各行,仍当一本平日服务社会之精神,继续维持营业。"

同日,外交部也向英、法、美驻华使馆进行通报,请求他们给予关注并能交涉对被捕人员引渡或予以保释,保障租界安全。

英、美两国均表示对此事无能为力,只能在道义上给予声援。

4月2日,英国大使馆向外交部表示:"英国大使馆确信公共租界巡捕房现正竭力保护并将继续竭力保护中国政府各银行及其职员,惟据南京伪政府宣称,此项暴行(其中数件在租界之外发生)系对中国政府特务人员狙击南京伪组织银行职员所为之报复行为云云。是此已使情势愈趋紧张,而外交部所要求之保护实愈难办到。巡捕房深恐双方如不准备设法避免互狙击双方银行及其人员,则局势或将不可收拾,巡捕房亦无法维持治安。此种情形,亟应避免,因其将予日方以直接干涉之绝好借口。"

4月1日,上海银行界请愿,保释中国银行被捕人员,并说蒋介石听从美国大使劝告,已下令停止暗杀了。但周佛海认为蒋介石"刚愎,决不听劝停止暴行",而不答应释放。4月4日,上海钱业公会会长秦润卿及金城银行上海总经理吴蕴斋等再次具名保释中国银行被捕职员,周佛海推说:"保结书不全",又拒绝释放,私下却说:"惟轻轻释放,则逮捕之举为多事矣。"至4月6日才下令批准保释中国银行被捕职员。直到4月8日被捕人员才全部获释,但条件是"暂住原处,不准擅离"。

血雨腥风复又还

中国银行职员获释后不久,4月16日上午伪中储银行上海分行会计课副主任张永刚在大华医院治疗被军统特务打伤的腿部时又遭枪击殒命。周佛海一听说此事为军统特务所干,恼羞成怒,决定"以血还血"。于是命令吴四宝当晚9时在甫经释出而仍派武装人员监视在"中行别业"之行员120余人中,提出毛泳丰、陶晋丞、裘德僧、张立暐、张筱衡、徐轶尘、曹善庆、倪孝本、张齐云等九人,作为报复对象。新任中国银行总行业务部副经理李祖莱出面要求立即释放,而周佛海开始则欲将该九人悉数抵命,在李祖莱的再三要求下,最后减至三人。周佛海表示不能再少,而且要与死者同姓同职,即"中国银行课主任阶级","杀三人以报复,杀以止杀,情非得已,虽心有所不安,而势不能不行"。因那个被暗杀的会计课副主任姓张,"76号"也要挑三个姓张的,且是"课主任"。但此时被捕三人中符合条件的只有两个姓张的,最后只得把上海分行新闸办事处不姓张的主任曹善庆凑数。是日深夜,汪伪特务将中国银行上海分行会计主任张立暐、出纳股副主任张筱衡和上海分行新闸办事处主任曹善庆三人用汽车送回"中行别业",当车开至宿舍大门口时,特务们就对他们开枪,其中张筱衡、曹善庆二人当场死亡,张立暐重伤。

4月17日,周佛海宣称此事为报复行为,听说沪四行已经停业,高兴地说:"如能因此做到双方停止暴行,则死者牺牲亦未始无代价也。"

同日,上海四行急电四联总处:"同人集议,在此情形之下,人人自危,均不敢到行,在沪主管人员无法强制工作,只得暂停营业",现在"四行在沪勉强支持,照常营业,任何牺牲,原所不惜,敌伪暴行,本属意中之事,惟闻敌伪有如被害一人,须以三人抵命之说,似此循环仇杀,迄无宁止。四行行员,既非武装将士,在此毫无保障下,人人自危,无法工作,确属实情。事机万急,似宜权衡轻重,由政府赶筹稳定办法……"

18日,上海四行继续来电称,中央银行副理李达、黄世财、徐维纶、张悦联,中国银行副理潘久芳、程慕灏,交通银行副理潘启章、周叔廉、陆廷撰,农民银行副理竺芝珊、顾树埙等,"以四行环境日劣,对内对外无法应付,先后电请辞职",担心"似此情形,如政府对于沪四行办事人员,设无切实保障办法,将至全体瓦解"。

而四联总处认为四行在沪为全国金融枢纽,关系整个法币信用、后方物价,无论如何必须继续维持,万难停顿,当此国难最严重时期,应以国家大局为重,镇静支持,随即指示沪四行:"(1)营业人员从紧配备,即寄寓营业室内,不必外出;(2)营业地点可商租界当局多派警卫保护,严密防范;(3)其余内部工作,职员可分散居住,分地办公,个人居住及办公地点应严守秘密,只须各行经、副理知悉,以便联络接洽即可,万勿集中一处;(4)所有因上列办法或其他为谋同人安全设备之各项开支,可不必计较,其继续办公之同人并准特给奖金,以示鼓励,此节亦由各行斟酌情形,授权在沪负责人员权宜办理;(5)外汇应由各行缜密准备撤退,速由各行分别向中外商业银行接洽,商定委托解付汇款及支付存款办法,万一到必须实行撤退时,所有四行对商民、对存户应负之解付责任,仍可由中外商业银行代为办理,以示四行始终对人民服务之精神;(6)一面已饬知其他方面,对四行用人之安全特别注意,不必畏惧,至各沪行副理等电请辞职一事,并盼切实劝慰,晓以大义,共体时艰,继续努力。"

同时四联总处迅即报告蒋介石,蒋介石表示赞同,并于23日作出指示:"目前自唯有照此布置。至伪方所称报复行为一节,显系信口雌黄。此种藐小汉奸,我方在沪工作人员,何至视为对象,必系敌伪自施残杀,阴谋制造排除四行离沪之口实,顷以密令在沪工作人员特别注意减少活动矣。"

密令调停求缓和

此次血战,导致上海金融界职员纷纷躲离上海,不敢上班,一片腥风血雨,使全市舆论哗然。如此血战不已,双方也都感到对己不利。30日蒋介石又作出指示:"查此次敌伪摧残我方沪市金融,将来或更严重。此固由于沪市银行界平素毫无组织,而在主持者亦乏应付得力所致,应即由财(政)部速派熟悉沪市金融及才能足以应付非常环境之大员,克日赴沪,会同四行主持人员接洽应付策略,以策安全。"并密令戴笠对在沪特工"暂取缓和方针"。

最后遵照蒋介石指令,由杜月笙出面调解,一场"银行大血战"遂告结束,上海市面上出现了法币、中储券共存的局面。

1942年2月,由蒋介石亲自签署行政院训令,对此次上海大血战中四行死伤人员"明令褒扬,以彰义烈","褒扬其殉难行员,各特给一次恤金二千元,其受伤行员,给一次救济金五百元",恤金在1941年度国民政府特恤金项下动支,"用以轸念忠良之至意"。

坚守在上海孤岛的四行一直到1941年太平洋战争爆发后才撤离,它们对于法币仍然在沦陷区流通,稳定法币政策,起了重要的作用。

(本文资料主要来源于中国第二历史档案馆馆藏四联总处档案)

甘肃冒赈案：清代第一大贪污案

姜洪源

乾隆四十六年（1781年），在甘肃发生过一起地方官员以赈灾之名，共谋作弊、肆意侵贪的大案，牵涉总督、布政使及以下道、州、府、县官员113人，追缴赃银281余万两，波及直隶、盛京、江苏、浙江、云南等几个省，震动全国。时称"甘肃冒赈案"。乾隆皇帝惊呼，此案"为从来未有之奇贪异事"。

这桩贪污案早在乾隆三十九年（1774年）就开始了，隐匿事实真相达7年之久，没有一人举报。是循化厅撒拉族人苏四十三反清起义引发了这桩大案的彻底败露。

乾隆四十六年3月，属甘肃河州管辖的循化厅（今青海循化县）撒拉族人苏四十三，因不满清朝政府的民族歧视和压迫，率撒拉人、回民起事反清，杀死领兵弹压的兰州知府杨士玑、河州副将新柱，进逼兰州。兰州城内八百守兵，一经交战，便损兵三百，甘肃官吏惊恐万状。乾隆皇帝唯恐兰州不保，谕令军机大臣和珅、大学士阿桂赴甘，并急调连城、凉州、固原和陕西等地援军进剿。数万官军会聚省城，军费兵饷成了大问题。由于官军不能速胜，乾隆震怒，撤了陕甘总督勒尔谨的职，一时甘肃地方官战战兢兢，不可终日。时任甘肃布政使王廷赞，为了摆脱困境，主动向乾隆帝上奏。奏折说："……现在用兵之际，需用浩繁，臣情愿将历年积存廉俸银四万两，缴贮甘肃藩库，以资兵饷。"

王廷赞万万没想到，他的一道奏折，事与愿违，被精明的乾隆皇帝看出了破绽。乾隆责问："王廷赞仅任甘肃藩司（即布政使），何以家计充裕？……其中情节总未能深悉。"当即传谕已经在甘肃的大学士阿桂和署理陕甘总督李侍尧，严密访查王廷赞因何家道充裕，是否与甘肃捐监一事有染指情弊，据实复奏。

清代一省的布政使（藩司，主管财政、人事、刑名）是总督、巡抚的辅助官员。甘肃地脊民贫，官场清苦，王廷赞作为一省之布政使无论如何也捐不出四万两私银。此时，已远调浙江升任巡抚的前甘肃布政使王亶望，曾借四十五年乾隆南巡之机虚开浮冒进行贪污情形败露，为了遮掩劣迹，他急忙在办理的浙江海塘工程中认罚银

50万两。事情如此巧合，为什么甘肃两任布政使均拥有如此巨资，是否在甘肃捐监事情中谋取私利？引起乾隆深深的怀疑。于是，乾隆一面集重兵于兰州，镇压起义，一面又在甘肃拉开了追查地方官员冒赈侵贪的内幕。

案件并不复杂。弄清案件的关键词是"捐监"。甘肃地处西北，灾情经常发生，百姓生活困苦。清初，曾经实行过凡愿意取得国子监监生资格的读书人，须按规定数目向当地官仓捐交豆麦谷粮，取得资格的可以应试入官，时称"捐监"。遇到灾荒即用这些粮食赈济灾民。这本来是一项很有积极意义的措施，但在实行过程中，由于弊端丛生而一度停止。乾隆三十九年四月，王亶望任甘肃布政使后，以甘肃灾荒连年，仓储不足，可恢复旧例用捐监粮米赈灾为由，说服了陕甘总督勒尔谨，经勒尔谨奏请清廷获准。于是，三十九年又开始在甘肃各地开捐。

其实，王亶望急于在甘肃实行捐监，并非出于公利，所谓仓储不足只是个幌子，捐监是为了取得一个假公济私的"名目"。甘肃经常旱灾，粮食短缺，捐粮赈灾就顺理成章，有了朝廷获准的开捐的"名目"，就为肆意侵贪创造了机会。这是古今中外一切贪官的惯用伎俩。所以，得到了这个机会，王亶望就无所顾忌了，他采取了与以往捐监不同的办法，让监生把应捐的谷粮折为银子，改变"原令只收本色粮米"为"私收折色银两"。清廷在批准复开监捐时，规定每名监生捐粮43石，王亶望把这43石粮食改收银子47两，另外加收办公银、杂费银8两，合计每名监生共收银55两。这样，像变戏法一样，监粮一下子变成了白花花的

《甘宁青史略正编》中记载的"甘肃冒赈案"情形

银子，为王亶望及各级官吏籍图侵蚀、饱其私囊提供了便利。王亶望这样做已经有悖于捐监只准以谷粮报捐，不能滥收折色银两的规定，但干出这样大的出格事，就得铤而走险，而且还得有个得力助手，王亶望调亲信蒋全迪为兰州知府，公开授意各州县收来的银子总交蒋全迪办理。蒋全迪任职后，唯王亶望的意图是从，将监粮折成白银，并将收取的白银借灾赈的名义任意开销，仅从乾隆三十九年四月至四十二年初，开捐不到三年，就开销监粮600余万石。而这些销去的粮食，实际上折成了银子落到了贪官手中。这不到三年时间就有捐粮600多万石，意味着约有15万人纳粮成为监生。监粮之众，监生之多，成为全国之冠。

为了充分利用这次捐监获利的机会,私吞更多的银子,蒋全迪与王亶望商议,为各县预定灾情,按照各县报灾的轻重,定出收捐数额,由藩司将预定单发给各县,由各县照单开赈。换句话说,县上想报多少,就报多少,捐监完全失去了应有的作用。又设立"坐省长随"的办法,坐镇兰州,收受赃银。凡各县馈送王亶望充冒灾赈的银两,按照"坐省长随"的办法送进。当时,王亶望收受属下贿赂已成家常便饭,但他收受银子有个规矩,就是下属送银子不能让他看见,否则他是不收的。行贿的人就把银子放到酒坛里,放到菜筐里,或者通过看门人送交,这其中的奥妙,王亶望和他的属下自然心知肚明。《清史稿》称,"乾隆季年,诸贪吏首亶望",案发后,"籍其家,得金银逾百万"。蒋全迪也乘机向各地勒索馈送。监粮变成了白银,知县老爷们如蝇见血,个个中饱私囊;皋兰知县蒋重熹侵赈银 47400 两;宁夏知县宋学淳侵赈银 47200 两;西宁知县詹耀霖侵赈银 34560 两;金县知县邱大英侵赈银 20000 两。……为了贪赃,州府官员也在其中扮演了极不光彩的角色,他们对县官们贪污行为,有的直接参与分赃,有的接受贿赂,有的向上报假情况包庇下属。狄道州知府郑陈善、后任兰州知府陆纬等均侵赈银 2000 两以上。利用捐监变着花样侵贪、贿赂、送礼成为一股风气。当时,甘肃官场有这样的话流传开来:"一千两见面,两千两吃饭,三千两射箭。"是对王亶望们贿赂情形的真实写照。

王亶望调任后,王廷赞接任甘肃布政使。王廷赞起初发现监粮折银不符合捐监的规定,也曾与总督勒尔谨商议,欲请停捐,但实在经不住利益的诱惑,在公义和私利的天平上,他倒向了后者,非但不据实陈奏,又继续违规折收白银。从乾隆四十二年六月至四十六年初,在他的任上,又办理监粮 500 多万石,12 万余人纳粮成为监生,与王亶望如出一辙,复蹈泥潭。这就是王廷赞的悲剧,也是一切贪官的悲剧。其实,王廷赞在"甘肃冒赈案"前前后后的所作所为,对剖析贪官的心理是很具典型意义的。王廷赞任甘肃

署理陕甘总督李侍尧查处甘肃贪污案奏折

布政使之前,曾做过安定县知县,也曾廉洁奉公,也曾为安定县百姓做过不少好事,至今在定西地区还有一座残留的"王公桥",这是老百姓对架桥修路,造福一方的县

官的赞誉。但他在接任布政使后，利欲熏心，与勒尔谨在捐监事情上沆瀣一气、营私贪黩，就注定了覆亡的命运。乾隆帝派员查办甘肃案子，和珅也在其中，王廷赞与和珅私交甚好，他每次进京都少不了给和珅送银子。和珅到兰州后，王廷赞如同抓住了一根救命稻草，请其出谋划策。和珅让他交出一些银子，资兵饷、赈贫民，以掩人耳目，减轻罪责，这才有了前文王廷赞给乾隆皇帝的奏折。王廷赞上奏后，便急与省内上下官员通风报信，藏匿金银，转移浮财。所以当办案官员奉旨对其家财查抄时，也就所剩无几。

  早在甘肃复开捐监之日起，乾隆皇帝就始终关注监粮的办理情况。乾隆四十二年初，乾隆帝派刑部尚书袁守侗前往甘肃开仓查粮。甘肃各州县官员串通作弊，在粮仓的上方铺架木板，木板上面覆上谷物，给袁守侗"粮仓满囤"的假象。袁守侗回京复命，将本无监粮粮仓，奏称"仓粮系属实贮"，乾隆帝信以为真。四十二年五月，被蒙在鼓里的乾隆帝因王亶望办理监粮"有功"，一道谕旨将其调往浙江升任巡抚。苏四十三起事反清围困兰州，和珅、阿桂一行到达兰州后，在奏折中多次提到甘肃地方经常阴雨，往往延滞用兵，特别是官军将苏四十三义军逼到兰州城外华林山上，由于大雨不断，华林山久攻不克时，乾隆联想当年王亶望在甘肃任职期间连年奏报地方干旱，唯独今年雨多，其中必有虚报情形。恰巧此时王廷赞、王亶望做贼心虚，自愿捐银、认罚的举动，乾隆帝这才真正引起警觉。

  经查，至乾隆四十六年初，甘肃省共有 274450 名报捐监生，收银 15094750 两，合计侵贪赈银 2915600 两，所谓监粮有名无实。署理陕甘总督李侍尧奉旨清查各地监粮，发现不仅没有贮存监粮，而且平时国库应存储的正项存粮也亏空，捐监未及数年，旧存粮不仅没有增多，反而动用粮数远远多于开捐前每年动用的粮数。李侍尧奏称，此"俱系历任州县侵亏。查甘肃积弊相仍，折捐冒赈，业已盈千累万，乃于仓库正项复取任意侵欺，甚至应放籽种口粮亦有侵冒。种种昧良舞弊，迥出意计之外"。甘肃地方官吏利用捐监，损公肥私，造成了如此恶果。

  乾隆皇帝发了话，"甘肃此案，上下勾通，侵帑剥民，盈千累万，为从来未有之奇贪异事。案内各犯，俱属法无可贷"。乾隆帝对甘肃大案的处理，一方面强调从重从快严惩不贷，另一方面又讲已事过多年，涉及官员太多，表示不忍一律诛杀，一再法外开恩。乾隆四十六年秋七月，乾隆帝降旨：总督勒尔谨赐令自尽、两任布政使王亶望和王廷赞、兰州知府蒋全迪依议正法。八月谕令：甘肃捐监一事立即停止。紧接着，陆续降旨，将侵贪赈银千两以上的官员程栋、陆纬、那初善、成德、陈严祖、闵鹓元等 56 名贪官正法。其中，合水县知县成德、布政司陈严祖本属可免一死，发配边疆之例，但只因成德是大学士高晋的儿子，陈严祖是两广总督陈大受的儿子，皆被从重处斩。贪官万邦英、谢恒等 31 人，侵银都在千两以上，按大清律应当处斩，只因他们镇压苏四十三起义有"守城微劳"，被免于一死，发遣于黑龙江充当苦役。亡故的贪犯、原兰州知府杨士玑等31人，住所仍被查抄，其子发遣伊犁。陆续将勒尔谨、王亶望、王廷赞、蒋全迪等26名贪犯之子发往新疆，充当苦役。凡查出甘肃官员在任职期间为子女、亲友捐纳官职、监生的，均被一律斥革。同时规定，乾隆三十九年以后，凡在甘肃报捐的监生每名补交银60两，停乡试三年；已经中举人者停其会试三科；捐官已现任者罚俸三年。甘肃的众多贪官捏灾冒赈得到了严惩。一场纷纷扬扬的捐监赈灾闹剧的结果是，贪贿之风盛行，甘肃仓粮亏空，百姓没有得到一点实惠，还要为此付出沉重的代价。在查办甘肃案件的过程中，和珅也在其中，不久，和珅贪污大案败露，这些都是众所周知的事实。

尚书巷1号掘金谜案始末

冯从岳

意 外 发 现

1943年的端午节前夕,武昌一带连下暴雨,还裹挟着雷鸣和旋风,把白天也弄成了黑夜。在汉口做生意的彭幼南,赶在端午的前一天冒雨回到了武昌的家。

彭幼南年近五十,做金银首饰生意已经半生。他和同胞兄弟彭石荪合伙在汉口开有一家金银号,在当地颇有名气。这几天大雨倾盆,彭幼南原本有点儿不想回家,但一想到妻子和她包的小脚粽子,也就决定回家了。他怎么也不会想到,这一回家,竟然出现了人生的重大转折。端午节那天,雨停了。这天半夜,彭幼南出后门小解。借着月光,他看见邻家屋后的坡岸经过暴雨的冲刷有些坍塌,湿漉漉的屋柱和泥土间有什么东西闪烁着光亮。他感到十分好奇,走近了借着月光定睛一看,不禁愣住了,那闪闪发光的竟然是一个个小银锭!

他激动地弯下腰,不顾一切地用双手使劲扒着,沾着泥巴的除了银锭,还有金元宝、银罗汉、珠宝玉器和古玩等,这地底下简直就是个大金窖!

必须把眼前这个金窖神不知鬼不觉地开挖出来。起初他想独自一人干,但又怕时间一长,惊动了邻家的房东,岂不是竹篮打水一场空!因为这金窖看似贴着墙根,可多半是在邻家屋里。彭幼南想了想,觉得还是应该把石荪喊回来。他进了屋,把睡梦中的儿子叫醒，让他连夜去汉口，把看着店铺的叔叔彭石荪喊回来。儿子只有13岁，彭幼南怕他误事，就写了张字条塞在他的鞋里，叫他见到叔叔就把字条给他，并再三叮嘱不能让任何人知道。

彭石荪读到字条，惊喜不已。他交代伙计看好店铺，连夜带上亲信渡江赶回了武昌。

金 窖 之 谜

与彭幼南家相邻而居的人家户主姓孔名庚，曾是国民党的政要，一度十分显赫。孔家大院地处武昌粮道街61号，毗邻尚书巷1号彭幼南家。屋后斜坡与彭家后门仅几步之遥，而且这里是死角，彭家后门不开，谁也不能过来。

其实，这孔家大院并非孔家祖传宅屋。这幢老宅的原主人是湖北黄冈人刘维桢，人称刘长毛。相传清代咸丰年间，刘长毛投机参加了太平天国的军队，但骨子里老做着发财梦，后来见没有发财机会，就投奔了清军。当时清军正攻打南京，刘长毛见有机可乘，便随军进入了南京城内，一路抢劫掠夺。待他偷偷脱离清军时，已成了腰缠万贯的富翁。他知道那里不宜久留，就雇上马队和保镖，驮着不计其数的金银、珠宝和古玩之类，不分昼夜，返回了武昌，在这幢老宅里过起了纸醉金迷的生活。他敛财似命，悄悄地将这些不义之财分成101个窖子，分散深埋于武汉市内各个他自己认为最安全的隐秘之处。后来他身患重疾，直到奄奄一息时才断断续续说出了98个金窖。还有三个金窖没来得及说，就一口痰堵住喉咙咽了气。

刘长毛一死，这三个金窖似乎便成了永远的秘密。可是，没想到数十年后彭幼南竟然会意外发现其中的一个。初六半夜里，彭家兄弟挖穿孔家墙脚，悄悄地钻进这间屋子。将金窖里的金银珍宝几乎掘了个精光。他们连着两天闭门不出，大大小小的木箱足足装了十来个。

这天一大早，汉阳门码头上熙熙攘攘，一艘客船正在上客。在码头的一侧，彭家兄弟临时喊来的雇工抬的抬，扛的扛，正把十来箱金银珍宝往包租的渡船上搬。就在此时，码头上突然出现骚动，只见一队全副武装的军人快速冲上码头，持

枪列队,开始对上船的人进行检查。彭家兄弟顿时紧张不已,彭幼南想,难道这些军人就是专为我们的金银而来?如果是,那可就全完了。

正想着,一个军官模样的人带着两个士兵走过来,对着搬运的雇工喝道:"站住,你们这箱子里装着什么?"军官姓李,是武汉警备司令部少校副官。李副官此行纯属例行检查。他见这些木箱沉重,便上前盘查。彭幼南连忙上前,赔着笑脸,点头哈腰地说:"长官,我们这是在搬家,箱子里装的全是家用杂物。"

"搬家?往哪儿搬?"

彭幼南说:"原来住粮道街,现在搬汉口……"

李副官过去是孔庚的部属,曾在孔庚的警卫班里当过差,受到过孔庚的关照,所以知道孔庚家的住处。得知眼前的人是孔庚的邻居,又见他们搬运的木箱只只沉甸甸,而且都用铁钉封死,就怀疑是否孔庚家被这帮贼民盗窃了。

于是,他决定到码头管理处去打个电话给孔庚,查实一下情况。他吩咐左右:"看住他们,所有木箱一律不得搬动!"

李副官电话打到孔家,孔庚颇感意外,立即吩咐家人仆人满宅子查看,可查来查去也没发觉有什么东西缺少。大约一刻钟左右,孔庚回了电话,说家中什么也没有遗失。李副官放下电话有些失望,但他还想一查到底。

远远地,彭幼南看见李副官向码头走来,以为事情已经败露,心怦怦乱跳。

李副官来到他们面前,命令手下:"把箱子打开!"

"是。"士兵应声就要动手。

可就在这时,突然不远处有人大喊:"船上杀人了!船上杀人了!"

李副官听到喊声,迅速从腰间拔出手枪,二话没说就向船上奔去。两个士兵见状也干脆做起了好人:"快走快走,别再呆在这儿没事找事!"说完,两人也匆匆向船上跑去。

彭家两兄弟如释重负,吩咐在一旁歇着的雇工立即搬箱装船。一阵手忙脚乱之后,木箱全部上了船。彭幼南向雇工付了工钱后,船快速离开汉阳门码头,向江中驶去。

也就在这同时,孔庚差人去拿米酒,这才发现后屋墙被挖破,地上也被挖了大坑,细碎的小银锭撒出一路。他恍然大悟,有人掘到了金窖!明明金窖在自己家里,却被别人挖去,孔庚立即带领仆人冲进彭家,却见屋里已空无一人,知道他们早已逃脱。他马上与李副官联系,要他截住彭家兄弟,但一时无法联系上。他即刻差人直奔汉阳门码头,但晚了一步,装载金银珍宝的船早已不知去向。孔庚立即向武汉市警备司令部报了案。同时,他还以金窖的所有权问题,向法院控告彭家兄弟。

行 贿 灭 证

武汉市警备司令叶蓬早年与孔庚有些交情,再听说被挖掘的金窖价值连城,便接下了此案。

叶蓬接案后立即派人侦查,很快获悉彭家兄弟已将十来箱金银珍宝转运到上海租界,分几处密藏。

得知叶蓬派人到处追查,彭家兄弟在上海一个朋友家躲了半个多月不敢出门。彭幼南在汉口经营金银数十年,虽然是无名之辈,但与一些金银珍宝玩家有些来往,这些人中不乏有钱有地位的社会名流。彭幼南想想躲也不是长远之计,便决定用重金去打通关节,闯过此危难关口。他通过关系认识了一个孙姓老板。此人不但开着一家橡胶厂,还在上海、苏州等地经营着几家古玩铺。孙老板与叶蓬是同乡,两人私交很深。彭幼南恳请孙老板去叶司令处求情,请叶司令对掘金案睁一只眼闭一只眼。彭幼南说着递上重金,另外还准备了一份重金厚礼,让孙老板转交叶司令。彭幼南许诺,事成之后还将重谢。孙老板收下重金,答应即刻就办。两天后孙老板就派亲信送来消息,说叶司令那里已经没事了。

彭家兄弟获悉此消息,心中一块石头落地,此后,他又用同样方法收买了法院的关键人士。在这种情况下,警备司令部和法院方面选派亲信,联手成立了一个"掘金案调查委员会",名义上是进行调查处理,实际上是敷衍孔庚。日子一长,此案久拖不办,孔庚十分不快,多次打来电话催问。叶蓬和法院方面口径一致,说是经查彭家兄弟只是掘得少量金银,如你认为他们确实挖掘出金窖,那还得拿出物证,找出人证来,否则难以论断。

孔庚一听此话,气得在家破口大骂。他知道自己在别人心目中的权势和地位已今非昔比,他也明白警备司令部和法院方面的相关人员肯定收受了彭家兄弟的贿赂。但脾气发过之后,还是只得设法去找人证、物证。

一些日子后,孔庚派出的亲信在黄冈刘长毛家后人处找到了一样重要物证。这是当年刘长毛雇人凿刻后密藏的一块石碑,石碑上载明各个金窖所藏金银珍宝的大致品种和数量,从中表明各窖的品种、数量无多少差别,价值都超出人们想象。

这是一件重要物证,但对方不肯轻易脱手,孔庚只得用高价租用。待对方同意后,孔庚立即派人雇条木船,将石碑运来武汉,作为金窖价值的佐证。不料载着石碑的木船在运输途中发生意外,石碑随木船一起沉入江底。

后来,据有人说,这是彭家兄弟的又一狠招。当他们得知孔庚在黄冈刘家后人处获得石碑物证后,觉得对自己非常不利,便想毁掉石碑。他们知道,从水路运回石碑,阳逻江是必经之地。于是,这回由彭石荪出面,带上金银买通了马达拖轮的老大,终于造成了此次江难悲剧。消息传来,孔庚当场口吐鲜血,昏了过去。醒来后他发誓要置彭家兄弟于死地,夺回金银珍宝。

人 财 两 空

第二年春天,张群出任湖北省政府主席。孔庚觉得报仇的机会来了。因为他和张群曾经有过交往,关系不错,觉得张群不会驳自己的面子。他亲笔写了一封信给张群。信中讲了挖掘金窖案的来龙去脉,恳请张群为他伸冤,追回金银珍宝。在信中,他还指责叶蓬和法院一些人收受贿赂,被彭家兄弟买通,使此案久久不能破获。

张群对此案也有所闻,觉得此案颇为蹊跷。这次,他刚到任就接到了孔庚的信,读信后对解决此案很感兴趣。

数日后,孔庚突然接到省政府的大红帖子,打开一看,是张群就职大典的邀请函。他手拿邀请函,心里热乎乎的,觉得追回金银珍宝很有希望。

大典那天,事也凑巧,孔庚与叶蓬在酒会上狭路相逢。孔庚就像见到仇人,当着众人面向他发难:"你装什么假真经!拿足了案犯的金银,别以为我不知道!"

众人哗然。叶蓬的脸色顿时青紫。他立即反唇相讥："真会血口喷人。你倚老卖老，还想把别人的财产劫为己有，梦想大发横财，天底下哪有如此不知廉耻之人！"

张群见两人争吵得不可开交，实在有失体统，终于忍无可忍，大喝了一声："都给我住嘴！"随后，他极不客气地呵斥叶蓬，"你身为警备司令，却在这样的场合无理取闹，太不像话了！出去，等冷静了再进来！"

这场冲突虽然是张群就职大典前的小小插曲，但等大典开始，气氛总觉得有些异样了。张群没有责怪孔庚，孔庚似乎也有些后悔自己刚才的冲动。他找机会讨好地向张群表示祝贺。张群对他说，关于掘金案，他将亲自过问。孔庚听了，心中顿时愁云消散。

再说彭家兄弟原本以为靠重金行贿疏通，掘金案已经基本平息。没想到现在又突然有叶蓬被"请"出大典会场，张群将亲自过问此案的消息传来，两人顿感处境不妙，凶多吉少。两人一商量，三十六计，走为上计，唯有逃离武汉，离开大陆，才能摆脱困境。说走就走，乘官兵还没有开始行动，他们连夜乘火车赶往上海。一到上海，他们又马上将密藏的金银珍宝集中起来，装上包车，用重金雇用保镖一路保护，直接驶往香港。彭家兄弟原以为路上会遇到麻烦，不料一路顺风。

因彭家兄弟逃往香港，数星期后，由各方组成的掘金案联合调查团只得对他们缺席裁定，将彭幼南在武汉粮道街的住宅产权裁定给了孔庚。孔庚哭笑不得。

至此，一场轰动一时的彭家兄弟掘金案草草收场。

数年之后，日军偷袭珍珠港，随后又进攻香港。一枚重磅炸弹正巧落在了彭家兄弟所住的豪华花园公馆里，顿时血肉横飞，惨不忍睹，彭家无一人幸免于难。

此后，从尚书巷金窖挖起的十来箱金银珍宝的去向又成了一个不解之谜。

后 记

本书内容除了选自 2005 年至 2011 年出版的各期《档案春秋》杂志外,还从 1985 年创办以来的《上海档案》杂志中遴选了若干篇章。毕竟,金融这个选题不太容易做,枯燥、呆板,是它与生俱来的身段,要把它揉捏得软活好看,实非易事,不得不扩展遴选范围,以支撑起一个能为广大读者所接受的读本。

在上海市档案馆的馆藏中,金融档案占了可观的比重。上海历来就是中国的金融重镇,国家典藏自然也会与之相称。但很遗憾,这部分档案除了极少量的研究者感兴趣外,几乎无人翻动。那些报表、账册、流量、数据,干巴巴,冷冰冰,哪里能跟魅惑无穷的硬通货相比呀,根本不在大多数人可接受的阅读范围内。金融是一件面对少部分人的玩偶,是一个关于财富聚敛消融的神话,双栖于政经两界。从来没有纯粹的金融,政治经济学而已。中国的寡头金融尤其如此,就和那些少人问津的档案一样,被历史地锁定在了兼有政客与买办、权贵与财阀双重身份的小圈圈内,大门紧合,外人无从感知它的光怪陆离,甚或鲜廉寡耻。神秘的东西之所以神秘,就因为它是不可告人的,充斥着问题、麻烦和隐私,和光鲜的外表相去甚远。在交织着机遇与陷阱、辉煌与狂躁的商场上,要求金融家们超越社会的平均基准线,以道德家的神韵垂范于世多半是不现实的。近代以降,作为金融重镇的上海,曾经有过一部有关金融的典籍走进过大众视野吗?没有,从来没有。即便偶有漏网之鱼,也必然沾满了御用文人的谄媚之气,腥膻扑鼻。我们所能做的,也只是浮光掠影,从门窥镜中抠挖出一点点金融元素来,加工成叙事体的通俗读物以供消遣,而不敢奢望用学术的表情一本正经地解读,因为即便解读了恐怕也少人问津;更难以从历史的沉疴中复原其脉象,因为即便复原了也发掘不出它深层次的运作诡秘。

失落的已经永远失落,随同它的宿主湮灭在岁月尽头。

这也是一个悖论。这个世界上和金融沾边的人无以计数,但真正能从寒意侵人的硬通货中感受到生命乐趣的人,凤毛麟角。金融当然包括钞票,但钞票决不等同于金融。所以我们既离不开金融,又难得其门而入,即便热爱得五体投地,也无从摆脱单相思的困窘。金融即鸿沟,无情地分化着沟沿岸畔的凡夫俗子,使之趋向两极;金融也是媒介与桥梁,是我们通往财富世界的必经之路,无论怎样亲近巴结它,试图最大限度地向它所表征的那个世界靠拢,实践起来都困难重重,除非有权力为你过载。金融是我们心中的蛊,是寄生在你我欲望深处的虫。李时珍《本草纲目》解引:"取百虫入瓮中,经年开之,必有一虫尽食诸虫,即此名为蛊。"

金融家们可以自负地宣称,是货币与金融推动了全球经济的兴盛;但中国的经验却告诉我们:人民,唯有人民,才是推动历史发展的根本动力。在金融危机频繁爆发的当下,那些赤手空拳占领华尔街的美国平民,正在书写这条中国经验的直接证言。

《档案春秋》和《上海档案》是同为上海市档案局(馆)主办的两本刊物,前者偏向于档案人文,后者侧重于档案业务,但无论怎样分工,都被包容在档案的总体框架之内,行走在有关档案收、管、藏、用的各个环节中,无出其外。

得专业便利之所长,档案媒体先天具有档案信息集散和流通的优先话语权。在档案逐渐走出石室金匮,逐渐回归其本真面貌的过程中,平正、公允、诚信地表达和传递档案中所荷载的历史记忆,正越来越鲜明地彰显出档案文化的核心竞争力。冷门渐热,边缘回移。紧紧扣住这一优势,使档案融入文化,真正以文化的姿态,而非政治的工具传播开去,真实而具体地站立起来,既是我们的责任所在,也是我们追求的目标。

古罗马先哲西赛罗曾言:"人若不知出生以前发生之事,则将永如幼童。"相信没有谁愿意永远做幼童。

作为档案期刊的衍生品,这本书已是我们选编的《档案春秋》丛书之六。感谢学林出版社刘文祥总编辑和责任编辑吴耀根老师,为我们出谋划策、甄别选题,不厌其烦地从历年来出版的各期《档案春秋》和《上海档案》中遴选文章集结了本书,并对所选篇什逐一校勘、精心编辑,终使本书得以圆满面世。在此我谨以个人的名义,并代表杂志社同仁,向他们的劳动致以由衷的敬意。

姜龙飞

www.ingramcontent.com/pod-product-compliance
Lightning Source LLC
Chambersburg PA
CBHW080410230426
43662CB00016B/2364